# 操盘实战

## 如何走出股票、期货的交易困境

张胜波·著

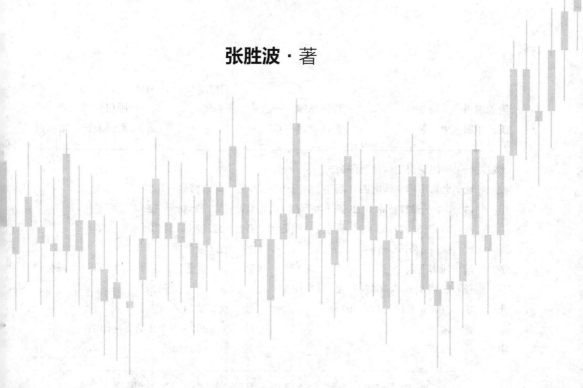

中国财富出版社有限公司

**图书在版编目（CIP）数据**

操盘实战：如何走出股票、期货的交易困境 / 张胜波著 . — 北京：
中国财富出版社有限公司 , 2023.6（2023.9 重印）

ISBN 978-7-5047-7942-7

Ⅰ . ①操…　Ⅱ . ①张…　Ⅲ . ①股票交易②期货交易　Ⅳ . ① F830.9

中国国家版本馆 CIP 数据核字（2023）第 097389 号

| | | | |
|---|---|---|---|
| **策划编辑** 郑晓雯 | **责任编辑** 张红燕　张思怡 | | **版权编辑** 李　洋 |
| **责任印制** 梁　凡 | **责任校对** 卓闪闪 | | **责任发行** 董　倩 |

| | | | |
|---|---|---|---|
| **出版发行** | 中国财富出版社有限公司 | | |
| **社　　址** | 北京市丰台区南四环西路 188 号 5 区 20 楼　邮政编码　100070 | | |
| **电　　话** | 010 - 52227588 转 2098（发行部） | 010 - 52227588 转 321（总编室） | |
| | 010 - 52227566（24 小时读者服务） | 010 - 52227588 转 305（质检部） | |
| **网　　址** | http : //www.cfpress.com.cn | **排　版** 宝蕾元 | |
| **经　　销** | 新华书店 | **印　刷** 宝蕾元仁浩（天津）印刷有限公司 | |
| **书　　号** | ISBN 978-7-5047-7942-7 / F · 3558 | | |
| **开　　本** | 710mm × 1000mm　1 / 16 | **版　次** 2023 年 8 月第 1 版 | |
| **印　　张** | 19.25 | **印　次** 2023 年 9 月第 2 次印刷 | |
| **字　　数** | 315 千字 | **定　价** 68.00 元 | |

# 序　言

　　大部分人最初踏入股票、期货等市场，多是梦想着一夜暴富，希望通过投资实现财务自由，但经过多年的投资后发现，不仅未能盈利，反而持续亏损。面对亏损，大部分投资者依然不愿意放弃，孜孜不倦地探索投资之道。所谓"投资虐我千万遍，我待投资如初恋"，投资仿佛已经是他们生活中不可分割的一部分，离开了投资，便会感觉无聊空虚、浑身不舒服。为什么如此多的人迷恋投资呢？因为他们感觉，投资可以轻松赚钱，不用做风吹日晒的工作，不用劝别人买东西，不用看谁的脸色，不用溜须拍马，不用拼酒伤胃，甚至能够与世隔绝，实现"两耳不闻窗外事"。他们认为，投资不必依赖任何企业单位，全凭自己的本事吃饭，不希望自己的命运被他人掌控，他们要掌控自己的命运。实际中，投资的好处确实比较多，例如，可以干一辈子，不需担心失业，不用害怕中年职业危机，不必担忧退休后无聊的生活，甚至投资可以带来奢侈的梦想，那就是"可以在全世界任何一个地方，一边旅游，一边做投资"，实现时间自由、空间自由和灵魂自由。

　　我不擅长与陌生人打交道，同样抱着追求自由的想法，加入了投资行业，先后在股票机构里做过宏观经济研究员和股票研究员，研究过上市公司的基本面，也担任过私募基金操盘手，管理资金，也培养过一些操盘手，所以对基本面分析和技术分析都有过一定深度的研究和运用。本书的目标读者主要是个人投资者，所以本书是站在基于技术分析的个人投资者角度，来剖析交易中遇到的困难，提出可行的解决办法。

　　经过这么多年的投资，整体上感觉，投资让我的生活清净、简单，有规律。我不喜欢无规律的生活，这个工作刚完成，下一个不知道是什么样的工作又接踵而至，望不到边，不知何时是个头，人生几乎完全被工作占据，被生活所拖累，想想这种生活就让我透不过气。投资让我获得了一种人格上的稳定和灵魂上的自由，不委屈自己，过自己想过的生活，交自己想交往的人，笑自己

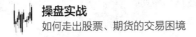
想笑的事。

　　当然，前前后后二十余年的投资生涯中，我经历过两个月亏损50%的绝望日子，也经历过暴赚后的狂喜，每一个投资者经历的困惑、迷茫和自大自负，我都经历过，每一个投资者踩过的坑、走过的弯路我也都一个不少地经历过。我也看到过许多悲伤而又真实的投资者的经历，遇到过投资多年依然迷惑重重、无法盈利的投资者，希望将自己这么多年的投资感悟整理出来，供后来者借鉴，让他们可以少走弯路，早日走出投资的迷宫。

　　感谢我的妻子，她解决了我的后顾之忧，让我可以安心地完成本书；感谢我的两个孩子晨烁和晨菲，每当我遇到写作困境时，他们的欢声笑语让我充满幸福和希望；感谢我指导过的投资者，他们咨询的一些问题打开了我的写作思路，在探讨中激发出思想的火花。

　　本书中，经常出现的词语是投资、交易、操盘和操作。投资侧重于股权方面、以分红为目的的长期持有；交易是指低买高卖、博取价格差的投机行为；操盘和操作是指管理的资金更多、要考虑品种配置和资金配置的买卖行为。虽然投资、交易、操盘和操作四个词语的叫法不同，不过对于大部分个人投资者而言，他们都是为了获得价格差，所以本书中所提到的这四个词语，属于一个意思，都是指低买高卖、博取价格差的投机行为。

# 目录
CONTENTS

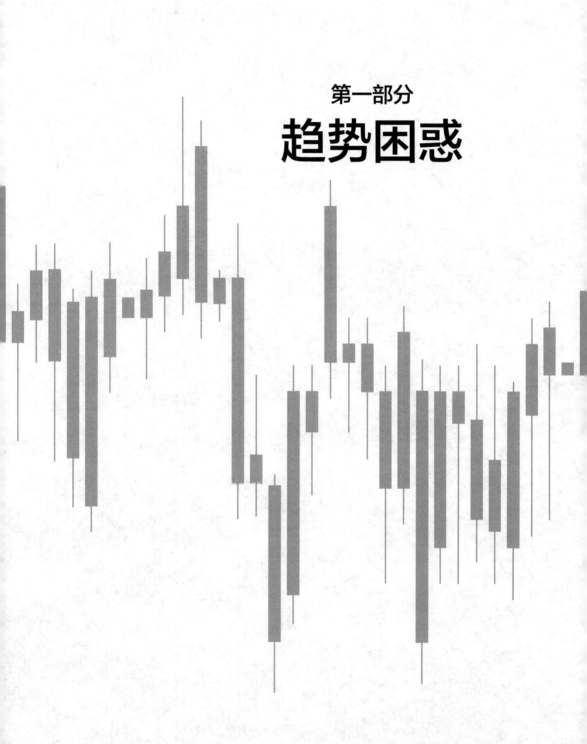

第一部分

# 趋势困惑

# 1.1 技术分析是否可以获得盈利

股市和期货分析的理论主要有基本面分析和技术分析两大门派，这两大门派经常互相攻击对方，基本面分析认为：技术分析的理论是没有依据的，对技术分析的盈利能力持有极大的否定态度，觉得技术分析是江湖道术。那么技术分析是否真的无理论支撑呢？我们先来看看基本面分析和技术分析两大门派之间的相互逐伐。

### 1.百年来，基本面分析和技术分析两大门派相互攻击

一般在介绍技术分析的书籍中，前几页都是攻击基本面分析的，语气很尖锐，借此树立起技术分析的权威，以技术分析代表人物约翰·墨菲的《期货市场技术分析》为代表，书中基本上都是嘲讽，认为基本面分析的研究员都是事后诸葛亮，等到行情涨上去了，才去寻找与基本面相关的敏感因素，以此表明"盘面上的价格波动将盘外的信息都消化完了"。而在介绍基本面分析的书籍中，作者一般都不直接指出技术分析的缺陷，而是在书的中间或者后面的内容中，用比较委婉的语气来评论技术分析，以基本面分析大师吉姆·罗杰斯的《热门商品投资》为代表，其中罗杰斯在书中有一句话：坦率地讲，在我的职业生涯中，我还从没有见过有人从技术分析中致富（他们大多数是靠出售技术分析的书籍而赚了很多钱）。

技术分析讽刺挖苦基本面分析的主要理由是：他们往往是事后诸葛亮，等到行情涨了之后，才开始喊多，寻找利多的因素；行情跌下去之后，才开始喊空，寻找利空的因素。在技术分析看来，基本面分析都是从事后来寻找原因，事后进行解释，但事前对未来预测的时候，又支支吾吾，说不清楚。技术分析攻击基本面分析的理由也是有现实依据的，现实中券商、期货公司等机构中众多的研究员，在依据基本面分析对未来行情做预测的时候，频繁存在错误，甚至与行情的实际方向完全相反，所以技术派认为"基本面分析都是嘴盘"。

基本面分析看不起技术分析的原因是：技术分析是没有逻辑依据的，决

定价格走势的因素必然是商品背后的供需关系或公司业绩、宏观经济，而技术分析仅仅在盘面上画了一条线，或者看了一眼技术图形，就能判断价格要涨还是要跌，简直可笑，无法理解。在基本面分析的眼里，技术分析就是江湖道术，类似于算命先生，通过占卜去预测人生，不可理喻，所以他们认为技术分析不入流，难登大雅之堂，摆不上台面，对此不屑。

百年来，基本面分析和技术分析水火不容，互相看不起，天生的冤家对头，其实都是一口锅里混口饭吃，但总像天敌。存在这种情况的原因，很可能是他们没有尝试学习过彼此的理论，更没有将彼此的理论应用于投资或交易等实践中。即使学了理论，也只学了一点皮毛，没有领悟透对方的精髓，在投资中错用、乱用，最终导致亏损，然后就将对方的理论抛弃，且不忘鄙视一下。

基本面分析和技术面分析，不能绝对地说谁优谁差、谁对谁错，其实两套理论各有优缺点，都有着对方无法取代的优势，也存在致命的缺陷，需要对方的理论来弥补，如果能将两者完美地结合起来，那么不仅有助于提高行情判断和投资的成功率，还可以在自己判断失误的情况下，更好地控制风险，账户资金不至于大起大落，交易生涯将会上一个新的台阶。

## 2.基本面分析有支撑投资的内在逻辑

技术分析攻击基本面分析，有两个常见的理由：第一，供需关系在具体应用时，要求操作者具有极高的专业理论修养，这属于经济学家的工作范畴，而投资者大多数只是普通人，没有学过经济学、金融学，也没有读过硕士、博士，甚至连大学都没上过，学历比较低，无法做基本面分析。第二，基本面分析需要即时的资料信息和完备的数据链条，以及最新的市场信息，但投资者获取到的信息都是被价格迅速消化过的过时信息，价值比较小。

针对第一条理由，其实技术分析并没有真正去了解基本面分析所研究的内容，当然对于比较高深的逻辑演绎、影响因素和量化研究等相关内容，确实需要一定的专业素养。小资金投资者对这些专业知识的研究需要投入较大的成本，而且难度也确实很大，从短期收益来看又难以带来明显优势，但并不意味着小资金投资者不能去研究基本面分析，实际操作中大行情产生的背后驱动力都是因为较大的供需矛盾，这种显著的不平衡，并不需要太专业的人士，只要小资金投资者通过简单的调研或浅显的研究就能得出结论。越是大行情，背后的供需矛盾越大，越容易识别，并不需要专业知识资深的专家，例如，某个农产品在全国范围内遭遇虫害或旱灾，减产厉害，农民就能判断出该品种价格将会上涨。

对于第二条理由，最新的市场信息确实很快会体现在价格走势中，但未必被迅速消化，很多时候无法被消化完，一条重大的市场信息往往对行情的影响不是一天两天，而是一个月两个月，甚至一年两年，普通投资者虽然不能在第一时间入场，容易错过前面一小段行情，少赚一点，但可以赚后面的行情，收益还是很大的。例如，2015年年底我们国家首次提出了钢材、煤炭等供给侧改革，这是一项重大的国家政策，显然不能迅速被市场消化完，行情持续到了2016年和2017年，因为对于这条重大的政策信息，需要有执行、落地、反复、再执行……伴随着政策的推进，商品的供需也在不停变化，推动着价格不断上涨。2016年和2017年是黑色期货的大牛市年，即使错过了2016年年初的上涨，通过基本面分析也能抓住后面的大部分行情，获得丰厚的收益。

技术分析之所以会犯这样的认知错误，是因为他们将消息等同于基本面分析，技术分析所谈论的信息主要指消息，即某个机构或某个媒体所传播的内容，一种道听途说的信息，即消息，或某个碎片化的事件，这种消息可能是真，也可能是谣传，持续时间短，呈现零碎化，容易被市场消化。而基本面分析常说的信息并非消息，是基于数据和产业上的逻辑分析，是价格中长期走势背后的驱动力，这才是基本面分析，商品的基本面分析是研究商品的供需状况，股票的基本面分析是研究上市公司的产品竞争力、销售增长情况，这种基本面分析持续时间比较长，根本不可能在短时间内找到市场运行规律。所以技术分析认为"一个重大的信息会被市场迅速消化"，这句话本身并不正确。

### 3.技术分析能够支撑做交易的原因

基本面分析攻击技术分析的主要理由有两个：第一，技术分析的预言自我应验；第二，到底能否用过去的走势预测未来的价格？我们分别来看这两点是否具有合理性：

### （1）技术分析的成立，是否是自我应验的结果？

什么叫自我应验？基本面分析认为，技术分析之所以成立，是因为它告诉大家一个结论，例如，60日均线能提供支撑作用，技术分析都知道了这个结论，于是当价格跌到60日均线时，交易者都会采取同样的做法——买入，这种群体行为阻止了价格的进一步下跌，使价格在60日均线得到了反弹。事后总结，60日均线提供了支撑作用，这就是技术分析的自我应验。换句话说，基本面分析认为，技术分析的成立都是先有个概念提出，然后技术分析根据此概念，在同一时间采取了同样的行动，促使该概念成立，因此技术分析也成立。

其实基本面分析并没有深层次地了解技术分析理论，技术理论有几十种，仅技术指标一项，就有80种以上。以均线为例，有的采用20日均线，有的采用55日均线，有的采用60日均线……技术分析所采取的技术理论是复杂、多样化的，不同的交易者会采取不同的技术理论，而且还可能是多个技术理论的混杂，他们怎么可能会在某一时刻采取同样的行动？而且即使他们采用同样的一个技术理论，不同的交易者面对同样一个图表，历来都是仁者见仁、智者见智，以形态理论为例，价格形态是客观的，而研读形态不全是一门科学，有一定程度的艺术欣赏能力在。比如，W底（双底）在完成之前，颈线的位置不是固定的，对交易量和持仓量变化程度的认识也不是固定的，对是否是W底也会存在较大的争议，在价格突破颈线之前，有些交易者认为是中继形态——震荡，有些交易者认为是价格反弹，有些交易者则认为是在做W底……总之，图表形态从来没有清楚地"能让有经验的分析师们意见都一致"的时候，即使大多数交易者的研读都差不多，但他们也不一定在同一时刻以同样的方式买入，可能提前入仓，也可能待突破后买入，还可能等待价格反扑颈线时买入，或者增加时间检验，甚至压根不入仓等。所以交易者不可能都在同一时刻买入。重要的是，即使图形形成W底，价格突破颈线，行情也不一定会上涨，假信号很多，成功率只有50%左右，和扔硬币一样，事后看，行情向上突破颈线后，很快又步入下跌，恢复跌势，从成功率上讲，"技术分析的自我应验"是无法服众的，毕竟还有一半左右的W底信号是失败的。如果大家都采取同样的行动，那至少70%以上的 W 底信号都应该成功，才具有统计学上的说服力，所以不存在技术分析的自我应验。

并不是某个先驱首次异想天开地提出来技术分析，然后交易者们纷纷跟随和效仿，导致技术分析成立。实际中，某个图表形态在资本市场诞生后就已经存在，只不过被某个先驱发现了，然后单独拎了出来，撰写成了某个技术分析理论，其他人在用过去的历史数据来检测这个理论时，发现有成功率的优势，在研判未来价格走势的时候，也是屡屡得手，于是该理论便被传播开来。但伴随着运用该图表形态的人逐步增多，反而会导致该图表形态失效，主要原因有两个：

第一，市场是负和游戏，如果大家都通过研究图表形态来获利，那么谁来亏损？这是无法解开的悖论。在实际中，当大家根据研究的图表形态做单时，所采取的行动是不同的，大资金投资者会分批买入，小资金投资者本身属于急性格，会提前行动，导致买入行为提前。如图 1-1 所示，图中 20 元是支撑线，是大家预判股票会调整到的触底价格，但是由于许多投资者的提前行动，导致股票价格没有调整到 20 元就止跌回升，这样"在支撑线 20 元买入"的图表就失效了。

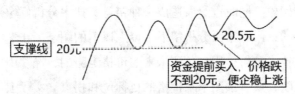

图 1-1　提前买入导致图表失效

第二，大资金投资者可以操纵短期的价格走势，会采用逆技术分析的方法，来进行洗盘。如图 1-2 所示，同样的 20 元是支撑线，假如将止损位设定在 20 元之下的一点，止损区域在 19 元至 20 元，那么大资金投资者为了获得更低的买入成本，会快速将价格打压到 20 元之下，导致小资金投资者止损离场，推动了股票价格进一步下滑，此时大资金投资者的买入成本就会比较低，这样"20 元是支撑线"的图表也就失效了。

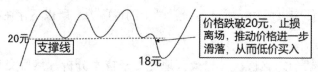

图1-2　大资金投资者的逆向技术分析

现实中，常见的技术分析成功率并不高，只有50%左右，假信号占一半，不具有统计学上的说服力，从这个角度上讲，技术理论不可能让大家的意见达成一致，更不可能让大家采取同样的行动，不存在技术分析的自我应验。

**（2）能否用过去的走势来预测未来的价格？**

基本面分析攻击技术分析的第二点认为：技术分析是拿盘面上过去的走势作为依据，来判断未来的价格走势，而决定未来价格走势的因素，应该是盘后的基本面，例如，商品供需关系、宏观政策、上市公司业绩等。

技术分析能否用来预测未来的价格走势？当然，大部分技术交易者不太懂技术分析的精髓，为了显示自己的水平之高，比葫芦画瓢，会拿技术分析去预测未来的价格走势，预测对了就大肆自吹，然后不断反复重提，预测错了就闭口不谈或者删帖，只反复重提预测对的未来的价格走势，形成一种预测准确率高的假象，同时也给人造成一种错觉，技术分析好像是用来预测未来的价格走势的，给基本面分析留下了授人以柄的靶子。在学习技术分析之初，我也认为技术分析是用来预测未来的价格走势的，经常用技术分析预测未来价格的涨跌，或者预测未来价格的目标位和拐点。实际上，技术分析的精髓是跟随趋势，跟随交易系统，反对预测未来的价格走势，再说一遍，技术分析是反对预测未来的价格走势的，只有那些"一瓶子不满，半瓶子晃荡"的技术交易者，才会去预测未来的价格走势。而且正如基本面分析所言，推动价格走势的因素肯定是背后的基本面，盘面上的技术信号无法决定行情未来的价格走势，所以技术分析基本上不能够用来预判未来价格走势，只是用来跟随。

既然技术分析不能预测未来价格走势，那么技术分析如何获利呢？技术分析盈利的核心是成功率和盈亏比，盈亏比是指盈利时每笔单子的盈利额除以亏损时每笔单子的亏损额。例如，盈利时赚3元，亏损时亏1元，则盈亏比为3:1。对于技术交易者而言，常见的成功率也仅40%左右，成功率相对较低，如果靠预测未来价格走势获得利润的话，成功率至少要在60%之上，才具有统计学上的说服力。在成功率难以提高的背景下，投资者想要盈利，就需要依靠盈亏比，当盈亏比为3:1时，他们就可以获得利润。我们来简单计算一下，成功率在30%~40%，假设成功率为33%，亏损两笔后盈利一笔，盈亏比为3:1，每笔亏损的金额为1元，连续亏损两笔是2元，而盈利一次会赚3元，扣掉亏损的2元，最终盈利1元，技术分析便获得盈利。对于技术交易者而言，盈亏比更为重要，所以技术分析提出"让利润自由奔跑"的口号，通过截断亏损和让利润自由奔跑两个手段，提高盈亏比。

**（3）技术分析的逻辑能够应用于交易的理由。**

基本面分析的逻辑是清晰和严密的，也经得起考验。当供应大于需求，价格会下跌，反之价格会上涨，毕竟全世界的商学院都讲授和研究基本面，与之相比，技术分析的逻辑性不强，没有基本面那么严密，这也是基本面分析对技术分析很不屑的一个原因。

基本面分析觉得技术分析不靠谱的主要原因，在于他们不了解技术分析的理论基础，其实技术分析的理论基础是群体规律，大致意思是：个体的运动是没有规律的，但群体的运动是有规律的，即大数定律。如同量子力学（物理理论）一样，在微观世界中，单个粒子的运动是不确定的，测不准是准则；但多个粒子的运动就有规律可循了，是能够发现并利用这些规律的。同理，单个交易者的买卖是无规律的，比较随机，但如果大量的交易者一起参与买卖，就会呈现显著的规律性，而这种规律性就是技术形态，能够被我们识别和利用，从而获得利润。在资本市场中，参与的人越多，技术形态的规律性就越显著，所以如果某个股票或商品期货的成交量比较大，参与人数比较多，则技术分析的有效性会比较高，假信号相对较少；相反，成交量少，意味着参与的人少，技术形态的规律性就会比较混乱，在盘面上会呈现各种无序的假信号。所以我们在选择交易品种时，尽量选择成交量比较大的品种，可以事半功倍。

由于群体运动具有显著的规律性，在盘面上就体现出有规律的技术信号，形成了技术分析理论，所以如果我们能有效地识别和利用这些规律，掌握有效的技术分析理论，就可以获得概率优势，从这个角度上讲，技术分析的本质是概率。那么如何获得技术分析的概率优势呢？基于大样本的统计，如果用大样本数据能够证明某个技术形态可以稳定盈利，就说明它是有规律的技术形态，能被我们利用。

技术分析应用于交易中，是完全可以获得盈利的，暂不论国外和国内利用技术分析获利的投资者比比皆是，根据作者这么多年的经历来看，单纯利用技术分析获得稳定盈利的投资者并不少。不过相比盈利者而言，亏损者更多，当然这是"二八法则"适用任何资本市场，不仅是技术分析面临的问题，同样也是基本面分析面临的问题。基本面分析虽然具备能够盈利的逻辑基础，但并不意味着用基本面分析就能盈利，同理技术分析也是如此。技术分析想要盈利，关键点是需要将零碎的技术信号，按照合理的交易逻辑，组装成一套包含入仓、止损、止盈和仓位管理在内的交易体系，同时配合成熟的交易理念，当然，这并非一件容易的事情，不过至少可以说，这样来使用技术分析就可以获得盈利。

# 1.2 做交易是否需要预测

市场中一直存在这种争论：做交易，到底需要不需要预测？有人说需要预测，不预测未来价格的下一步走势，怎么知道是否应该买入？也有人说不需要预测，跟随市场行情走就行。对于该问题，一直争论不休，仁者见仁，智者见智。之所以有这么大的争论或分歧，是因为我们的交易方法或个人能力不同，下面从两个方面分别来看：

### 1.技术分析的交易者，不需要做预测

如果交易者是纯粹的技术分析，不带有任何的基本面分析，仅根据盘面上的信息进行交易，则对这类交易者来说，不需要做预测，不必预测。因为

技术分析是滞后的，不具有前瞻性，技术分析的本质是跟随，跟随的目标是信号，只有信号出现后，才能知道该如何办。例如，假设以突破作为入仓信号，如图1-3所示，在价格未突破前，我们并不知道未来的价格是上涨还是下跌，也不知道价格是否会突破压力位，于是我们也不知晓是否应该入仓，等到价格出现突破、入仓信号出来，才能决定入多，所以我们经常讲"跟随交易系统，而不是预测信号"，技术分析不能预测未来。

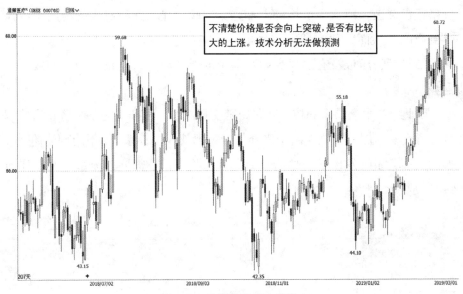

图1-3　通策医疗日K线图1

交易中一旦加入预测成分，就会经常性地带来交易苦恼，干扰交易。例如，盲目猜顶或猜底，涨势中预测价格要见顶，结果价格未达到前面波峰，就遭遇了阻力向下调整；预测价格要出现双头，于是选择入空，结果价格一路上涨，逆势摸顶；价格原本上涨顺畅，但预测价格要进行调整，于是提前止盈，结果价格并未下跌，而是一路上涨，导致错失了继续盈利的机会；当交易系统发出了入仓信号，本应该要入仓，但预测这次信号可能是庄家洗盘或陷阱，选择不入场，事后看，错过一次大的盈利机会，我们后悔莫及……这类情形太多了，我当初也深受其害，刻骨铭心，至今都还历历在目。在单纯技术分析范围内的交易，一旦加入预测成分，将会带有强烈的主观色彩和情绪，我们就会失去规则的约束。没有约束的话，我们的交易便充满情绪化、冲动化，甚至抓狂、疯癫，于是追涨杀跌、抄底摸顶、不止损、提前止盈等各种交易大忌便频繁出现。所以对于技术分析的交易者而言，本质上所谓的预测就是主观猜测，靠着猜测做单，自然是不靠谱的。

纯技术分析的交易，之所以不能预测，是因为所谓的预测就是没有数据、没有事实和没有逻辑的主观猜测，带有很强烈的主观色彩和情绪，而这种猜测很容易被盘面上的价格波动影响，被市场行情牵着鼻子走。例如，价格还没突破，但盘中价格的上冲趋势比较明显，此时我们的情绪很容易受到影响，从而去猜测"未来的价格可能要上涨，要突破"，于是提前入场，结果行情压根没有出现突破，盘中的上冲趋势只是正常的毛刺或短期走势。

因此，技术交易者的核心就是跟随交易系统，根据交易系统所发出的信号进行交易。例如系统发出了入仓信号，那就入仓，系统发出了止损信号，那就止损，系统发出了止盈信号，那就止盈等，不需要提前做预测，如图1-4所示。

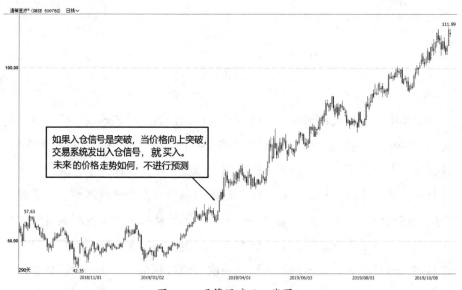

图1-4　通策医疗日K线图2

许多人会提出不同的观点，认为既然根据系统信号执行交易，那就表明本身已经对该信号做出了预测，比如交易系统发出入仓信号，那就意味着你认为未来的价格上涨的概率高，你才入多，所以这还是属于预测的范畴。

我们首先看预测的定义：预测是指在掌握现有信息的基础上，依照一定的方法和规律对未来的事情进行测算，预先了解事情发展的过程与结果。由定义可以知道：第一，预测，是要对未来的事情进行测算；第二，预先了解事物发展的过程与结果。执行交易信号是否等于预测？从两方面分别来看：

### （1）我们对行情的未来做测算了吗？

在某个品种的某一个特定时期，当交易系统发出信号时，我们通过大脑对于价格的未来走向测算了吗？测算了它的成功率，还是测算了它的空间大小了？或者，测算了它的运行轨迹？都没有。在数学统计理论中，我们交易系统的成功率、盈亏比等指标，都是基于大样本数据得出的统计数据，但是对于某一次具体的交易，这种统计数据是不确定的，充满随机。例如一个交易系统的成功率是70%，那是基于较多的交易样本而得出的数据，但具体到某一笔交易的入仓信号，得出的成功率则是不确定的，如果成功了，那就是100%，如果失败了，那就是0%。在不同的行情阶段，成功率也是不同的。例如，震荡行情中的成功率就会比较低，趋势行情中的成功率就会比较高。对丁不同的品种，成功率也是不一样的，"妖"品种的成功率就会比较低。

因此，对于某一笔交易而言，我们没办法预测它的成功率、空间大小和盈亏比等，压根也不会去预测这些。当交易系统发出信号，我们之所以入仓，是因为知道：这笔交易的盈利是充满不确定的，可能盈利，也可能亏损，但是放在长期来看，只要我们信任信号，最终就可以实现盈利，毕竟我们交易系统的盈利数据，是经过了大样本数据的检验；如果这次不入仓，可能会躲过亏损，但也可能会错过盈利，如果错过了盈利，那就失去了抵消前面几次止损的机会。所以我们强调纪律性和知行合一，要相信交易系统。从这个意义上讲，当交易系统发出了信号，我们不用通过自己的大脑做预测，只是简单地去执行信号，希望通过连续多笔的交易，获得一个稳定的盈利。

**（2）我们预先了解事物发展的过程与结果了吗？**

当交易系统发出入仓信号时，我们预先了解未来价格的路径和结果了吗？有没有去预测价格下午怎么变动，明日怎么变动，后日走势是否会结束？价格在哪个点位会调整？价格的走势轨迹是什么样子？这一切都没有，更没有去预测本次入仓是成功的还是失败的，当然这压根也预测不出来。对于未来价格的发展路径和结果，我们并没有做预测，也不可能预测出来，所以我们准备了止损的工具，如果入仓后，价格触发止损设置，我们便卖出离场；如果价格没有触发止损设置，我们就继续持有单子，耐心等待止盈信号，等到后面交易系统发出了止盈信号，我们便止盈离场。就是这么简单，从入仓开始，到离场，我们压根没通过自己的大脑预测过什么事。

由上面来看，基于技术分析、遵循交易系统的交易，压根就不符合预测的定义，当出现信号后，我们只是简单执行，并没经过大脑的思考，这不能叫预测。如果我们将交易系统编写成程序，让计算机自动执行我们的交易信号，那么是计算机预测了，还是我们预测了？都没有，我们没思考，没预测，没干预机器，机器也没思考，没预测，仅仅是自动执行，所以这不能叫预测。因此，当交易系统出现信号后，我们执行信号，与其说叫预测，不如说叫执行，我们只是执行了交易信号而已。

## 2.基本面分析的交易者，需要做预测

如果你有一个有效的预测工具，能够预测未来，当然可以去做预测。基本面分析具有前瞻性，能够用来判断未来，而你又擅长基本面分析，自然可以依靠预测来交易。期货中，基本面分析包括库存、成本、供应、需求、产能等，当商品的供给紧张，供不应求时，可以预测"价格要上涨"，未来趋势就是涨势，你只会做多，这就是用预测来参与交易；股市中，基本面分析包括业绩情况、产品销售情况、市场空间、管理团队、新产品或新技术等，当上市公司的产品供不应求，很受客户们欢迎，可以预测"公司未来业绩的增长持续性比较好"，从而判断股价将会持续上涨，于是你会买入并持有这

只股票，这也是用预测来参与投资。

畅销书《股票大作手回忆录》中的主角——杰西·利弗莫尔，是我们公认的投机鼻祖，许多人认为他是技术分析，其实他的几次经典战役，都是通过阅读大量报纸，捕捉有用信息，然后深入调研，找到最有潜力的钢铁股或供需严重失衡的棉花股等，根据基本面分析来预测钢铁股要大涨，或者棉花股要有大的市场行情，然后度假回来，重仓参与交易，一战成名，东山再起。不过他的入仓价格也结合了技术分析，但之前也是用预测来参与了交易。现实中常见的基金、保险、私募，基本上都是基本面分析，即使结合了技术分析，也都是以基本面分析为主的，自然是可以用预测来进行投资的。

综上来讲，对于纯粹的技术交易者而言，不需要做预测，因为本质上他的预测等同主观猜测，没有严密的逻辑依据，如果加入预测，不仅无助于交易，还会让交易陷入主观化、情绪化的窘境，放大人性弱点，反而做不好交易；只有跟随交易系统的信号，简单根据信号执行买卖操作，才能把人性弱点锁在"牢笼"中，进而实现"知行合一"，所以技术交易者不需要也不能做预测。由于基本面分析本身具有严密的逻辑性和可预测性，对于以基本面分析为主的交易者，自然可以做预测，而且也必须做预测，才能够进行交易。由于基本面分析的错综复杂，研究难度较高，门槛高，大部分交易者都不懂基本面分析，或者容易把市场消息错当成了基本面分析，所以大部分交易者更适合技术分析，就不需要做预测了。

# 1.3 日内交易为什么最难盈利

股票是"T+1"交易模式，今日买入，最早也要在明日才能卖出，所以不能做日内交易。而期货、外汇和数字货币属于"T+0"交易模式，可以在当日买入，当日卖出，便可以做日内交易，所以在关于日内交易的系列文章中，我们所谈的日内交易，主要就是指期货、外汇和数字货币的交易。

大部分交易者都做日内交易，如果你问问他们的盈利情况，答案通常是亏损，很难找到一个靠日内交易获利的人。当然，经纪公司非常欢迎做日内短线的交易者，因为交易越频繁，贡献的手续费越多，经纪公司赚取的佣金就越多，所以他们喜欢宣传日内交易赚钱的例子。应该说，踏入期货、外汇和数字货币的交易者，普遍都是从日内交易开始做起，他们觉得日内交易安全，可以及时止损，感觉不对，马上可以离场，给人一种风险可控、比较安全的感觉。我刚开始也做日内短线，不敢拿隔夜单，觉得日内短线踏实，可是随着时间的流逝，有多少日内交易者能够真正盈利呢？屈指可数，寥寥无几，所以感觉安全的交易方式并不一定真的安全，仅是心灵上的虚假安全，账户资金是不会说谎的。

当我们翻阅国外比较经典的投资书籍时，会发现投机大师们普遍反对日内交易，认为它难以盈利。可是为什么日内交易难以盈利呢？许多交易者认为"日内交易的走势与日K线的走势一样，日内交易的走势也有趋势，只是时间周期变短了而已，所以如果做趋势的话，也可以通过做日内交易趋势而获利"，大致意思是趋势分周期，日K线有趋势，分钟K线也有趋势，做趋势交易的话，日内交易也可以做趋势，既然做日K线的趋势可以盈利，自然做日内交易的趋势也可以盈利。可事实上看，日内交易确实不易盈利，要比做日K线趋势难许多，日K线趋势和日内交易趋势是不同的，为什么会如此呢？交易的核心是成功率和盈亏比，我们再加入一个仓位管理，分别从这三个方面来分析：

## 1.日内交易的成功率比较低

根据有效性的判断标准，价格在波峰的持续时间越长，价格上涨压力就越大，那么一旦价格向上突破，持有的成功率就会比较高。日K线级别的波峰，价格持续时间少则一两日，多则十几日，而日内交易所形成的波峰的持续时间，有的只持续短短几分钟，也有一些持续一两个小时，多数持续在三十分钟左右，和日K线级别波峰的有效性不是一个数量级的。所以日K线级别上压力的有效性，要远大于日内分钟K线所形成的压力的有效性，意味着日内分钟K线所形成的压力的有效性比较弱，实际上起不到压力的作用，价格虽然可以向上击穿这些压力，但是很快又跌落回来。如果根据突破来做单，在盘面上，我们可以观察到，日内交易走势的毛刺特别多，杂乱无章，容易受到消息的影响，价格来回穿越，压力或支撑起不到作用，容易触碰止损位，导致日内交易的成功率比较低。

除了日内交易压力的有效性弱之外，资金的操纵也是导致日内交易成功率低的一大原因。持续时间很短的走势，不受基本面的影响，而是受资金的影响，在日内一两个小时的走势中，资金是可以根据散户的操作思路进行逆向操纵，以此来改变价格走势。例如，故意做假突破，吸引散户入场；故意击穿压力位或支撑位，触发你的止损设置，一会儿猛拉价格，一会儿又猛砸价格，让你防不胜防，入多也是止损，做空也是止损。日内交易操纵价格不需要多大的资金，一个大单就可以让价格瞬间跳水，触碰我们的止损设置，然后瞬间又拉回，一根K线上下通吃，让我们不知所措。由于资金容易操纵日内交易价格的走势，专门制造各种假突破，使我们的日内交易处于被人宰割的境地，成功率很难有保障。

相对于日内交易价格的走势，日K线上所形成的压力位或支撑位的有效性会比较强，而且对于日K线上的中长期走势，资金是很难操纵的，困难要大无数倍。中长期价格的走势由商品供需关系、上市公司业绩、宏观经济和货币政策等市场因素决定，大资金很难操纵逆大势者都容易伤亡惨重，无论资金多大。因此，日K线走势的规律性会比较强，做日K线趋势的成功率会提高许多。

## 2.日内交易的盈亏比很难做大

对于日K线趋势而言，最重要的不是成功率，而是盈亏比。只要盈亏比大，哪怕成功率低一些，也是可以实现盈利的。日K线趋势要想实现比较大的盈亏比，一个关键点就是让利润自由奔跑，有多远就跑多远，只要中间不出现离场的信号，就牢牢持有单子，一直到趋势结束。只要能赚一波趋势，就足够抵消三次以上的止损，扣掉前面几次止损，剩余的便是利润，如果趋势大一些，盈利就会更大。通常而言，做趋势的话，盈亏比至少为3:1，才能保障稳定盈利。

日内交易的成功率低，但如果盈亏比大的话，每笔盈利远大于每笔亏损，我们也照样可以实现盈利，不过可惜的是，现实中盈亏比很难做大，可能只有1:1左右。一方面，因为日内交易的限制，当日收盘前要平仓，本身就限制了利润的奔跑，限制了盈亏比；另一方面，日内交易的单边趋势很少，大部分时间都是上下震荡，波动区间不大，即使日内交易有趋势，一个日内交易的趋势能有多大？如图1-5所示，对于商品期货而言，3%的日内交易的趋势已经比较大了，再扣掉鱼头和鱼尾，差不多也只是赚1%的趋势空间，而你的止损设置可能是0.5%左右，盈亏比为2:1，再考虑到常见的日内交易的趋势只有2%左右，所以日内做单的盈亏比仅剩1:1左右。

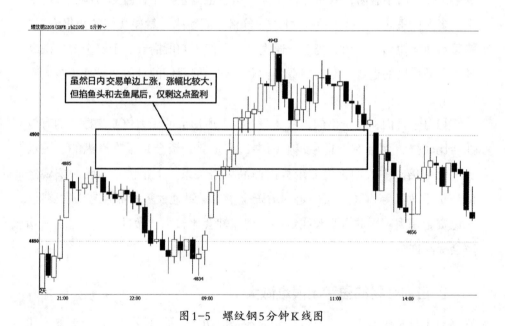

图1-5　螺纹钢5分钟K线图

日内交易的盈亏比仅为1:1左右，即便成功率为45%，日内交易的结果依然是亏损的，再加上日内交易的频率会比较高，账户的高成本也是需要考虑的因素。

### 3.日内交易不容易实现仓位管理

仓位管理是通过加仓或减仓的方式，在盈利的时候，让仓位比较大，在亏损的时候，让仓位比较小，从而实现大盈利和小亏损，放大盈亏比。日K

线的趋势比较大，大点的趋势会持续半年以上，涨幅超过50%，在此趋势中会有充足的时间和机会，进行多次加仓，此时仓位会逐步变大，从而实现大盈利，而亏损的时候不加仓，当趋势持续不好时甚至还会减仓，就可以实现小亏损。

日内交易的趋势空间有限，即便是大点的趋势，扣掉鱼头和鱼尾后，差不多也只有1%的利润空间，中间怎么加仓？底仓原本有浮盈，在这么小的利润空间内，等到出现加仓信号，趋势就快走完了，刚加仓，总仓位增大，趋势稍一回撤，浮盈就没了，最终亏损离场，所以日内交易不容易通过加仓或减仓的方式，实现盈利时仓位大、亏损时仓位小的管理目标。

综上来看，日内交易的成功率比较低，盈亏比不容易做大，也难以通过加仓或减仓的方式，放大盈亏比，所以无论从成功率还是从盈亏比，日内交易都不具备显著的优势，这些决定了日内交易是最难成功的盈利方式。事实上来看，日内交易也确实是最难成功和最难复制的交易模式，通过日内交易而获得稳定盈利的交易者凤毛麟角。网络上流传一个"1∶2∶7原则"的说法，在美国，有研究机构对多年来不同风格的客户的期货交易结果做了客观翔实的统计，形成了"1∶2∶7原则"，即在100位交易者中，70位稳定赔钱，20位保本不亏，10位盈利；在盈利的10位交易者中，7位做趋势交易，2位做波段交易，1位做日内交易。根据这个原则可以看出，日内交易的盈利人数仅是趋势交易盈利人数的1/7，再考虑到大多数交易者做日内交易，少部分群体做趋势交易，这意味着做日内交易的人中，能够稳定盈利的比例就更低了，远远低于趋势交易中的盈利人数比例，这也足以说明，做日内交易的困难程度是趋势交易的十倍以上。

现实中，有些日内交易者的成功率可以做得很高，但为什么又不能盈利呢？上面所讲的日内交易的成功率低，是因为将止损设置纳入到了交易规则中，每笔单子必须设置止损，由于日内交易的价格走势杂乱无章，导致假信号多，同时又容易触碰到止损设置，所以很难盈利。但有些日内交易者的成功率可以做得很高，达到80%之上，他们通常采用的策略是止损设置范围极大，甚至不设止损，进行扛单，扛回一点盈利，就赶紧撤离。大部分时间内，日内交易价格的走势都是上下震荡，只要扛单，不止损，大多数时候都能扛回盈利，只要扛回一点，就赶紧撤离，落袋为安，省得浮盈变浮亏。日内交易采用不止损或放任止损，赚一点就撤离的思路，可以让成功率提高到80%之上。

如此之高的成功率，为什么还会亏损呢？因为盈亏比很低，非常低。如图1-6所示，在一段时间内，通过扛单的方式，可以实现许多笔小盈利，可一旦走出了日K线的趋势行情，不止损，死扛，等着被解套，必然亏损巨大，一次损失足够抵消前面许多次的小盈利，甚至一次损失足以爆仓，而且这种情况必然会发生，毕竟行情不可能一直处于震荡，震荡结束后就是趋势，走出了趋势，扛单的方式会让你伤筋断骨，前面连续赚了十几笔，远不够最后一笔亏损。前边平均每笔盈利远小于最后一笔亏损，盈亏比远小于1，无法实现盈利，必然亏损，这么高的成功率也便没什么意义。交易者经常感觉到"资金账户稳步上升，但是突然间，账户资金断崖式下滑，而且不断重复这种情形"，就是因为采用的策略是不止损或放任止损，扛单，成功率必然高，能够经常性地获利，但每笔盈利都比较小，遭遇一次趋势行情，前面的多笔盈利不仅全部回吐，而且还会倒亏许多本金。

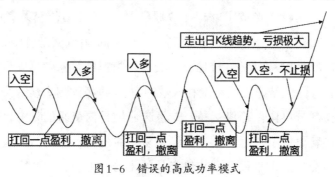

图1-6　错误的高成功率模式

# 1.4　日内交易，为什么很难执行交易信号

由于日内交易价格的走势普遍杂乱无序，成功率低，盈亏比不容易做大，所以即使在日K线上能盈利的交易系统，运用在日内交易上，也会失效，难以盈利，不容易构建一个能稳定盈利的日内交易系统，所以日内交易

不易盈利。其实，即便你拥有了一套能稳定盈利的日内交易系统，想要盈利，依然困难重重，日内交易最大的挑战，并不是有没有能盈利的交易系统，而是执行力，交易者情绪容易失控，很难执行交易信号，具体来看：

## 1. 日内交易需要盯盘，不能休息，交易者情绪容易失控

日内交易是做日内的交易信号，需要关注日内的价格走势，所以常常需要盯盘，可是一旦盯盘，我们的情绪便容易受到盘面价格波动的影响，被盘中的各种涨跌所诱惑，被行情牵着鼻子走，导致情绪波动大，主观情绪容易失控，便会忘记交易计划和交易信号，陷入头脑发热和冲动型交易的泥潭之中。盯着盘面的价格，快速的波动容易让人产生对行情的误判，当价格快速上冲时，以为行情要大涨了，生怕错过机会，不顾交易系统有无入仓信号，赶紧追多入单；当价格快速下跌时，也会不顾一切地追跌入空，不断地来回追涨杀跌；当入仓后，有了浮盈，此时生怕利润失去，看到价格回撤，就赶紧止盈，不顾是否符合自己的止盈准则；日内的交易次数比较多，当连续两三次止损后，心情容易遭遇挫折，想赶紧捞回本金，此时交易系统可能再次出现入仓信号，没有时间进行心理疗伤，便容易陷入情绪化的境地，什么行情都想抓，什么行情都想做，频繁操作、追涨杀跌、抄底摸高、不止损等各种交易大忌，都会纷至沓来，一一上演。日内交易容易让我们的心态失去平衡，一旦情绪失控，什么交易系统，什么理智，什么冷静和耐心，统统都会抛之脑后，越亏心态越失衡，陷入了恶性循环，稍不注意就会走火入魔，让我们像疯子一样，失去理智，杀红了眼，账户资金越亏越多。

日内交易，为什么会使交易者的情绪失控？我们先看日K线趋势的心理调整情况，日K线的趋势机会比较少，平均一两个星期才可能有一单，经常十天半个月不开一单，当某一笔交易止损后，需要再等一两周左右，而就在等待的时间内，我们的心灵可以得到充分的休息和调整，让我们积蓄能量，重拾信心，心态逐步回归冷静，忘却过往，变得理智，重新对交易充满信心。同时，做日K线趋势的话，不需要盯盘，一天可能只需要看十几分钟就行，所以每天我们可以做喜欢做的事情，例如，钓鱼、健身、旅行等。通过转移注意力，交易的不悦心情能够得到充分的释放，内心可以获得休息，我

们便相对容易控制住自己做交易的盲目和冲动。

相比日K线趋势，日内交易就没这么幸运了，当我们连遭亏损，情绪失去控制时，应该休息一下，调整一下心态，恢复理智，让我们的内心重新回归于零，重新开始。等休息一段时间后，再次回到资本市场中，我们会发现基本上忘记了此前的烦恼，已经能够清晰地认识到此前犯的交易忌讳，并吸取教训，重新肯定了自己的交易规则，此时我们从内到外都焕发一新，精神饱满，以自信的心态踏入投机市场，遵守交易系统，坚守自己定的规则。我们都有过这样的感受，当休息一段时间后，再次踏入投机市场，我们做单的质量会提高许多。可是，如果你做的是日内交易，日内交易系统每日都会发出一些交易信号，即便你遭遇了挫折，交易系统还是会不断发出交易信号，在遵守自己的交易规则的要求下，你不得不硬着头皮继续参与日内交易，无法休息，因为你老是担心"一旦休息，有可能错失了挽回损失的机会"，越想挽回损失，越不能错失每一日的机会，不给你休息或调整心态的时间，即使你的情绪失控，也不得不参与每日的交易，于是你没有机会让自己的心灵得到充分的休息，不容易恢复理智。许多交易者说"日内交易，当情绪失控的时候，我们可以关闭电脑，选择休息"，这种想法是对的，不过存在一些悖论，如同精神病人不会认为自己有精神病一样，当情绪失控时，你难以自我意识到情绪失控，可能仍然认为自己还比较理智，只是运气差。另外，情绪既然失控了，你还怎么能让自己停止操作呢？怎么会选择休息和观望？即使你意识到自己的心理出现了问题，你也不会轻易关掉电脑，离开盘面，因为看着盘面行情的上下起伏，心情随之共振波动，肾上腺素极速分泌，大脑皮层充血亢奋，你不愿舍弃这种刺激感，难以停止交易。

我们常常说"当局者迷，旁观者清"，参与的交易次数越多，人性弱点越容易暴露和放大，由于日内交易让你时刻都沉浸在交易的世界里，意味着你一直是一位当局者，没有站在事外作为旁观者的机会，便容易失去理智，无法自控，侥幸心理、赌博心理、自暴自弃等自然容易占据你的大脑，直至把你折磨成一个精神病人。

## 2.日内交易对交易者的执行力要求很高，反应要很快

对于日K线的趋势，由于趋势空间比较大，持续时间比较长，对交易者的入仓时机要求没那么高，当天上午入仓、还是下午入仓或明日入仓，差别不会太大，晚一会儿或早一会儿入仓，对于长期的盈亏而言，影响并不明显。

相比，日内交易对交易者的入仓时机要求比较高，交易者的反应能力要快，因为日内价格的波动性很强，30分钟就可以走完一天的趋势，趋势转瞬即逝，稍一犹豫，5分钟前入仓和5分钟后入仓，盈利结果就可能不同。日内交易的趋势空间本来就小，在趋势爆发的阶段，10分钟价格就可以快速运行到较远的距离，会直接影响到本笔交易的盈亏。另外，日内交易的价格虽然大部分时间都是上下震荡，一旦趋势爆发，价格波动速度会非常快，如果犹豫、矛盾了一下，入仓晚了一步，此时价格可能已向前快速运行到较远的距离，错失好的入场时机，导致不敢追入。如图1-7所示，如果日内操作周期比较短的话，比如，5分钟K线的趋势，那么要求盘中的第一反应要非常快，甚至达到条件反射般的盘感与突发情况快速处理的应对能力。

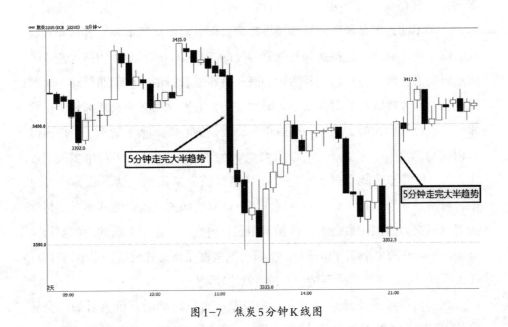

图1-7 焦炭5分钟K线图

因此，日内交易对交易者的要求比较高，强调执行力和反应速度，要果

断坚决，不能犹豫不决，稍有犹豫，会错失不少点位。如果不敢追单，就需要时刻盯盘，需要高度的精神集中和专注度，所以对日内交易者的年龄、性格都要求很高，例如，炒单要求20岁左右开始学，其他日内交易要求25岁之前，因为越年轻，体力才会好，反应才会快。相比而言，做日K线趋势，对交易者的身体、年龄方面，没有要求，对人的反应速度也没要求，因为晚一天入仓，还是早一天入仓，不影响大局。可以把日内交易看成一种竞技运动，时刻都要保持高难度的动作，对运动员的要求很高，要想一直保持这种竞技的状态，比较困难，所以日内交易者的资金曲线容易呈现"一段持续上涨后，断崖式下跌"的轨迹。

## 3.日内交易对身体和精神的消耗比较大

日内交易极度消耗交易者的体力，做完一天短线后，我们会感到头晕眼花，摇摇欲坠。长期做日内交易的话，体力会变差，精神乏力，总是感到累，抵抗力明显下降，容易得颈椎病、健忘症、秃发、腰椎间盘突出症、抑郁症等疾病。其他疾病先不讲，有一点可以肯定，日内交易要求交易者长期坐着，一刻不动，容易导致颈椎和腰椎疼痛，而且血液流通不畅，容易导致血栓、脑梗、心肌梗，这些疾病是能看得见的。还有一些对身体和精神造成更大危害的潜在疾病，日内交易者的心脏一直跟随着行情的波动而跳动，时刻紧绷，时而大幅跳跃，时而欢喜，时而悲伤，心脏跳动频率长期都快于正常水平，就像我们在游乐场坐一次过山车，我们的心脏都感觉受不了，何况做日内交易，价格一个波动，心脏就要坐一次"过山车"，一天得坐多次"过山车"，心脏怎么能受得了？心衰则病生，长期紧张的生活，让你神经过敏，时常感觉累，几年后，一身病。当身体有疾病的时候，疼痛难忍，精神萎靡，对交易的执行力会大打折扣。相比日内交易，做日K线的趋势要轻松许多，平均一两个星期才做一单，大部分时间都是休息和观望，也不用盯盘，每天可以做自己喜欢做的事情，心情自然比较轻松。

在国内炒单圈（炒单就是在盘中以获取价位跳动的差价为目的的交易方法），炒单者的身体普遍存在一些疾病，原来我带过一个女交易员，她一直做炒单，虽然可以盈利，但身体已经累得不行了，经常会吐血，赚得钱还不够给自己治病，后来跟着我转型做日K线趋势了。前段时间问过她，她说已经适应做趋势，感觉轻松多了，没那么累，而且盈利也更多了。短线高手极少，即便是短线高手，也只能干三四年，就要进行转型，否则身体吃不消，会遭遇疾病的折磨。如果做外盘，身体和精神遭受的伤害会更大，因为时差问题，外盘交易者只能在晚上参与交易，这意味着交易员需要白天睡觉，晚上干活，黑白颠倒，生物钟错乱，连生活节奏都被打乱了，只要半年左右的时间，身体就扛不住了，开始出现健忘等症状，一年后，身体明显变弱，白发、掉发等现象出现，时间再长一些，精神可能变得萎靡不振。

综上来看，日内交易者需要每日盯盘，时刻都沉浸在行情的波动之中，人性随时随刻都要接受考验，没有自我休息和调整的时间，暴躁、易怒、懊悔、赌气等情绪问题容易出现，执行就会变得艰难。同时，长期做日内交易，对交易者身体和精神的伤害比较大，也会影响到对交易系统的执行力，所以对于日内交易而言，最难的还不是构建能盈利的交易系统，而是心态这一关。因此，日内交易不仅要有一套能稳定盈利的交易系统，还要求交易者有较强的心理素质，有较快的反应速度，同时对年龄和身体也有很高要求。

## 1.5　交易者为什么喜欢做日内交易

交易者刚踏入股票、期货等资本市场，基本上都是从日内交易开始，即便在资本市场中待了很长的时间，大部分交易者仍然沉迷日内交易，我也是从日内交易开始做起，后来才转做日K线趋势的。为什么交易者普遍喜欢日内交易呢？有以下几个方面的原因：

### 1. 交易者认为日内交易可以赚钱快，日K线趋势交易赚钱慢

许多交易者的本金少，觉得日内交易赚钱快。因为日内交易可以重仓，能发挥出杠杆的威力，资金效率高，同时一日可以做五六笔甚至十几笔交易，

感觉可以把日内的价格波动都吃完，将"方便面"拉长，就可以实现暴利。他们想当然地认为，相比日K线趋势，如图1-8所示，一根日K线就是股价日内的涨幅，抓到了这根日K线，也就赚了当日的这个涨幅，但如果放在日内分钟K线的话，日内的价格走势可以有几个涨幅，如图1-9所示，抓到了这些涨幅，利润就可以放大几倍；另外，一波上涨趋势中不是每根日K线都上涨，还有许多日K线是下跌或震荡，抓到了这波日K线的涨势，也只是赚取了这波日K线的涨幅，但如果这波上涨趋势做日内交易的话，就可以抓住每波日内分钟K线的波动幅度，盈利就不只是这波日K线的涨幅，而是包含日内分钟K线的每波涨幅。因此，交易者嫌弃日K线趋势赚钱慢，想快速积累财富，于是选择做日内交易，想等本金积累到一定程度时，再选择做中长线交易。

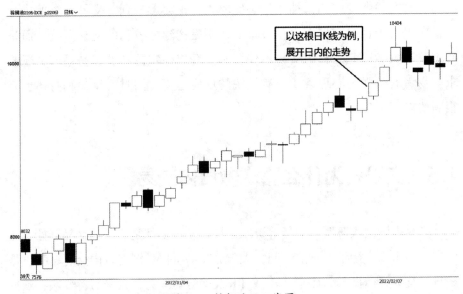

图1-8  棕榈油日K线图

如果有把日内"方便面"拉长的本事，做日内交易当然更好，那交易者是否具备这个能力呢？根据前文的各种分析，无论是交易系统，还是心态、执行力，或者身体素质，普通交易者都很难具备这个能力，这决定了不仅不

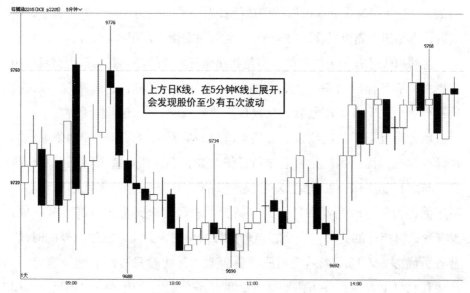

图1-9　棕榈油5分钟K线图

能把"方便面"拉长，连盈利都很难，何谈暴利？老想着靠日内交易暴富，事后来看，基本上是日内暴亏，而且还容易把身体搞垮，三十岁的人看起来像老人，双鬓白发，满脸沧桑。

　　许多交易者谈到"小资金适合做短线"，其实那只是从资金的流动角度来分析的，小资金容易进，容易出，对盘面价格几乎不会有影响，仅此而已。资金好进好出，就能盈利吗？决定能否盈利的因素远不止这一个，还有交易系统、心态、执行力、身体等多个因素，这些因素都要同时具备，才可能稳定盈利。实际上，大部分交易者的资金都比较小，资金流动的便利性对是否能盈利的影响，可以忽略不计。

## 2.交易者认为日内交易是"今日事今日了，收盘后，不必担心隔夜风险"

　　他们担心如果做日K线趋势，需要持隔夜单，万一隔夜，外盘大幅下跌怎么办？这样会导致第二天国内股市低开的可能性较大，意味着一开盘交易者就会损失。这种担忧让他们晚上睡不好觉，吃不好饭，还要盯着外盘到凌晨2点，直到外盘收盘。所以他们选择日内交易，认为"今日事今日了，收盘后，不必担心隔夜风险"，能吃好，也能睡安稳觉，很省心。

这种担忧是有一定道理的，但是相比做日K线趋势，其实日内交易的担忧更多，而且伴随着每一天，每时每刻日内交易者都在思考是现在入仓，还是再等会儿？有了浮亏后，反复琢磨是止损离场，还是继续持有？有了浮盈后，反复思索是继续持有，还是落袋为安？每时每刻都要面临艰难的抉择、都在担忧，担忧是否会错过行情，是否会亏损，整天忧愁，直到收盘。与之相比，做日K线趋势倒会轻松许多，一方面，日K线趋势交易并不频繁，大部分时间都在休息，养精蓄锐，经常十天半个月都不开一单，没有什么可担忧的；另一方面，当趋势行情出现，其实就在刚入仓的时候，会有所忧虑，入场不久后，当股价覆盖成本，此时只需耐心地持有单子，任凭利润自由奔跑，并不需要做什么事，不会影响吃饭和睡觉。至于隔夜风险，并不需要担忧，因为趋势一旦形成，就很难改变，即便晚上外盘对我们不利，也基本上不会改变国内形成的价格趋势，最多导致国内价格低开一点，然后低开高走，很快恢复涨势，不会影响我们的持单。交易者之所以担忧隔夜风险，是因为对日K线趋势的理解还比较粗浅，也没有形成趋势思维和趋势交易系统。其实对于日K线趋势而言，外盘信息通常站在趋势的一方，有利于趋势交易者，即便有时外盘信息未能站在趋势的一方，那通常也只是导致价格低开一点，不会改变已形成的趋势，我们趋势的单子大概率上不会受到影响。当然中间会有一些加仓行为，但加仓机会比较少，而且有底仓的盈利做保护，心情是比较轻松的，没有那么多担忧，此时更多的是耐心等待利润不断地增加。因此，相比做日内交易，做日K线趋势交易是躺着赚钱，可以让你享受身体和时间上的自由，担忧会少很多。

### 3. 交易者认为日内交易的止损小，风险小，而日K线趋势的止损比较大

的确，做趋势的话，点位止损的设置是日K线级别，而日内交易的点位止损设置是小周期级别，基本上日K线级别的点位止损会显著大于日内小周期级别的点位止损，所以我们很容易认为"日内交易的止损小，风

险小，日K线趋势的止损比较大"。听起来有道理，不过我们忽略了一点，那就是点位止损的大小不等于止损的大小，每笔单子的损失＝点位止损×仓位，如果点位止损大，当你缩小仓位时，这笔单子的损失也就比较小了。对于日K线而言，我们并不会重仓甚至满仓，可以采用"以损定仓"的方式来制定仓位，使每笔单子的损失控制在小风险的范畴，例如，每笔单子的损失小于总资金的3％或者1％，这样做日K线趋势的止损不会很大，风险也不大。相反，日内交易的点位止损虽然小，但由于是重仓，所以每笔单子的损失有可能大于3％甚至5％，风险并不小。另外，从频率来看，日内交易在一天内可以做四五笔甚至十几笔交易，如果大部分单子都发生止损，那累积损失是很大的，风险并不小；而日K线趋势的单子，平均一个星期才可能有一个单子，即便发生止损，损失也是有限的，风险可控。

综上来看，交易者感觉并不准确，日内交易看似赚钱快、担忧少、风险小，其实交易者每时每刻都在担忧，也很难能盈利，所以长期的风险很大。与之相比，日K线趋势交易虽然赚钱慢，但至少相对更容易实现盈利，看似担忧多，其实更多时间是休息，躺着赚钱，至于风险，如果不重仓，采用"以损定仓"的方式，是可以控制风险的。因此，日内交易者如果尚未实现盈利，最好还是转型做日K线趋势交易。

我当初整日沉浸于日内交易，一天下来，比较累，虽然也能盈利，但长期来看，盈利并不多，一直想做日K线趋势的单子，但一直过不了"隔夜风险不可控"的心理门槛，单子始终不敢隔夜。后来一个周五，盘中开了单，但临时有事情，必须出去，尾盘前未能平仓，所以单子被迫隔夜，还隔了一个周末，记得那个周末，我忐忑不安、惶恐，害怕周一开盘亏损较大。结果周一开盘，跳空很小，不仅未亏损，还获利，原来隔夜的风险没有想象中那么大，此后不敢隔夜的心理阴影突然间烟消云散，任督二脉仿佛一下被打开了，我豁然开朗，此后也就顺利做日K线趋势交易了。

# 1.6 日K线趋势交易是否是马后炮

我们经常被灌输顺势交易的理念，一定不能逆势，但许多交易者认为"日K线趋势交易是车轱辘话，是马后炮"，是否顺势都是从事后看的，行情没结束前，谁知道未来是涨势还是跌势？可能现在行情正在下跌，你认为是跌势，然后顺势入空，结果行情很快便企稳上涨，涨幅较大，事后来看，当时的入仓就不是顺势交易，而是逆势。从这个意义上讲，某笔入仓是否属于顺势交易，应该等到事后来看，事前无法知晓，因此，所谓的顺势也只是一个事后的概念，只有行情结束了，回头来看，才能知道前面的行情是什么趋势，前面的单子是否属于顺势，所以"顺势交易"这四个字显得毫无意义，也成了一句空话。

应该说，上面这种对于顺势交易的理解，是有一定道理的，本质上是因为对未来价格涨跌的判断比较困难，你以为你在顺势，事后看可能是逆势。例如，行情前面涨幅比较大，整体上涨了一年，我们很容易得出结论，行情处于涨势，随后行情下跌，我们容易认为这波下跌属于涨势中的调整，于是我们入多，或者趁下跌加多单，事后来看，先前的下跌只是跌势的初始，后面价格持续下跌，那么此前的入多是顺势还是逆势呢？事后看，先前的入多属于逆势交易。举个例子，2014年至2015年，A股上涨了一年，投资者普遍认为A股处于牛市，处于涨势之中，入多自然是顺势，但2015年6月中旬开始，A股开始下跌，如图1-10所示，在下跌之初的2个月内，投资者普遍认为这波下跌只是市场的调整，后面还会涨上去，于是无数投资者不断地抄底入多，在当时看来，入多属于顺势交易。如图1-11所示，但一年后看，其实A股已经步入了熊市，当时的入多操作属于逆势交易，从这个层面来看，日K线趋势交易具有马后炮的味道。

由于行情的走势错综复杂，想要判断出未来价格的方向，的确不是一件容易的事情。既然看不清趋势，我们又如何做到"顺势而为"呢？交易者虽然不断地被灌输顺势交易的理念，好像只要我们想顺势交易，就真的可以顺势交易一样，实际上很少有人能够把握未来的价格方向，因此，在一定程度上讲，顺势交易就构成了一个伪命题，是马后炮，不清楚价格未

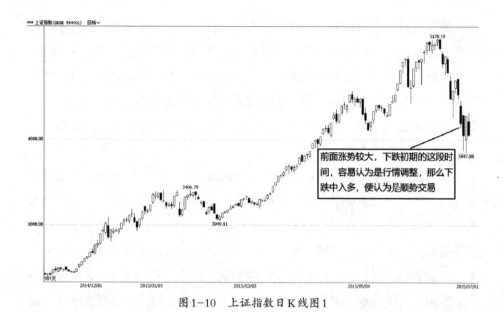

图1-10　上证指数日K线图1

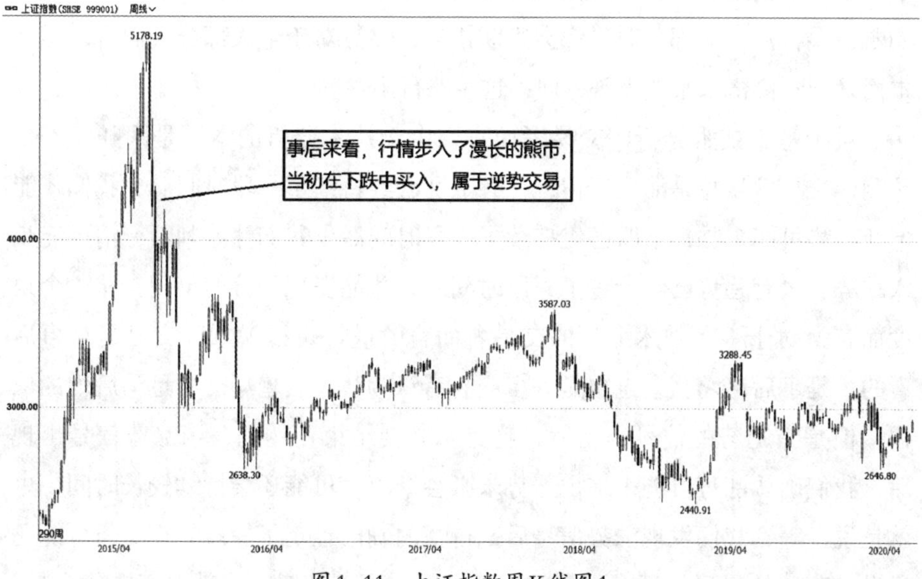

图1-11　上证指数周K线图1

来的涨跌方向，自然便不清楚本次的入单是逆势还是顺势，需要事后回头看，如果做对了方向，则可以说前面的单子属于顺势交易，做错了方向，便说是逆势。

如果趋势都是事后来看的，等到涨势走完后，我们才发现"哦，原来前面它是涨势"，此时买入的机会很可能就错过了，知道此前的行情是涨势，又有何意义？当然，我们也无法知道下一步行情是否转变为跌势，自然也不会入空，等到跌势走完后，回过头才发现"啊，原来它是跌势"，此时入空的机会也错过了。对于交易者而言，这个事后的趋势没有意义，都是过去时，我们要的是未来。

为了解决这个难题，我们需要一个预测未来的工具，用来把握未来的价格方向。例如，基本面就是一个预测工具，基本面具有前瞻性，可以预测未来，当供需矛盾紧张，供应短缺，需求旺盛，价格的大方向自然是上涨，趋势就是涨势，入多属于顺势交易，入空属于逆势交易；当供给过剩，价格的大方向是下跌，趋势就是跌势，入空属于顺势交易。但问题是，大部分人不懂基本面，利用基本面来判断未来趋势的这条路行不通，即使懂基本面，由于基本面的复杂性，很多时候也容易判断错误，机构中的证券研究员们经常判断错误，甚至大部分时候都会判断错误，显然对于绝大部分人而言，用基本面来判断价格未来的涨跌方向，这条路行不通。

对于基于技术分析的交易者而言，由于技术分析的本质是跟随，不是预测，交易信号总是滞后行情，只有上涨已经持续了一段时间后，我们才能判断涨势可能来临，下跌已经持续了一段时间后，我们才能判断行情可能步入跌势。只有趋势已经行进了一段时间后，才能发现趋势的出现，从这个角度而言，对于一个技术分析的交易者而言，或许可以说顺势交易是从事后看的，是事后诸葛亮，这也是许多交易者认为日K线趋势交易是马后炮的依据。但是当趋势的信号出现后，趋势未必会结束，例如，当涨势信号出现后，我们确认涨势可能来临，涨势未必会结束，可能还会持续较长时间，也就是说，等到我们发现涨势信号后，行情的确已经走了一段幅度，但可能还远没结束，如果后面还有更大的行情空间，那么此时入多就属于顺势交易，仍然可以获得利润，此时的交易也就不能叫马后炮了，虽然错过前一段行情，但还赚了后面大段利润。当然，如果等到我们发现涨势信号出现后，选择入多，事后看，后面没上涨空间了，行情很快步入了下跌趋势，那么当初的入多就属于逆势，这个交易就是马后炮。

从技术分析的角度而言，日K线趋势交易是不是马后炮，应该取决于我们是否能够在趋势还远没结束前，就能发现趋势信号，然后入仓，从而获得后面的利润，此时交易就不能叫马后炮了。因此，我们需要一个判断趋势的工具，能够及早地发现趋势，以便能够抓到后面的大段行情，不至于趋势快结束了，我们才发现，那太晚了，交易就可能成为逆势交易。那么我们需要什么样的趋势工具，来辅助判断趋势呢？站在技术分析的角度而言，同一段行情，每个交易者认为的趋势是不同的，因为不同的交易者有着不同的判断趋势的工具。例如，有人根据均线来协助判断趋势，当然均线有多个，有人用60日均线，有人用40日均线，还有人用55或120日均线，有人用MACD、KDJ、布林线等指标来判断趋势，有人根据海龟法则、波浪理论、道氏理论、形态理论等非数据指标来判断趋势等。总之，每个人都有自己判断趋势的工具，所以在同一段行情中，每个人认为的趋势可能是不同的。例如，行情刚涨了一小段，如图1-12所示，A投资者认为涨势出来，因为他以"40日均线向上弯曲"作为趋势出现的信号，趋势工具的及时性比较强，那么对他来讲，此时做多就是顺势交易，而B投资者认为涨势还没出来，因为B以"120日均线向上弯曲"作为趋势出来的信号，趋势工具滞后一些，尚未发出信号，那么对B而言，行情尚未出现涨势，做多并不属于顺势交易，直到"120日均线向上弯曲"后，这两位投资者对于涨势的观点才达成一致。因此，每个交易者心中的趋势方向是不同的，你认为的趋势方向不一定是别人也认同的趋势方向，甚至两个交易者的单子是反方向，但都是顺着各自所理解的趋势，都属于顺势交易，直到行情继续上涨，直到别人的趋势工具也发出了同样的涨势信号，此时你们认定的趋势方向才变为一致，所以行情涨幅越大，越多人对于涨势的判断趋于一致。

当一位投资者有了自己的判断趋势的工具，那么当这个趋势工具发出趋势信号的时候，行情趋势是否真的出来呢？不一定。例如，用40日均线来判断趋势方向，40日均线向上弯曲，显示涨势出来，但很快价格又步入下跌，涨势失败，多单止损，如果行情没有步入下跌，而是延续上涨，则事后看涨势信号是成功的，多单获利，这意味着必须用试单的方法，来检验趋势是否有效。因此，技术上所谓的顺势交易，其中的"势"是不确定的，是用

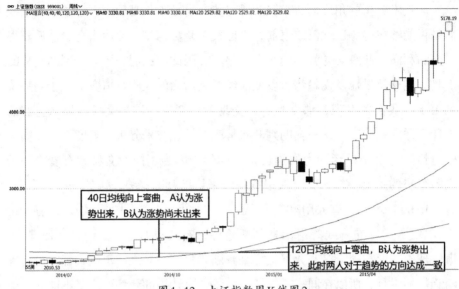

图1-12　上证指数周K线图2

试单的方法试出来的，而不是事先就确定的，也不可能有百分之百成功的趋势信号。如果一个趋势判断工具所显示的趋势信号，总是假信号，趋势信号一出来，行情就结束，成功率低，说明这个趋势工具是有问题的，你虽然"顺"着你所理解的"势"交易，但你理解的"势"，错误率高，就会导致当初认为顺势入仓，在事后看属于逆势，做单频繁逆势，频繁止损，无法盈利，那么这种判断趋势的技术工具无用，不能应用于判断趋势，需要丢弃。

由上来看，想解决"日K线趋势交易是马后炮"的难题，做到顺势交易，而不是事后看的逆势交易，解决的关键是构建一个判断趋势方向的有效工具，这个工具需要满足两个条件：第一，及时性强，不能等到趋势临近结束或结束后才发出信号，时间过晚；第二，假信号少，成功率高，当趋势工具显示出趋势信号后，行情延续原来方向的概率高。当然，这两个条件有一定的矛盾性，及时性强的话，成功率就会低，例如，行情刚涨了一点，趋势工具就发出涨势信号，此时的上涨很可能只是下跌趋势中的反弹。行情即便真的要转势，例如，行情由跌势转为涨势，在上涨的初期，由于大部分的趋势工具都尚未发出涨势信号，意味着大部分交易者并不认可这个涨势，所以他们可能会选择逢高入空，所以在上涨的初期阶段，行情的走势总是一波三折，表现出反反复复、不断拉锯的走势，前进一步退后两步，回撤大，容易触碰止损位，导致入单成功率低。因此，并非及时性强就好，还需要考虑到信号的成功率高低，需要在及时性和成功率两者中间选择一个平衡，这就牵涉了趋势工具的选择和入仓信号的选择，本身属于交易系统的构建问题，如果判断趋势的技术工具不仅比较及时，而且成功率比较高，那么这就是一个优秀的趋势判断工具，可以应用于实战中。

综上来看，日K线趋势交易想要做到顺势交易，做好顺势交易，不做逆势交易，光靠喊口号是不行的，顺势交易不是想做就能做的，首先需要能判断出行情处于什么趋势，由于对趋势方向的判断并不简单，甚至是一个仁者见仁、智者见智的问题，这就需要构建一个能有效判断趋势的工具，兼顾及时性和成功率，能经得起大量历史走势的检验，只有具备了这种判断趋势的工具和能力，才有资格说"日K线趋势交易不是马后炮"。

# 1.7  顺势交易和追涨杀跌，有什么区别

我们交易者的座右铭是顺势交易，切忌追涨杀跌，但是许多交易者区分不清楚这两者的差别，表面上看，顺势交易和追涨杀跌有类似的特征，例如，顺势操作，涨势中，上涨突破后追多，跌势中向下跌破后追空，也有"追"字，追涨杀跌是在价格上涨中追涨，或者下跌中追空。两者看起来好像并无多大的区别，许多交易者对此也是模糊不清，导致本想顺势交易，结果在实战中变成了追涨杀跌，本质上是他们对于顺势的理解不透所致。其实两者的差别是比较大的，我们分别来看：

## 1. 两者有共同点，有时可以相互转换

从交易的结果来看，顺势交易有可能成为追涨杀跌，例如，判断出行情是涨势，然后入多，在当时来看，这笔交易属于顺势交易，但当追进去后，行情很快见顶回落，步入下跌之势，此时从结果来看，本次交易属于追涨杀

跌。例如，2014年7月—2015年6月，上证指数上涨了近一年，当时来看，上证指数明显处于涨势，如果在2015年6月入仓，追涨股市，当时认为属于顺势交易，但上证指数很快见了大顶，本来是想顺势，结果却变成了"追涨杀跌"。当然，追涨杀跌也可能变成顺势交易，例如，价格上涨，控制不住自己的情绪，事先并没做什么分析，而是盲目地追涨买入，结果踩对了方向，行情持续上涨，赚了后面一大段利润，事后来看，当时的追涨属于顺势交易。比如，在2014年的下半年中，如图1-13所示，上证指数上涨较大，不考虑价格的未来方向，什么也不顾，冲动地入多，当时来看属于追涨杀跌，但上证指数此后延续了较大的上涨，获利丰厚，事后来看，当时的追涨属于顺势交易。

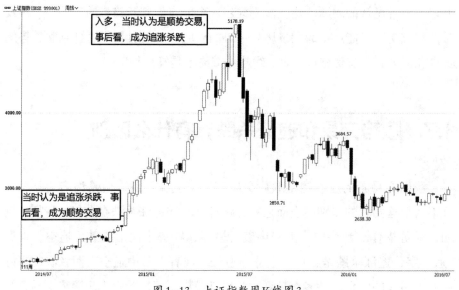

图1-13　上证指数周K线图3

从结果来看，顺势交易和追涨杀跌存在重叠区域，有时会相互转换，这是许多交易者无法区分二者的原因。当然，如果根据"结果"来判断这个单子属于顺势交易，还是属于追涨杀跌，那是马后炮，于事无补，对交易也无用，所以我们不能从"结果"来判断某笔交易的性质，而是需要一个判断趋势的有效工具，当工具显示出趋势方向，则顺着这个方向的单子，就是属于我们自己的顺势交易，前文讲过，这里不再赘述。

## 2.在交易规则和计划上，两者的区分比较明显

追涨杀跌是漫无目的的乱操作，事前并无明确的交易计划，被行情牵着鼻子走，看到价格涨跌后，无法忍受而出现的冲动性交易，头脑发热，没有明确的入场理由，也没有明确的止损点位，毫无规则，看着价格涨了，觉得还会继续涨，满脑充满幻想，幻想行情能一飞冲天，也不管信号，也不等观察的时间，先买进去再说，生怕自己错过，可追进去之后，又承受不了行情的起起伏伏，稍有一定回撤，就冲动性选择止损出场，导致操作混乱。没有分析行情涨跌的持续性，每天都在市场中忙碌，迷失在市场的波动中，例如，期货中，价格上涨了，忍不住就冲进去，冲进去后价格下跌，然后马上反手入空，随后价格上涨，又马上反手入多，来来回回不停地割肉，一顿乱操作，不仅不赚钱，还会持续地亏钱。

## 3.追涨杀跌主要包括两类

### （1）震荡行情中的追涨杀跌。

行情没有趋势，在一个区间内上下波动，上涨后很快回落，下跌后很快回升，在这种震荡行情中，交易者受到了价格波动的诱惑，看到了价格上涨，忍不住追多，或者看到价格下跌，忍不住入空，容易追涨在顶部或入空在底部，然后迅速被套，这种追涨杀跌的形式最为常见。除此之外，许多交易者以突破作为入单的依据，但在一个无序、宽幅震荡的行情中，会频繁出现破前高或破前低，假突破频繁，如果未考虑突破的有效性问题，便会频繁入仓和频繁止损，这也属于追涨杀跌。最常见的追涨杀跌是期货中的日内交易，日内单边方向的情况比较少，震荡是主要形势，交易者容易多空来回做，一日可以做十几单甚至几十单，亏损会比较快。

### （2）趋势行情中的追涨杀跌。

许多交易者认为，趋势行情中的追涨杀跌不应该属于顺势交易吗？这个不同于顺势的追涨杀跌，而是眼界小、目光短浅、鼠目寸光的交易行为，不是盯着日K线趋势行情，而是盯着日内的分钟K线。例如虽然日K线处于跌势中，如图1-14所示，但日内价格的走势并非一路下跌，如图1-15

所示，而是经常反弹上涨，此时由于盯着日内的分钟K线，当日内出现上涨，便忍不住想追多，价格一有回落，就想赶紧撤离，或者日内价格出现下跌，着急追空，然后稍有反弹，赶紧撤走。虽然日K线的跌势很显著，但一会儿入多，一会儿又入空，没有规章，乱而无序，这种操作也属于追涨杀跌。许多交易者都存在这个毛病，盯着日内的分钟K线来做日K线的趋势，结果把趋势做成了短线，不仅拿不住盈利的单子，还可能亏损，或者把趋势做得支离破碎，一波趋势中只赚了皮毛，错失了大头利润，这就是"看长做短"，这个问题比较普遍，也比较严重，希望各位交易者能重视起来。

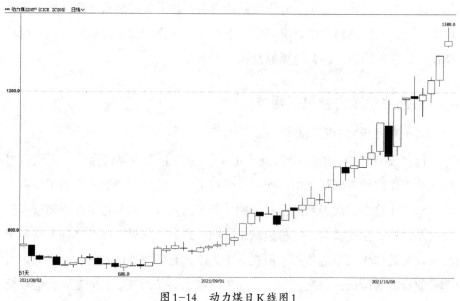

图1-14　动力煤日K线图1

相比追涨杀跌，顺势交易是有计划的交易，需要先判断大势方向是什么，然后等待入仓信号，不逆势，入了仓之后，还需要配备相应合理的止损位，接着就是持有单子，直到趋势发生改变或触碰止损位进行止损。顺势交易是有章法而为之，知道什么时候该回避，什么时候该进场，什么时候该离场，有交易规则的约束和严明的纪律，有计划遵循，拥有前后的一致性，并不是依靠感觉或情绪。

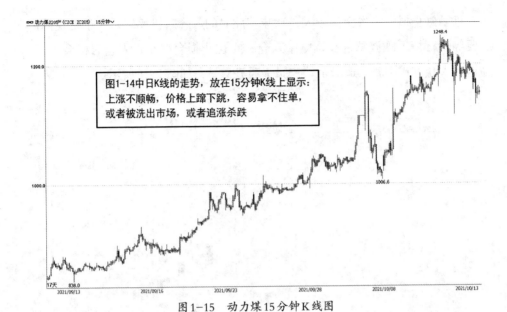

图1-15 动力煤15分钟K线图

## 4.趋势交易主要包括两类

### （1）趋势走出来后，追入。

当判断趋势的工具发出涨势信号，符合涨势的定义，确立涨势，入多便属于顺势交易，然后等待入仓信号，如果以突破作为入仓的依据，当价格向上突破压力位，符合入仓信号，于是直接追涨买入，便具有了"追涨杀跌"的表面特征，其实是追随趋势。此时在旁人看来，这种操作好像属于追涨杀跌，但是这种操作不同于常人所说的追涨杀跌，而是等待趋势出来后的追随趋势，本质上讲，这属于追随趋势，并不是追涨杀跌。

### （2）趋势走出来后，等待行情调整入仓。

当判断趋势的工具发出信号，或者说趋势已经前行了一段时间，但你不直接追入，而是等待行情出现调整，然后在调整中入仓，这种操作也属于趋势交易，但不符合追涨杀跌的表面特征。我们做趋势交易，并不是简单地追趋势，也需要考虑入场时机的问题，包括点位止损的大小和入仓时机的好坏。例如，趋势已经前行了一段时间，连续上涨，此时的点位止损会比较大，而且价格随时有向下调整的可能，此时入仓的话，不仅容易被套，而且一旦触碰止损，损失会比较大，意味着此时的入仓时机比较差。于是我们需要等待行情下跌调整，在调整中入仓，点位止损会缩小，入仓时机会更好，这种入仓方式不属于追涨杀跌，属于顺势交易，如图1-16所示。

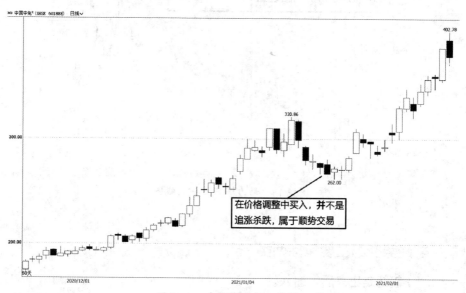

图1-16　中国中免日K线图1

综上来看，顺势操作和追涨杀跌虽然具有表面类似的特征，但本质上是不同的，追涨杀跌是无规则的交易行为，没有完整的交易体系和规则约束，更没有前后的一致性，主要凭感觉和情绪来操作，不管趋势的方向和行情是否陷入震荡之中，看到价格上涨就买入，看到价格下跌就卖出，临时、冲动地盲目交易，频繁亏损，因为他们没有建立趋势交易的理念和做趋势的交易体系，在没有预先计划的情况下，受盘面价格的波动而产生随意性的情绪化交易。相比之下，顺势交易是趋势走出来后的入仓操作，追随趋势，直到趋势改变或触碰止损位，包括方向判断、入仓信号、止损策略、止盈信号、仓位管理等结合起来的系统化交易规则和交易思维，同时，顺势交易的入仓方式不仅有追涨杀跌这种表面形式，还有调整中入仓这种形式，即在涨势未变的前提下，趁行情下跌调整时入仓，也属于顺势交易。只要你想，每时每刻都有追涨杀跌的机会，而顺势交易较少有机会，更多的是等待，等待入仓和持仓等待。

# 1.8　一直想做趋势，但最终依然做短线

顺势交易是交易者普遍知晓的理念，讲解交易的大部分书籍都认可顺势的重要性，每个交易者也经常告诉自己"要顺势，做趋势"，经常有交易者跟我说类似的话："趋势是王道，我准备要做趋势，从现在开始，从这笔单子开始，要做趋势交易了"，但过了没多久，发现他仍然继续做着短线，我问："你不是准备做趋势吗？"他的回答通常是："我看，还是短线适合我。"可见，做趋势并不是一件容易的事情，不是想做就能做的，甚至是一件比较困难的事情，趋势为什么如此之难？有两大原因，分别来看：

## 1.趋势行情比较少，大约2/3的时间都是震荡行情

无论是股市，还是期货和外汇，以上证指数为例，如图1-17所示，震荡都是主流，大部分时间内行情都处于震荡之中，意味着我们遇到的行情大概率是震荡行情，那么在震荡行情之中，选择做顺势交易，无疑等同于追涨杀跌。由于技术分析是滞后的，发出的信号会滞后于行情，当趋势系统刚发出入多信号，价格就已经在震荡区间的上边沿附近，此时入多，价格马上就会见顶回落，单子便止损，同理当发出入空信号后，价格很快将触底上涨，再次止损。当我们准备或正在做顺势交易的时候，大部分时间都会深陷震荡行情，顺势交易反而遭遇双向亏损的窘境，不仅没利润，反而不断亏损，连续多次这样，便会让你怀疑顺势交易的正确性，毕竟从事实上讲，你并没有通过顺势交易获得利润，反而损失较大，自然容易放弃顺势交易，重回短线的老路。

## 2.有趋势的时间段，顺势交易依然不容易

价格运行空间比较大的大趋势非常少，大部分趋势操作起来并不容易，

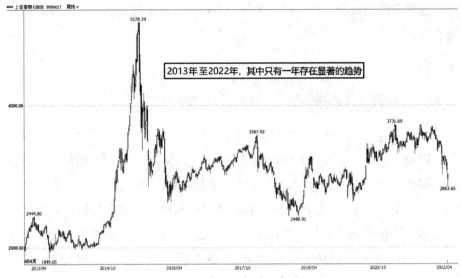

2013年至2022年，其中只有一年存在显著的趋势

图1-17 上证指数周K线图4

这又分为两类：

第一类，趋势比较小，走一段就掉头转向，等发现趋势后，再去做顺势交易，价格已没有多少上涨空间了，单子还没赚多大利润，浮盈就没了，甚至浮盈变为浮亏。第二类，趋势比较大，但是走势不流畅，回撤大，如图1-18所示，走三步退两步，反复震荡前行，入仓的单子刚有了点利润，行情就出现比较大的回撤，触碰止损位，浮盈变为亏损，或者被迫保本离场，随后行情又迅速上涨，马上去追涨买入，可是价格又展开大回撤，再次触及止损位或保本离场，不断如此反复，事后看，趋势前行确实比较大，但自己却不断止损或保本，并没赚到利润。我们称这类趋势为"震荡式趋势"，既具有趋势的特点，也具有震荡的特点。

当好不容易下定决心开始做顺势交易的时候，大概率上讲，遇到的行情不是震荡行情，就是小趋势行情，极可能会遇到连续多次利润回吐或浮盈变浮亏的尴尬局面，面临着利润多次从手中白白溜走的可能，本可以落袋为安的那些利润却成了黄粱一梦，谁都会痛苦和后悔，在这种情况下，人的内心极容易动摇，心里会想"如果做短线的话，说不定就盈利了，利润虽少，但这些小利润累加起来，也不少了"。连续多次的打击，让自己刚刚下决心做

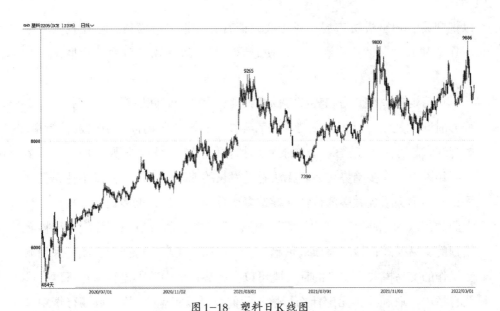

图 1-18　塑料日 K 线图

趋势的念头开始陷入矛盾之中，对顺势交易是否真能盈利持有怀疑态度，逐步否决，于是放弃做趋势，重回短线的老路。因此，做趋势并非一件容易的事情，并非想做趋势就能做趋势，需要忍受连续多次利润回吐或浮盈变亏损的煎熬和伤痛，要克服层层的心理压力，实际中，由于交易者看不到盈利的希望，普遍也无法忍受这种煎熬，熬不到大趋势的来临，重回短线自然也顺理成章。

# 1.9　是否既可以做震荡行情，又可以做趋势行情

交易方法可以简单分为顺势交易和抄底摸顶两类，顺势交易者最喜欢趋势行情，最怕震荡行情，因为震荡行情中容易出现许多假突破，一会儿向上假突破，一会儿向下假突破，导致趋势交易系统发出的入仓信号，基本上都是假信号，致使连续止损，趋势中赚取的利润很容易在震荡行情中回吐殆尽。相反，抄底摸顶最喜欢震荡行情，最怕趋势行情，因为在下跌趋势中，不断抄底买入，会不断止损，如果扛单不止损，则一波跌势可

以把交易者扫出投机市场，对于股票而言，如果老想摸顶，会让投资者拿不住盈利的股票，价格涨一下，便赶紧离场，容易踏空后面的行情，不断踏空。

行情走势主要分为趋势和震荡两大类，大部分时间段都是震荡行情，少部分时间段是趋势行情。顺势交易者需要等待较长的时间，熬过震荡行情，才能迎来趋势，由于震荡行情的持续时间可能比较漫长，短则一两个月，多则半年以上，许多趋势交易者无法忍受漫长的煎熬和寂寞，控制不住自己的手，采用趋势系统做震荡行情，导致多次亏损。于是，许多交易者提出一个大胆的想法："顺势交易最怕震荡行情，那么在震荡行情中，我们采用抄底摸顶的交易模式；抄底摸顶最怕趋势行情，那么在趋势行情中，我们采用顺势操作的交易模式。这样的话，既可以在趋势行情中获得盈利，也可以在震荡行情中赚取利润，无论什么行情，我们都可以实现盈利"。震荡行情中抄底摸顶，趋势行情中顺势交易，这种想法听起来似乎有道理，但在实际中面临两大困境：

## 1. 能否判断行情下一步是震荡行情，还是趋势行情

如图1-19所示，如果能判断行情下一步是震荡，自然采用抄底摸顶；判断行情下一步是趋势，自然采用顺势交易。可是行情走势错综复杂，随机性比较强，我们很难对未来的走势进行有效的判断。现实中，我们都有过这种感受：处于震荡行情之中时，不知道什么时候，趋势突然间就迸发出来了，出乎意料，如图1-20所示；行情趋势比较顺畅的时候，突然间就陷入了震荡，让我们猝不及防。

我们总是难以把握行情未来的走势，也不可能每次都判断出下一步是震荡行情，还是趋势行情。相反，当我们确认行情处于震荡之中时，此时行情很可能处于震荡的后期了，震荡快结束了，趋势行情即将出来了，如果这个时候抄底摸顶，很快将会遭遇趋势走出来后的大亏；如图1-21和图1-22所示，等看到趋势快速前行、轰轰烈烈之时，此时如果采用顺势交易，行情很可能马上步入大的调整，或者陷入时间比较长的震荡之中，我们又将遭遇不断的亏损。

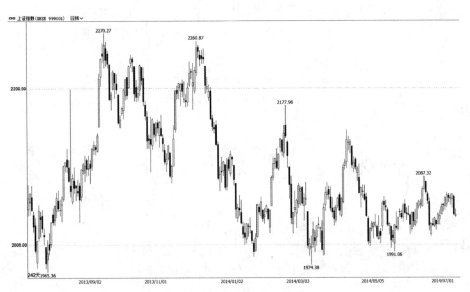

图1-19 上证指数日K线图2

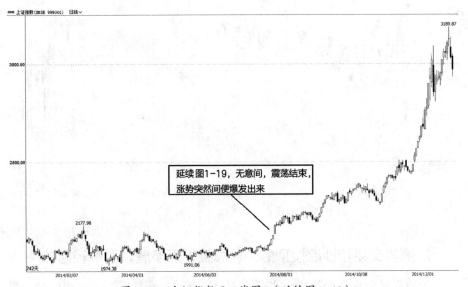

图1-20 上证指数日K线图3（延续图1-19）

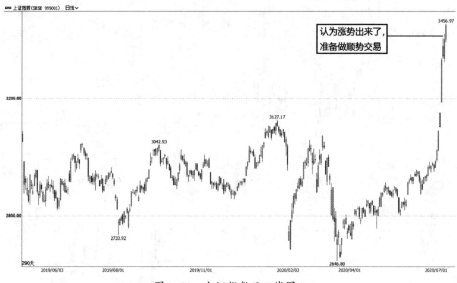

图1-21　上证指数日K线图4

图1-22　上证指数日K线图5（延续图1-21）

## 2.顺势交易和抄底摸顶的两种思维相互矛盾，很难轻易转换

顺势交易要求在趋势走出来后，去追涨杀跌，而抄底摸顶是相反的，要等价格在下跌中入多，等价格在上涨中入空，这是两种相反的思维，两种思

维很难进行无缝式切换，当交易者享受到震荡行情的利润时，内心就相信行情还将处于震荡，对于趋势的敏感性便减弱，同理，当交易者享受到了趋势行情的利润时，就坚信行情依然还将延续趋势，对于震荡行情的敏感性变弱，最终导致震荡行情中赚取的利润，在趋势行情中亏损，趋势行情中赚取的利润，在震荡行情中亏损。在一段震荡行情之中，抄底摸顶的操作时间一长，交易者便习惯了震荡行情，习惯了"今日行情涨，明日行情跌，后日再涨，接着再跌"的震荡路线，在价格下跌中入多，等着价格涨上去获利，在价格上涨中入空，等待价格下跌后获利，当习惯了震荡行情，就意识不到趋势的来临，在上涨趋势走出来的初期，我们尚意识不到震荡结束和趋势来临，依然会按照此前的操作习惯，在上涨中入空，等待后面行情下跌后获利，结果价格不断地上涨，随着不断地入空，浮亏越来越大，直至意识到涨势确立后，浮亏已经比较大了，止损离场后，亏损较大，足够抵消前面震荡中多次赚的小利润，甚至此时浮亏太大，导致不忍心执行止损，任凭浮亏不断扩大，最终致使巨亏或爆仓。同理，在一波涨势行情中，交易者不断地通过追高而获取比较大的利润，尝到了做趋势的甜头，伴随着价格的不断前行，便越坚信趋势的力量，习惯了趋势行情和趋势思维，不过趋势的时间不长，很快会步入到时间更漫长的震荡行情，但此刻意识不到震荡行情的来临，仍按照此前的趋势做法，等价格上涨追多，结果价格步入下跌，触及止损，后面价格再次上涨，又入多，价格下跌又止损，不断重复，导致频繁止损，趋势中赚取的利润很容易就在震荡行情中损失殆尽，我们普遍都有过这样的体会。

两种思维混杂，还可能导致交易者不敢入仓，错失行情。当交易者习惯了震荡行情，需要等行情下跌才入多，可是涨势走出来后，价格不断地上涨，不给"下跌入多"的机会，我们便一步步错过，直至意识到涨势确立的时候，行情已经上涨较大了，我们可能更不敢入仓了，逐步踏空趋势。震荡行情中，价格在下跌中会突然间上涨，在上涨中会突然间下跌，当交易者习惯了趋势行情，不敢在下跌中直接买入，可能会等待企稳信号，那么行情一旦陷入震荡之中，可能不敢在下跌中直接买入，也不敢在上涨中直接入空，便容易错过比较好的抄底摸顶时机。

趋势行情和震荡行情的特点不同，心态要求有所不同，很难及时切换。

震荡行情中交易者进行抄底摸顶，每笔交易带来的是蝇头小利，顺势交易是抓住一波趋势，实现"一年不开张，开张吃三年"的一本万利，当习惯了震荡行情中蝇头小利的习性，胸中格局不自然地会变小，撑不下趋势行情中的大利润，趋势行情中只能赚个毛毛雨，当习惯了趋势行情中的大利润，胸中格局不自然地会变大，看不上震荡行情中那点蝇头小利。具体来看，当交易者习惯了震荡行情，习惯了蝇头小利，那么当趋势走出来后，会特别纠结成本的问题，例如当出现有效突破，或上涨趋势明显时，往往涨幅比较大，当意识到涨势时，价格很可能已经前行了一段幅度，或者连续几根阳线，由于未能在上涨刚出现时就入仓，错失了一段幅度，我们会懊悔和矛盾，一方面，如果此时想追涨买入的话，点位止损会比较大，一旦后面行情下跌触及了止损位，则这笔损失可能会比前期震荡行情中赚取的多笔盈利都大，我们不自然地就会担心利润回吐的风险，于是希望行情能够下跌调整下来，甚至希望跌回到涨势的起步点，我们才没有了入场的心理障碍。可是趋势一旦走出来，即便调整，幅度也有限，基本上回不到我们内心中梦想的入仓价位，于是我们容易与趋势行情擦肩而过。另一方面，即便我们坐上了趋势这辆车，由于我们习惯了震荡行情中的蝇头小利，看不到抓住趋势后带来的大利润，于是当有了一些小利润，我们总急于落袋为安，不能让利润自由奔跑，此刻我们的内心就像一个杯子一样，装不下一盆子水，于是在一波趋势行情中，我们也仅赚了个皮毛。同理，当我们习惯了趋势行情中的大利润，那么在震荡行情中当单子出现了小利润，我们不会把这个小利润当回事，希望利润能再奔跑一段，可以再多一些，可是价格很快陡然反转，小利润便没了，甚至浮盈还会变成亏损。

综上来看，抄底摸顶和顺势交易是两种相反的思维方式，我们只有一个大脑，思维容易产生习惯，很难及时地在震荡行情和趋势行情中切换思维，也无法判断行情下一步是震荡还是趋势，如果既想做震荡行情，又想做趋势行情，反而导致哪种行情都做不好，哪种利润都赚不到，还很可能造成亏损的结局，适得其反。我有过深刻的体会，当在震荡行情中做了几单，等到趋势行情走出来后，突然间就不会做单了，该入的单子不敢入，该拿的单子不敢拿。我们应该根据自己的性格和交易系统，选择一种行情和适合的交易模式，做精做好，才能获取稳定的利润，不求多，只求精，投机世界忌讳"多而不精"。

# 1.10　顺势交易，为什么也容易亏损

交易的经典书籍都强调顺势交易的重要性，每一场关于交易的分享会，都会反复阐述顺势的重要意义，让我们产生了"只要顺势，就能盈利"的错觉，其实做趋势的大多数交易者依然面临盈利的艰难和亏损的结局，只能说顺势交易比短线交易要容易许多倍，但并不意味着顺势交易就一定能盈利，仅顺势还远不够。那么参与顺势交易的投资者，在哪些方面没有做好，导致了亏损的结局呢？有如下几个方面：

## 1. 拿不住盈利的单子，过早离场

大部分时间都是震荡行情，遭遇震荡行情后，顺势交易者将会出现多笔的止损，资金账户呈现一定程度的回撤或亏损，想要弥补这些损失，那么就需要等到趋势行情走出来后，牢牢抱住盈利的单子，直到趋势反转或出现止盈信号，赚一波比较大的利润，抵扣掉震荡中的亏损，剩余的便是盈利。

不过，拿住盈利的单子，让利润自由奔跑，可不是一件容易的事情，甚至是一件困难的事情，因为一方面，前面的多笔亏损严重打击了交易者对交易系统和交易的信心，急需要一笔盈利的单子来提高自信和弥补亏损，何况这波趋势是大趋势还是小趋势，都是未定的，如果是小趋势的话，刚出现的一点浮盈还没捂热，很快转眼就没了，于是控制不住止盈离场的冲动；另一方面，害怕到手的利润再丢失，想在这个点位上止盈，然后等价格跌下来，以更低的价格接回，贪小便宜，可以赚取更多一点的利润。总之，无论是贪小便宜，还是害怕利润回吐，都会导致拿不住盈利的单子，要不在趋势刚启动时就离场，错失了后面的行情，要不在趋势中间频繁进出，赚了一点利润就赶紧跑，进进出出，在一波趋势中仅赚了个零头，不足以弥补在震荡行情中的亏损，最终无法避免亏损的结局。拿不住盈利单子，是交易者面临第二困难的事情，第一困难是执行止损。

## 2.不设止损，在趋势转向后出现大亏

趋势行情的展开不容易一蹴而就，有时会出现比较大的回撤，如果设定了止损位，那么行情的调整就可能触及当初设定的止损位，导致单子被洗出来，再入场就比较困难，难以将单子一直拿到趋势末尾，经历过几次类似的情形后，便不想设定止损位，任凭利润自由奔跑，一直拿到趋势转向为止。

执行止损是交易者面临的第一困难。应该说，不设定止损的话，确实可以将单子从趋势的初期拿到趋势的末期，中间再加几次仓位，任凭行情如何回撤、如何洗单，我们都可以牢牢抱住仓位，从而获取惊人的利润。不过当我们习惯了趋势行情带来的喜悦和利润后，对于趋势转向的敏感度会比较低，跌势的初期都容易被当作涨势的调整，特别当趋势的转向比较急陡，等意识到趋势的转向后，行情的跌幅已经很大了，如图1-23所示，我们前面的利润不仅荡然无存，还可能面临浮亏，此时看到那么多的利润白白流失，内心充满不甘，而且认为行情将会反弹，等反弹的时候再离场，结果浮亏越来越大，直到巨亏甚至爆仓，无论此前赚取了多大的利润，顺势交易的结局依然是亏损。

图1-23　焦煤日K线图1

### 3.不顾入仓时机，追涨杀跌

在涨势行情未结束前，不顾时机地追涨，确实可以坐上趋势的"班车"，但如果不讲究入仓时机，盲目地追涨，可能会在短期的顶部入场，随后价格进行正常的回撤，导致仓位被套，此时心情会比较难受，如果被套的时间再长一些，浮亏再大一些，内心将遭遇更大的折磨，对持仓的信心将会大大减少，此时就会忍无可忍，选择亏损离场。另外，如图1-24所示，由于入仓时机不佳，入仓价格高，在行情的正常回撤下，价格就会触及止损位，导致亏损离场。不顾入仓时机，容易导致我们即便判断对，踩对了方向，但依然赚不到钱，亏损离场。

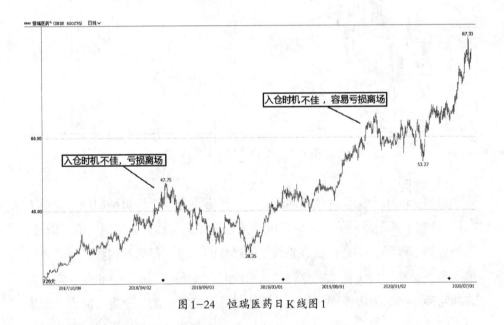

图1-24 恒瑞医药日K线图1

### 4.震荡式趋势，仓位容易被洗

趋势行情分为震荡式趋势、小趋势和流畅式趋势。如图1-25所示，震荡式趋势兼具震荡和趋势的特征，价格每前进三步，就要倒退两步，回撤比较大，容易触及止损位，洗掉单子，随后市场又快速恢复原来的趋势，如果我们再追进去，接着价格又开始大幅回撤，洗掉单子，不断循环往复，导致趋势行情中出现了连续多笔的亏损。小趋势的空间小，我们入了仓后，浮盈还没捂热，行情就结束了，利润回吐殆尽，稍不留意还会出现亏损，并不容易盈利。流畅式趋势占比小，大部分趋势都是震荡式趋势和小趋势，并不容易盈利，可能会亏损。

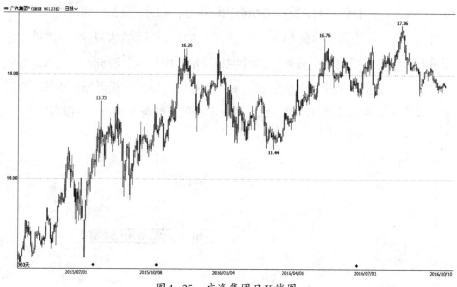

图1-25  广汽集团日K线图

当然，除了上文说的这些问题之外，还有重仓扛不住价格回撤，选择了"妖"股或"妖"品种等，这些都可能成为顺势交易亏损的原因。前文讲过，做趋势并不容易，不是想做趋势就能做趋势的，也不意味着顺势交易就一定能盈利。交易想要实现稳定盈利，需要同时具备入仓、止损、止盈、资金管理和品种选择等方方面面的能力，顺势交易只是其中的一个重要能力。如果只会顺势交易，但在其他交易环节比较薄弱，顺势交易仍然无法盈利，很可能呈现亏损的结局。

## 1.11  顺势交易，如何克服震荡行情

震荡行情的持续时间比较长，假信号多，顺势交易最怕震荡行情，趋

势行情中好不容易赚的利润，容易在后面的震荡行情中回吐，于是许多交易者提出"趋势行情中入场，震荡行情中回避"，这样的话，就可以在趋势中获取利润，同时避免了在后面震荡行情中亏损。不过问题的难点是，怎么知道行情下一步是趋势行情，还是震荡行情？前文讲过，我们无法预知未来走势，当发现行情处于趋势之中，马上入场，随后行情可能陷入了震荡，造成不断亏损；当发现行情处于震荡之中，回避不做单，可能不经意间，趋势行情就爆发出来。另外，趋势行情普遍是在震荡行情中突然间爆发的，但在涨势初期，我们无法判断这是趋势的开始，还是依然处在震荡之中，回避了震荡行情，也很可能同时回避了上涨趋势的初期，如果价格走势快速，未给一个比较好的上车机会，我们可能会错失这波趋势行情。

既要尽可能地回避震荡行情，又要尽量抓住震荡行情结束后突然间迸发出的趋势行情，需要采取一些具体的策略，才能兼顾两者。具体来看：

## 1.陷入震荡行情的初期，不易察觉，需要限定交易次数

顺势交易的核心思想是"任凭利润自由奔跑""不能摸顶抄底"。如果在涨势行情前行中，老猜行情是否到顶或是否步入震荡行情，我们会控制不住自己总想止盈离场的冲动，拿不住盈利的单子，便不能让利润自由奔跑，一波趋势只能赚个零头。因此，不能提前猜测行情见顶或陷入震荡，直到行情显著处于震荡或转势，我们才会改变此前的趋势方向。也正因为此，如图1-26所示，当趋势行情结束，行情陷入震荡的初期，盘面上尚体现不出震荡行情的显著特征，我们容易认为这仅是行情短暂的下跌或休整，趋势行情将很快恢复。无论技术分析，还是基本面研究，都无法判断行情下一步是否陷入震荡，只能当作趋势对待，不能回避观望，当价格触及止损后，为了不被趋势赶下车，我们会硬着头皮上车，此时就容易出现亏损，导致部分利润回吐。

虽然每笔的止损不大，但就像食人鱼一样，它虽然小，每次只咬一小口，可食人鱼总是以上万只的群体出现，一群食人鱼过去，瞬间，一条庞大的鲸鱼也只会剩下骸骨。如果出现多次的止损，我们的利润会被侵蚀掉，还会伤及本金，我们需要控制账户的回撤，控制止损的次数，就需要限定入场

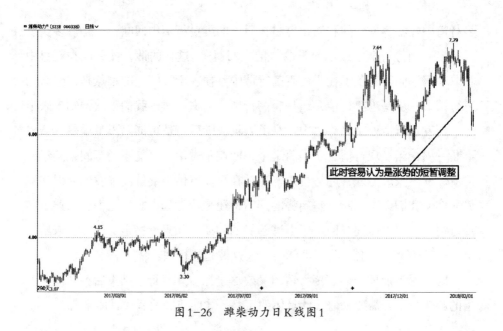

图1-26 潍柴动力日K线图1

的次数。解决的办法是：

第一，止损后，耐心等待入仓信号出现后，再入场，入场的理由不能是"我被洗出来了，我要赶紧上车"，否则止损后，会着急忙慌地再入场，不断地入仓，不断地止损，止损就失去了防止趋势转折、避免大亏的意义。大部分交易者都存在这个问题，我在交易之初也会犯这种错误，刚止损完，就想赶紧再入仓，害怕错失行情，那这种操作和没止损有什么区别呢？止损的意义何在呢？因此，止损离场后，我们必须等待入仓信号，要严格符合交易系统的入仓条件，才入场，这样可以大幅减少我们的入仓次数，也大幅减少了止损次数。

第二，为自己的止损次数设定阈值。严格根据信号入仓后，当出现连续三笔止损，就要停止交易，站在场外观察两周左右。因为，一方面，连续止损后，自信心遭遇了打击，情绪受到了影响，此时再继续交易，情绪容易失控，就会不顾及交易规则和交易系统，盲目地在投机市场中来回厮杀，止损次数大增；另一方面，当连续两三笔止损后，市场有可能陷入了震荡行情之中，本身需要我们回避观望。

## 2.过了震荡行情初期，才察觉出行情的转变，策略是回避或提高信号的有效性

在震荡行情的初期，我们不容易察觉行情模式的转变，但是再过一段时间，等到震荡行情的中期时，行情形成了波动的上下区间，一会儿上涨，一会儿下跌，体现出无序的走势规律，那么这个模糊的区间自然属于震荡行情了，容易被我们识别出来，如图1-27所示。当我们意识到行情陷入震荡行情之后，策略自然是选择回避观望，不做交易。

图1-27　潍柴动力日K线图2（延续图1-26）

如图1-28所示，震荡行情中，最优策略自然是回避观望，不过趋势行情总有出来的那一刻，如果趋势行情突然间迸发出来，并且也发出了入仓信号，但由于采用了回避策略，我们没有入仓，可能会错失趋势行情，那该怎么办呢？震荡行情中的假信号多，我们并不能提前知道哪个信号是真信号，哪个信号是假信号，如果每个入仓信号都去做，我们将可能连续止损许多笔，足以将前面趋势中赚的利润全部吐出去，甚至折损本金；而且经历了这么多次的止损后，对于入仓信号的信心早已荡然无存，那么当交易系统发出

真信号时，我们便疑神疑鬼，没有信心，很可能没有勇气入场了，错失了趋势行情，便也无法弥补震荡行情中的亏损。

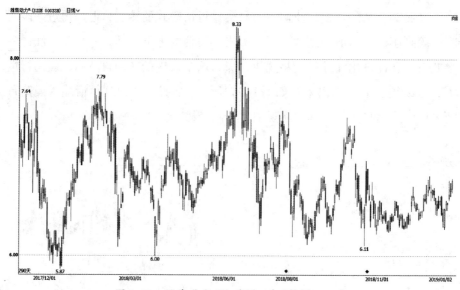

图1-28　潍柴动力日K线图3（延续图1-27）

我们既要尽可能地回避震荡行情，又要尽量抓住震荡行情结束后突然间迸发出的趋势行情，可以采取下面策略：

第一，提高入仓信号的有效性。当意识到行情陷入震荡之后，我们需要对入仓信号增加过滤和限定条件，即提高信号的有效性，这样会提高入仓的成功率，同时也能规避大部分的假信号。震荡行情中，通常而言，当提高了入仓信号的有效性之后，出现1~2次的假信号，后面便是真信号了，意味着止损1~2次后，便能抓住后面的趋势行情，避免了连续多次止损的问题，同时也有望抓住趋势行情。

第二，仓位管理，减少底仓，而且只有底仓有了安全利润后，才加仓。震荡行情中假信号多，我们降低底仓的仓位，确保止损的时候，亏损小；另外，只有底仓有了安全利润后，才考虑加仓，此时即便触及止损，底仓也能保本离场，意味着只有最后一笔单子产生了亏损，亏损比较小。通过仓位管理的方式，可以让我们在震荡行情中仓位低，亏损小，而在趋势行情走出后，仓位逐步增大，盈利就很大。

综上来看，当趋势行情转向震荡行情的初期，我们意识不到震荡行情的来临，仍然会按照趋势的思路来做单，从而导致多次止损，所以需要严格根据信号入仓，并限定止损次数和入仓次数，当连续止损两三笔后，我们需要停止交易，休息和观察两周左右。等震荡行情进行了一段时间后，我们容易察觉到震荡行情的来临，便以回避观望为主，通过提高入仓信号的有效性和仓位管理，严格控制入仓次数和止损次数，同时让每笔的损失比较小，从而实现在震荡行情中控制账户资金回撤的目的，另外，在趋势走出来后，也有望抓住趋势行情，获得较大的利润。

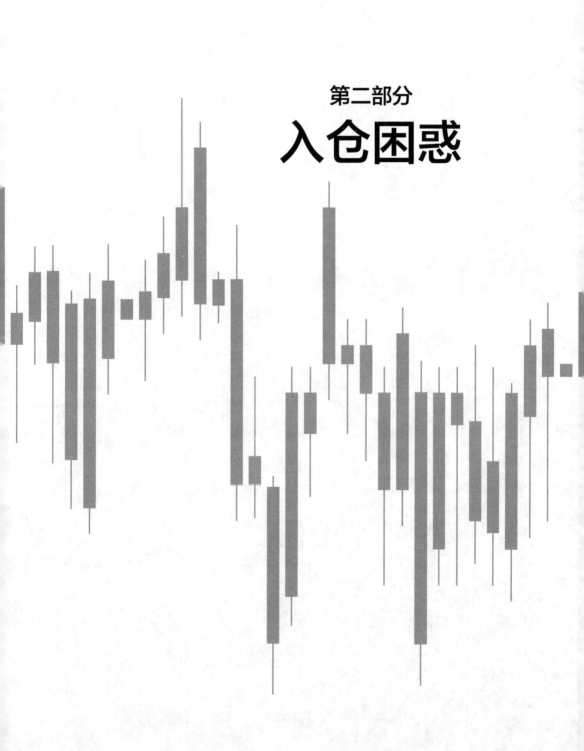

第二部分
# 入仓困惑

## 2.1  盘中入仓是否适合

当趋势系统发出入仓信号后，我们面临一个难题，是盘中入仓，还是尾盘入仓呢？大部分交易者都害怕错失行情，着急入仓，所以会选择盘中入仓。盘中入仓有自己的优势，可能会占据一个好的入仓点位和时机，入仓价格低一点，有心理优势。不过盘中入仓会面临更多的问题，分别来看：

### 1.盘中假突破多，导致频繁止损

前文讲过，时间越短，行情走势越随机，也容易被资金操纵，所以盘中行情容易发生假信号，例如价格被拉了上去，制造了一个突破，我们买入，然后价格跌回来，形成假突破，我们被迫止损。这种假突破被称为诱多，日K线会形成射击之星的形状，如图2-1、图2-2所示。盘中假信号比较多，假突破频繁发生，因此，盘中入仓容易导致频繁止损，虽然每笔的损失不大，但累积起来，也是比较大的损失。

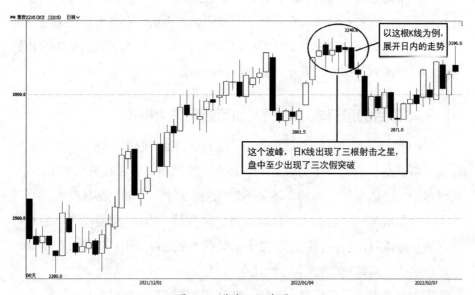

图2-1  焦炭日K线图1

图2-2　焦炭15分钟K线图

## 2.连续止损多，容易错失趋势行情

为了不错失趋势行情，当盘中发出入仓信号后，第一时间就入仓，确实不容易错过趋势。但如前面所讲，盘中假突破多，容易频繁止损，当连续止损三笔后，交易者再次入仓就有了心理阴影，再次入仓的心理压力会特别大，那么当真突破发生后，交易者反而不敢入仓了，错失了扳回损失的趋势机会。这种情形，我想大部分交易者都深有体会。

## 3.本来目的是追求小止损，却可能带来大损失

盘中假突破多，当盘中向上突破了压力位，第一时间入仓，结果尾盘时价格下跌回落，收在了压力位之下，甚至大幅回落，日K线呈现射击之星，此时盘中入多的单子是离场，还是不离场？股票是"T+1"交易模式，当天买入的股票最早也要在第二日才能撤离；期货是"T+0"交易模式，当日可以离场，尾盘时价格回到压力位之下，显示突破失败，不具备持有单子的理由，理应在当日选择离场。

不过事情没有这么简单。对于"T+0"交易模式的投机市场而言，盘中

入了仓，尾盘价格跌回来，不再符合入仓信号，理应离场，但由于单子出现了浮亏，而且还没触及设定的止损位，我们会不甘心，总会幻想"今日突破失败，明日价格可能再向上突破"，毕竟价格也没触碰止损位，于是当日可能不会撤离，而是选择继续持有，如图2-3所示。其实，当盘中价格向上突破，尾盘又跌回到压力位之下，呈现射击之星等反转信号，反而是一个不利的信号，行情有可能短期见顶，步入比较大的调整。单子本应该离场，但在幻想的影响下，反而继续持有，可能会让我们的多单正好处于顶部位置，站在山岗上，如果第二日价格继续下跌，浮亏增大，又不忍心砍仓，伴随着跌势的扩大，变成了大亏。

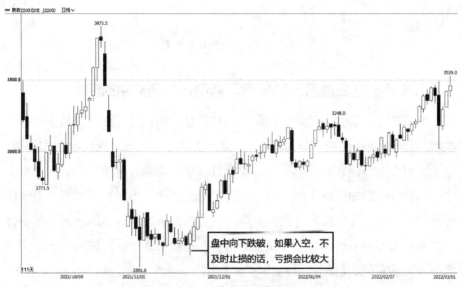

图2-3　焦炭日K线图2

如图2-4所示，对于股票而言，盘中价格回落，不再符合入仓信号，即使我们感觉不妙，想撤离市场，但由于交易规则的限制，最早也要在第二日才能离场。在极端行情之下，第二日价格低开低走，甚至直接跌停，浮亏显著超出了我们的预期，导致止损的执行力大幅下降。此时我们可能选择当鸵鸟，不忍心止损，想等价格反弹后再离场，结果价格一路下跌，便出现大亏。

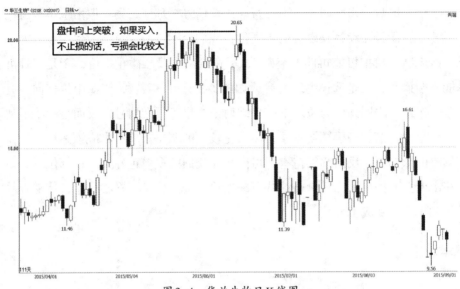

图2-4　华兰生物日K线图

## 4.本来准备做趋势，结果很可能陷入短线交易的泥潭

如果想盘中入仓，就需要盯盘，一旦盯盘，我们的心情极容易受到行情波动的影响，随行情的波动而波动，便无法抑制自己做短线的冲动和欲望，也无法耐心地等待大的入仓机会，导致自己被行情牵着鼻子走。看到价格上冲，不自然地幻想价格要向上突破，于是抢先入仓，不顾交易系统尚未发出信号的事实。另外，前面讲过，盘中入仓容易面临连续多笔的止损，如果我们的修养和定力不够，当信心深受打击后，我们便急于扳回损失，不顾交易规则和交易系统，忘记了做趋势的本来想法，杀红了眼，陷入了追涨杀跌、抄底摸顶、频繁交易或短线交易的旋涡之中，拔不出来。总之，一直盯盘，交易计划极容易被打乱。

除此之外，一旦盯盘，容易导致我们拿不住盈利的单子。每天盯着盘面的涨跌起伏，容易造成内心的紧张，以及利润回吐时的恐惧，看到行情回撤一点，就忍不住想迅速平仓、落袋为安，从而让自己心理上感觉舒服，导致过早离场，错失了大部分利润。很多人在趋势刚刚启动，赚了一点小利，就过早离场，盯盘是一个原因，所以盯盘是做趋势的大忌，我们要改掉这个毛病。

综上来讲，盘中入仓有自己的优点，那就是入仓及时，可以获得相对比较低的入仓价格，但是它带来的弊端更大，可能会因突破失败让我们连续止损，挫伤我们对交易的信心，导致错失后面的趋势行情，同时也可能在当日价格跌回压力位，不具备继续持单的条件时，我们依然抱着幻想持单，在极端行情下酿成大亏。除此之外，盘中入仓需要盯盘，盯着行情的上下起伏，我们便无法控制自己，容易头脑发热，打乱交易计划胡乱入仓，也导致拿不住盈利的单子，做不了趋势交易。盘中入仓的每一个缺点都比较大，直接影响交易质量和交易者的情绪，所以盘中入仓的缺点远大于优点。我们在构造交易系统的入仓信号时，尽量不选择盘中信号作为入仓依据。

# 2.2  尾盘入仓有什么缺点

由于害怕错过行情，大部分交易者都会选择盘中入仓，不过根据前文所讲，盘中入仓的缺点远大于优点，入仓时机不适合选择盘中。既然不适合在盘中入仓，那么是否可以在尾盘入仓呢？大部分交易者不选择在尾盘入仓，因为尾盘入仓有显著的缺点，至少心理上会感觉不舒服。尾盘入仓有以下三大缺点：

## 1.单笔止损可能比较大

如图2-5所示，当价格向上突破压力，盘中没有入仓，价格可能继续上涨，等到尾盘时，涨幅可能比较大，日K线呈现大阳线。例如，如果一只股票当日涨幅达到8%以上，则止损幅度至少为8%，以波谷作为止损点的话，止损幅度会达到20%以上，按照50%的账户资金买入，一旦触及止损，我们会损失总资金的10%以上；如果是期货的话，当日涨幅达到4%以上，以波谷作为止损点，则止损幅度可能会达到10%，期货具有十倍左右的杠杆，按照30%仓位入场，一旦触发止损，账户损失可能达到20%以上。等到尾盘后，单笔止损可能比较大，这是交易者抗拒尾盘入仓的一大原因，所以等不到尾盘，盘中就要抢着入场。

图2-5　PTA加权日K线图1

## 2.单笔止损大，如果累积几次止损，损失会更大

前文讲过，盘中入仓容易导致连续地止损，整体上讲，盘中入仓只有约20%的成功率，比较低，虽然尾盘入仓的成功率能显著提升，但成功率也不高，普通突破的成功率只有50%左右，并不具有大概率的优势，意味着假设以突破作为自己的入仓信号，那么即使在尾盘入仓，收盘价站上压力位，也不能表明该突破一定就是真突破，真假各占一半左右，50%的成功率，如图2-6所示。世界上优秀的趋势交易系统，成功率普遍不高，一般在35%~40%，所以50%的成功率并不算低。

在大样本的统计数据上，普通突破有50%左右的成功率，但在不同的行情特征下，成功率是不同的。在趋势行情的背景下，成功率可以达到70%之上；不过一旦行情陷入震荡，则成功率会急剧下降，只有20%左右，此时很容易连续发生止损。在震荡行情中，极可能连续止损三笔，

图2-6  PTA加权日K线图2（延续图2-5）

假设连续三次止损，按照前文中提到的单笔止损额，股票单笔止损10%
左右，期货单笔止损20%左右，则股票累积损失27%，期货累积损失高
达49%（按照单笔止损是账户剩余资金的10%来计算），累积损失很大。
当然，震荡行情中的突破K线不一定都是大阳线，但连续止损三笔，股
票累积损失也能在20%左右，期货损失在35%之上，再考虑到可能连续
止损五六笔甚至更多笔，资金损失就会过半。本金损失大，想赚回本金，
就比较难，例如本金损失50%，但想赚回本金，就需要盈利100%，这并
不容易，而且这么大的损失将直接冲击我们对交易系统的信心，情绪也
会变得狂躁不安，可能越亏越多。因此，许多交易者将突破作为自己的
入仓信号，向上突破入多，向下跌破入空，看似可以，其实经过推算，
发现困难重重，难以盈利，如果想以突破作为入仓信号的话，需要对突破
信号进行大量过滤。

### 3.尾盘入仓，可能错失趋势行情

如图2-7所示，盘中突破，没有入仓，价格继续上涨，等到尾盘，涨幅
比较大，呈现大阳。此时一方面止损幅度比较大，对我们构成了心理压力，

另一方面我们的内心会抗拒入仓，认为"涨得多就会调整"。由于当日突破幅度大，不自然地担心第二日价格会有反抽，对突破当日的大涨幅做一个调整。如果价格反抽的话，那么在突破当日的尾盘入多的单子，将会被套，内心会比较难受，就想再等等，等到第二日行情出现反抽，反抽到理想中的入仓价，然后再入仓，此时止损幅度会变小，我们的内心也会感觉舒服，就不会抗拒入仓。当然，如果第二日行情下跌反抽，那自然是好事，为我们提供更低的入仓价和内心舒服的入仓机会，但如果第二日价格又继续上涨，此时的入仓时机更差，我们的内心更加抗拒，更不敢入仓，意味着可能错失这波趋势行情，而且越是大行情，在价格成功突破后，越不容易出现下跌调整，而是呈现直接前行的特征，连续上涨，会让我们错过本来可以获得丰厚利润的机会。即便第二日行情有反抽，但反抽小，反抽快，达不到我们内心舒服的入仓位，我们还是会抗拒入仓。我有过这种体会，如果当日涨幅大，内心会抵触入仓，想等第二日反抽后入仓，有时给了反抽的入仓机会，但没有执行入仓，就会错失大行情，不过后来习惯了执行入仓信号，虽然有时内心多少感觉不舒服，但已经不影响执行了。

对于股票而言，交易者还面临涨停板无法买入的问题。当日盘中突破，没有买入，等到尾盘时，价格已经封在涨停板，此时不能买入，只能等到第二日。但如果第二日价格继续上涨，甚至连续两个涨停板，此时止损幅度很大，入仓时机较差，我们的内心便强烈抗拒入仓，就容易错失趋势行情，如图2-8所示。

综上来看，盘中入仓的缺点很大，但尾盘入仓的缺点也不小，如果等到尾盘，当日行情涨幅大，则单笔止损会比较大，如果行情陷入震荡之中，出现连续多笔止损，则累积损失会很大，本金可能折损过半，再想扳回损失，将面临困难；同时当日涨幅大，入仓时机不佳，容易产生抗拒入仓的感觉，就会错失趋势行情，而且越是大行情，越不容易给我们一个舒服的入仓机会，便容易错失大行情。

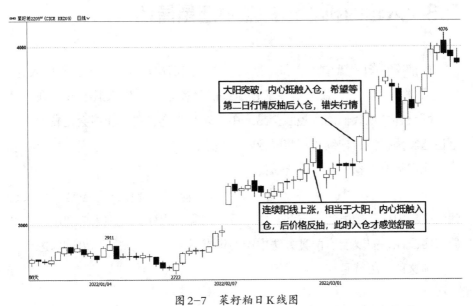

图 2-7　菜籽粕日 K 线图

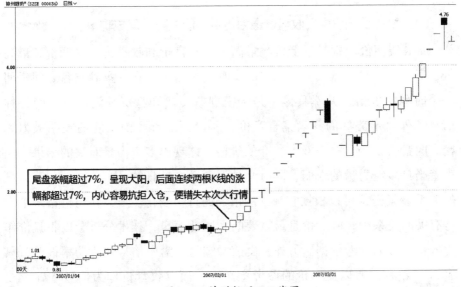

图 2-8　神州数码日 K 线图

## 2.3 入仓时机，选择盘中还是尾盘

由前文可知，盘中入仓和尾盘入仓的缺点都比较大，如果在盘中入仓，假信号频繁，容易导致连续多笔止损，而且在趋势走出来后不敢入仓，另外，盯盘容易让我们陷入短线交易之中。尾盘入仓，单笔止损会比较大，一旦遭遇震荡行情，连续止损将导致累积损失大，如果当日涨幅大，抗拒心理会让我们不敢入仓，从而可能错失大行情。

说了这么多，我们总要入仓，那么到底应该在盘中入仓还是尾盘入仓呢？交易中任何的方法都有利有弊，盈亏同源，同样，盘中入单和尾盘入单都有两面性，需要看看两种方法中谁的优点最多，并且缺点如果可以进行弥补，则这种方法就是相对可行的。

### 1.尾盘入仓的优点

前文讲了盘中入仓的优点，那就是入仓价格低，心理上有优势，本节再来分析尾盘入仓的四大优点。

**（1）日K线四价中，收盘价最为重要，能显著提高成功率。**

日K线四价分别是最低价、最高价、开盘价和收盘价。最低价和最高价一般是日K线收盘后才能确定的。盘中价是价格在开盘到收盘之间任何一个时刻的价格，并不具体，是个模糊概念。开盘价是消化前一晚各种信息和外盘走势后的开盘集合竞价，所以开盘价和前一晚的关系最为紧密；收盘价是当日多空双方争夺的价格，体现出多空力量对决的结果，代表着当日多空力量的强弱，同时又是下一个交易日的开盘依据，和第二日的关系最紧密，可以根据它来预测市场的行情变化。所以在与价格未来走势有关的关系中，收盘价是最重要的，通常而言，技术分析会以收盘价作为入仓信号的参考依据。另外，由前文知道，盘中信号的成功率很低，只有20%左右，所以盘中价的参考意义小，而以收盘价作为信号基础，成功率可以大幅提高到50%左右，因此，尾盘入仓可以大幅提高做单的成功率。

（2）可以避免短线交易和频繁交易。

尾盘入仓的话，需要等到尾盘，盘中价格不作为入仓依据，意味着不需要盘中盯盘，只需要在尾盘最后一刻钟，观察一下当日的K线是否符合自己的入仓条件，仅此而已。我们不用管日内的价格波动，不需要操心盘中是否会出现信号，不需要任何的盯盘，连看盘都不需要。在不盯盘的情况下，我们不需要任何的努力，便可以避免情绪受到盘中行情涨跌起伏的影响，躲避盘中无数的诱惑和陷阱，有效地控制住自己的手，从而避免短线交易和频繁交易。

（3）有助于把握大势，提高判断的准确度。

当一天收盘后，整根日K线的形态、成交量和整个市场的表现都会定格下来，有助于判断信号的有效性。例如量能持续增大，可以提高突破的成功率，日K线的特征也会呈现出来，像射击之星、金针探底、阳包阴、旭日东升K线形态等，都可以协助判断突破的成功率和趋势的强弱；股票之间或商品之间，走势都存在相互关联，尾盘时，大盘、板块或所有股票的走势都会显示出来，所有商品期货的走势也都呈现出来，基本面信息也比较全面，我们可以借助其他相关股票或商品的走势，来协助判断突破的成功率和趋势的空间大小。另外，常言"当局者迷，旁观者清"，以尾盘作为入仓信号，可以屏蔽掉日内的杂波、噪声和无序波动，让我们站在一个旁观者的角度分析行情，情绪稳定，心态冷静，判断就会理智和客观，有助于提高入仓的成功率。

（4）节约出大把时间，做自己的事情。

大部分交易者都是上班族，如果选择在盘中入仓，则需要盯盘，暂不考虑盯盘对交易本身的影响，盘中入仓会让我们时刻挂念行情，时不时地翻看盘面价格，看是否满足自己的交易信号，不能集中精力工作，于是工作上不容易做出业绩，影响职业发展前途。相反，选择在尾盘入仓，盘中的几个小时，我们都不用惦记行情，不影响工作，只需要在收盘前十五分钟左右，看一下盘面价格，决定是否入仓就行。即使你是职业的操盘手，也不需要盘中入仓，一方面，盯盘会影响交易质量和个人的情绪，另一方面，可以释放出大部分时间，用以研究基本面，研究行业和上市公司，让我们有大局观、大势观，可以有效地抓住趋势行情。

## 2.尾盘入仓为主，大幅提高盘中入仓的门槛

盘中入仓和尾盘入仓的缺点都比较大，不过相比而言，盘中入仓的缺点更大，会让我们频繁止损，陷入短线交易，做不了趋势行情。从优点看，盘中入仓的优点比较少，入仓价格相对好一点，内心舒服，但是尾盘入仓的优点比较显著，可以避免短线交易，同时站在全局角度，尾盘入仓可以提高做单的成功率，抓住趋势，也能够节约出大量时间，用于做自己的事情。整体上讲，尾盘入仓的缺点小于盘中入仓，优点显著大于盘中入仓，所以入仓时机适合选择在尾盘，尽量避免盘中入仓。

针对尾盘入仓和盘中入仓的优缺点，可以对不同情况采取不同的策略，以吸取各自的优点，避免各自的缺点，具体如下：

**（1）盘中入仓，需要大幅提高入仓的门槛，从而大幅降低盘中入仓的频率。**

盘中入仓的优点是入仓价格低，止损小，能够及时抓住趋势行情，占据一个比较好的点位和时机，日后不容易被洗出去，对于后面的操作和心态都有重要作用，有助于持有趋势单，而且每次发出信号，都会第一时间入仓，不容易错过大行情。

盘中入仓的缺点是假信号太多，频繁发生连续止损，针对这个缺点，我们需要大幅提高盘中入仓的门槛，才能大幅降低入仓频率和减少止损次数，提高成功率，这需要提高盘中入仓信号的有效性，只有日K线上的有效性很高时，才考虑盘中入仓。因此，我们要对日K线上的信号进行筛选，增加过滤条件，选出那些一旦突破、成功率比较高的机会，这些就是日K线上有效性高的入仓点。只有在日K线呈现有效性高的入仓点时，才考虑盘中入仓，这样能避免盘中入仓的缺点，因为一方面，日K线上有效性高的入仓点比较少，频率低，例如一个品种平均一两个月才出现一次这种入仓点，不会让我们陷入频繁交易和连续止损之中，大幅减少盘中入仓的次数；另一方面，日K线上的有效性高，盘中突破成为真突破的概率会大幅提高，即大幅提高了盘中突破的成功率，避免了盘中突破成功率低的缺陷。

在我们大幅减少盘中入仓的次数之后，盘中入仓的优点就体现出来，那就是能第一时间入仓，占据一个相对好的入仓点位，止损幅度较小，不容易错失趋势。而且如果日K线是有效性高的机会，则日K线一旦突破，尾盘呈现大阳的概率会比较大，如果盘中不入仓的话，等到尾盘，止损幅度很大，入仓时机比较差，我们会产生强烈的抗拒心理，不敢追单，可能错过行情，这要求我们面对日K线呈现有效性高的机会时，需要从盘中选择入仓机会。

**（2）如果股市处于牛市中，可以盘中入仓。**

90%左右的股票都与大盘的走势直接相关，如果大盘处于牛市中，则个股基本上处于不断上涨中，牛市中的个股容易连续大涨，如果等到尾盘，日K线呈现大阳，抗拒心理会让我们不敢入仓，我们便可能错过牛市和牛股。在牛市的环境下，我们需要在盘中入仓，即使当日价格回落，出现浮亏，那也是暂时的，因为牛市中个股延续上涨的概率很大，我们很快将会解套，同时也能够避免踏空的风险。在牛市中，入仓点不重要，早一点入仓，还是晚一点入仓，突破后入仓，还是没突破就入仓，倒不重要，毕竟后面行情会上涨，但牛市中最怕的是踏空，错失趋势，所以盘中入仓比较好，如图2-9所示。

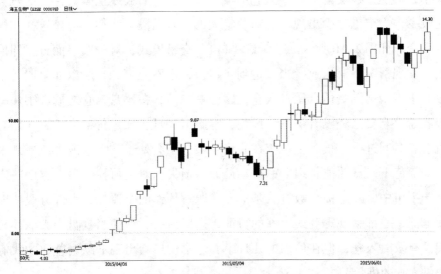

图2-9　海王生物日K线图1

073

**（3）根据基本面的深入研究，判断有大行情，可以盘中入仓。**

如果我们有比较可靠的数据和信息资源，有严密的逻辑分析，在专业机构至少有三四年的基本面研究经验，擅长基本面分析，而且根据过往经验看，利用基本面判断未来行情，有一定的准确度，则当我们判断某股或某个商品将有或已经处在大行情之中时，不需要等到技术上呈现日K线有效性高的突破，只要出现普通的入仓信号，就可以盘中入仓。原因有以下两点：第一，这种大行情的机会比较少，一年可能只有两三次的入仓机会，盘中入仓不会导致我们陷入频繁交易中；第二，大行情的价格运行空间大，预期收益大，而且价格前行的速度也比较快，如果等到尾盘，则当日可能呈现大阳，抗拒心理让自己不敢入仓，从而错过大行情。

之所以强调必须有扎实和深厚的基本面分析功底，是因为如果没有长期的基本面分析经验积累，你很可能把消息面当作基本面，或者把粗浅的判断当成行情真实的未来，加上我们本身有盘中入仓的原始冲动，行情动不动就会被认为是大行情，最终导致我们无法避免盘中入仓的劣势，陷入短线交易和频繁止损。

针对盘中入仓的缺点过大，如果日K线不是有效性很高的机会，或者股市未处于牛市中，则选择尾盘入仓，可以大幅减少交易次数和降低止损频率，避免短线交易，提高入仓的成功率。由于日K线上有效性高的机会比较少，牛市也很少出现，意味着绝大部分时间段，我们都应该选择在尾盘入仓。如图2-10所示，股票是"T+1"交易模式，对于股票而言，即使当日发现情况不对，或者当日达到止损位，也不能离场，所以如果股票未处在牛市中，则更适合尾盘入仓，因为一方面，在尾盘入仓之后，很快就会收盘，当日已经没有了下跌风险，等到第二日，如果价格大跌，我们有机会和时间进行止损，主动权在我们手中，不会处于"大盘或个股暴跌中只能等待下一日才能止损"的被动局面，损失相对更可控；另一方面，未处于牛市中，除了极少数有着基本面或题材炒作的个股外，大部分股票即使上涨，也都呈现震荡式上涨的特征，进三退二，即便当日盘中大涨，我们没有及时入仓，但在后面的几日中，通常价格会出现下跌调整，为我们提供入仓的机会。

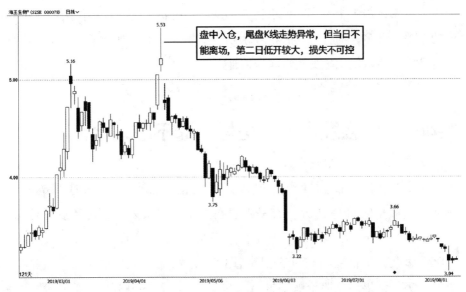

图2-10　海王生物日K线图2

　　针对尾盘入仓的缺点，即单笔止损大，一旦陷入震荡行情，累积止损几次，损失会很大，我们可以降低仓位，使每笔交易的损失控制在一定比例。例如，每笔的止损最多不能超过账户总资金的5%，按照单笔止损资金＝止损幅度×仓位的公式，止损点位是确定的，所以止损幅度是确定的，单笔止损资金≤5%，从而计算出来最大仓位，以损定仓，这样的话，我们就可以控制单笔止损额，即便陷入震荡行情之中，连续止损三笔，我们的累积损失不会超过15%，损失可控。除此之外，在行情陷入震荡之中，针对容易连续止损的问题，根据前文所讲，我们可以提高入仓信号的有效性，从而大幅减少震荡行情中的入仓次数和降低止损频率，解决尾盘入仓的劣势。

　　综上来看，尾盘入仓的优点大于盘中入仓，缺点小于盘中入仓，所以尾盘入仓要优于盘中入仓。针对它们的优缺点，当日K线上信号的有效性很高，或者股市处于牛市时，我们可以在盘中入仓，除此之外，都在尾盘入仓。针对尾盘入仓的缺点，我们可以降低仓位，以损定仓，将每笔损失控制在预期范围，减少单笔止损额，同时发现行情陷入震荡之后，提高入仓信号的有效性，减少入仓次数。我在踏入投机世界较长的一段时间内，喜欢盘中入仓，总想抢占一个先机，占个便宜，结果不仅会出现上面所说的缺点，还会感觉到累，白天干不了其他事情，自从习惯尾盘入仓后，不仅交易质量和成功率提高许多，而且感觉轻松和快乐，交易和生活分割开来，交易不再耽误自己的生活，使我享受到时间和精神上的自由。

# 2.4 为什么发出入仓信号，却不敢入仓

交易中，我们都容易产生"恐高症"，行情上涨越高，我们越不敢入仓。例如某只股票股价是10元，交易者想在这个价格买入，不过还没有行动，价格就涨到了12元，回头看10元，觉得12元价格高了，"恐高"，不敢追入，没多久，价格涨到15元，回头看12元，感觉15元价格太高，"恐高"，更不敢买，结果后来股价涨到20元、30元、50元，一路盯过来，一路"恐高"，一路不敢入仓，错过了牛股。

交易者喜欢追涨杀跌，不过这是交易大忌，趋势交易者也要避免追涨杀跌，主要是避免在震荡行情中追涨杀跌，容易导致双脸被打，但当震荡行情结束后，此时需要追涨杀跌，为什么我们却不敢追涨杀跌了呢？如图2-11所示，当行情走出涨势发出买入信号时，价格已经上涨了一段时间和幅度，当我们回看整个盘面时，不自然地将发出入仓信号时的价格，与前期的历史低价做一个对比，会觉得现在的价格已经处于盘面上的高位了，已经是"天价"了，此时我们就会"恐高"，感觉现在的价格太高了，如果此时买进去，一方面，感觉行情上涨没多少空间了，另一方面，行情一旦见顶转跌，感觉后面的下跌空间反而比较大，盈亏比太小，此时的入仓时机比较差，我们便不敢追入，就会错过趋势行情。具体来看，有以下几个原因：

### 1.不懂基本面分析，无法判断未来价格上涨的空间有多大，容易认为当前价格高

基本面分析具有前瞻性，如果交易者通过基本面的长期跟踪、供需分析和深入判断，认为某个品种有比较大的上涨行情，就会想抓住这波大行情，

图 2-11　某行情的日 K 线图 1

在盘面上还没出现技术上的入仓信号之前，我们需要等待，会等得有点不耐烦，突然有一天，盘面上出现了入多信号，此时我们的交易计划和行情判断相一致，内心与行情产生共振，即使技术上这个入仓信号的有效性弱，我们也会急于入仓，此时我们考虑的不是损失，而是不能错过等待已久的行情，入仓便会果断坚决。如图 2-12 所示，虽然此前已经上涨了一段幅度，但接下来距目标价的上涨空间依然很大，如果此时交易系统发出了入仓信号，我们会拿现在的价格与预期价格相比，那么我们便不会认为现在的价格是"天价"，而是觉得现在的价格仍然比较低，也就没有"恐高症"了，入仓就会毫不犹豫。

　　相比之下，技术分析不具有前瞻性，只能跟随行情，如果我们不懂基本面分析，无法判断该品种的目标价，就会对行情没信心，自然对这个品种的关注度远不够，所以当这个品种出现入仓信号后，一方面，由于我们没有任何的事先准备，容易忽视这个信号；另一方面，行情此前已经上涨了一段时间和幅度，无法判断它未来的目标价，便没有了高位的参考价，所以只能将现在的价格与前面的低价作比，就会觉得现在的价格比较高，"恐高症"自然会产生，不敢入仓。

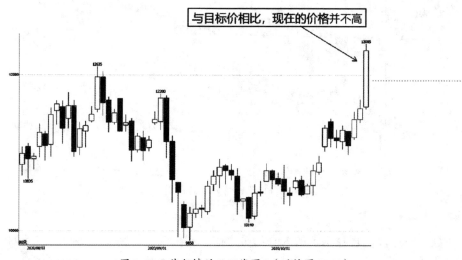

图 2-12　某行情的日 K 线图 2（延续图 2-11）

### 2. 没有清晰的点位止损，容易将历史低价当作下跌的目标价，不敢入仓

　　一笔单子的损失是将现在的价格与止损价来做对比，如果这笔单子的止损点位是清晰明确的，同时点位止损比较小，即便触发止损，损失比较小，不会对账户资金造成显著的损失，自然对我们的内心构不成较大的心理压力，我们当然愿意入单。如图 2-13 所示，相反，当交易系统发出了入仓信号时，此前价格已经上涨了一段时间和一定幅度，如果我们没有清晰明确的点位止损，那么我们的损失便没有了参考依据，不自然地会将盘面上的历史低价当作止损目标价，粗算一下，当价格下跌到历史低点，自己损失能有多少，其实看一眼，下面空间如同深渊一样，就能大致估算到损失很大，会对账户资金造成重大的损失，形成强烈的心理障碍，自然不敢入仓。

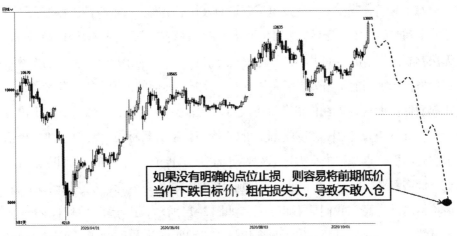

图2-13　某行情的日K线图3（延续图2-12）

## 3.锚定心理

锚定心理，是指当人们需要对某个事件做定量估测时，会将某些特定数值作为起始值，起始值像锚一样制约着估测值，在做决策的时候，会不自觉地给予最初获得的信息过多的重视。人们在做预测的时候，心中往往充满了对事物不确定性的恐惧和不安，通过设想一个具体的数字，可以明显降低这种不安，并且坚定自己的信念。

交易中，我们经常有这种锚定心理。例如交易系统没发出入仓信号之前，股价一直在20元附近徘徊，盯着20元，20元就成为我们的锚，当出现入仓信号时，价格已经涨到了22元，此时不甘心，就会想"20元的时候，我都没买入，22元了，我更不会买"，要买入的话，也要等到价格跌回20元；在等股价跌回20元的时候，转眼间，股价已经涨到25元，此时更不甘心买入。盘算着要是在20元的时候进单，就能赚多少利润，把丢失的这段利润当成自己本应该能赚到的盈利，心理越来越失衡，心情越来越失落，总是不断地想"如果价格能够调整到20元，我会进去"，但是行情不给我们这种入仓的机会，股价越涨越高，我们心里老痒痒，抓阄似的，同时幻想着"要是行情能停一停，等一等，最好能够调整到20元，我就进"，甚至最后跟市场杠上了，如果价格不回调，绝不进场，结果眼睁睁地错过了行情。

综上来看，当交易系统发出了顺势的入仓信号时，此前行情已经上涨了一段幅度和时间，由于交易者主要根据技术分析进行交易，普遍不懂基本面分析，无法判断出行情的空间大小，对行情缺乏信心，也不能给出行情上涨的大致目标价格，于是当前价格失去了高位参考，只能将前面的低价当作下跌参考，相比前面低价而言，现在价格自然比较高，"恐高症"产生，不敢入。由于没有清晰明确的点位止损，容易把前面的低价当作损失目标位，会想"如果行情下跌到前面低点，损失很大"，这种阴影直接阻止了入仓。加上我们有锚定心理，价格上涨，总希望价格能调整到所认定的价格附近入仓，才感觉比较舒服，但价格越涨越高，我们更不敢入仓。如图2-14所示，由于多个原因，在一波大行情中，当交易系统发出了入仓信号，我们便不敢入仓，就可能错失行情。在投机早期，我经常犯这种毛病，总感觉现在价格太高了，想等价格跌下来，同时看到下面的下跌空间太大了，如果价格跌下去，损失太大，便不敢入仓。

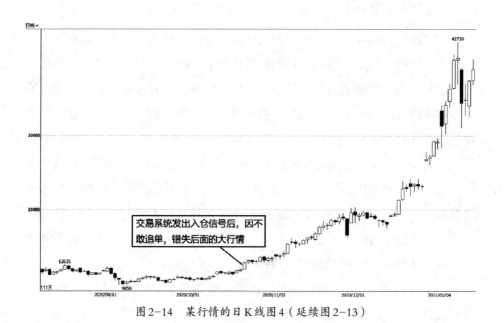

图2-14　某行情的日K线图4（延续图2-13）

我们交易者的座右铭是遵守交易系统和交易纪律，当出现入仓信号时就要入仓，顺势交易要求交易者不能有"恐高症"，该入仓时就要入仓，那么我们该如何克服不敢入仓的心理障碍呢？具体来看：

一是设立明确清晰的止损点位，不盯前期的低价，而是盯着止损价格。

当我们站在塔楼高层，从20层直接看到一楼地面，感觉好高，内心会颤抖，容易产生恐高症。想克服这个恐高症，简单的方法就是不看地面，不看一楼，就盯着我们站着的这个楼层地板，眼不见心不烦，看不到下面的落差多大，就不容易感到害怕，觉得还像在地面上，或者站在20层，只盯着19层的地板，只有一层的落差，我们也不会有恐高。

回到交易中，交易者普遍不懂基本面分析，无法预判未来的目标价格，缺乏高位的价格参考，便不觉得现在价格低，那我们就需要从下面的空间来寻找解决办法：

第一，如图2-15所示，放大当前的K线图，让自己看不见前面的历史低价，只能看到当前价格的区间，空间落差就没那么大。不过这个方法不是长久之计，只能在内心短暂缓解"恐高症"。

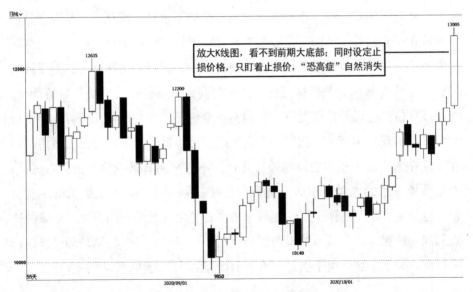

图 2-15　某行情的连日 K 线图 5

第二，设立明确清晰的止损位，盯着止损价格。站在20层楼，盯着19层的地板，空间落差小，不会恐高，同时19层是止损线，即使从20层楼摔下来，也摔不到一层，只能摔到19层，不会对我们身体造成较大的伤害。

在交易中，设立明确的止损点位后，我们便不会盯着前面的历史低价，而是盯着止损价格，价格落差小，同时我们也会计算这笔单子的最终损失，即便价格真跌到历史低价，但我们的损失也仅仅是触碰止损点位后的那笔损失，损失小，对账户资金不造成较大的损失，对我们的心理不构成显著的压力。自从每笔单子设立清晰的止损点位后，每笔损失都在我们的可控范围内，便不会盯着前面的历史低价，只盯止损价格，"恐高症"才大幅减弱。

二是重势不重价。

在交易中，锚定心理的本质就是"重价不重势"，其理念是过于计较价位，买入时非要降低几个价不可，或者能在一个比别人更低的价格买入，卖出时总想卖高几个价才称心，于是当价格上涨后，出现入仓信号，也不敢追，总希望价格能跌回来再买入。在趋势行情中，特别是大行情，价格总是越涨越高，即便回调，空间也比较小，"重价不重势"的理念容易导致自己一直不敢入仓，一路错过行情，为了捡芝麻而丢了西瓜。

想要克服锚定心理，就需要建立起"重势不重价"的理念，其理念是将眼光放在未来趋势上，而不是盯在交易成本上，不能过于计较价位。当判断出未来的大势，并且交易系统发出入仓信号后，就应该迅速出击，不要被眼前的成本所迷惑，顺势行情是价格越来越高，现在的高价就是日后的低价。在止损点位已经设好的情况下，我们不在乎价格是否会回调几个价，即使后面行情真出现小幅调整，我们的入仓价原本可以低几个价，那也无所谓，不在乎现在入仓后，是否会短期被套几日，不在乎明日进或后日进是否更好，而是看重未来的大势，重势不重价。即使我们等待，等到了更低的入仓价格，也只是多赚了一两个点，相对于未来百分之几十的利润而言，多赚的这点利润占比很小，对盈亏结果的影响也很小，但"等待"的结果却可能是错失行情，为了多赚一两个点，却错失了百分之几十的利润，得不偿失。

## 2.5　我们需要限制交易次数吗

交易者普遍存在频繁交易的毛病，控制不住自己的手，整日买来买去，

A品种刚离场，马上入仓B品种，B品种刚止损，又立刻去做C品种，不停地换来换去，没有休息的时间，导致频繁交易和频繁止损，即使每笔都是小止损，但累积起来，也是大损失，同时也会让我们情绪失控，对交易失去信心，于是一些交易者认为"为了控制交易频率，需要限制交易次数"。与之相反，还有一部分交易者认为"不应该限制交易次数"，因为如果用完了交易次数，例如规定一个月最多入仓5次，这个月前两周已经用完5次，第三周交易系统再次发出了入仓信号，此时应该入仓，还是不入仓？按照遵守纪律的要求，当入仓信号出现，就应该入仓，但按交易次数的限制，不能入仓。两者相互矛盾，该服从哪个指令？如果服从次数限制的规定，不能入仓，事后来看，这次行情恰好是大行情，我们错过了扳回亏损的机会，该怎么办？所以许多交易者认为，只要交易系统发出入仓信号，我们就入场，不能限制交易次数，按照交易系统做就行。

这两种观点看似矛盾，其实主要是由不同交易者的背景所决定的。没有交易系统的交易者，不受交易规则的约束，看到价格不停地上下波动，会认为每时每刻都有机会，不断地被诱惑入仓，控制不住自己的手，导致频繁交易和频繁止损，对他们而言，限制交易次数就比较重要，可以大幅减少止损次数。不过没有交易系统的话，难以稳定盈利，虽然可以限制交易次数，那也只是减缓了亏损的速度，结局依然是亏损。已经建立了交易系统的交易者，有了交易规则的约束，不被行情牵着鼻子走，可以耐心地等待入仓信号，不需要整日买来买去，相对于没有交易系统的交易者而言，交易频率比较低，交易次数少，所以对他们而言，最突出的问题不是交易次数，而是对交易系统的执行力，因此他们认为"不需要限制交易次数，只需要执行交易系统指令"。

应该说，对于拥有交易系统的交易者而言，能够坚持执行交易信号，出现入仓信号时，每次都能果断坚决地入仓，已经非常难得了，不过由于交易系统前后的入仓信号并不完全一致，少部分区域存在模糊，那么当行情陷入震荡之中，或者情绪失控之时，急红了眼，此时交易频率就会变得比较高，导致账户资金有时会出现比较大的回撤。为了杜绝这种情况发生，控制账户资金的回撤，可以限定交易次数，具体来看：

## 1.坚持交易信号的前后一致性，但信号前后不可能完全一样

技术分析强调"操作前后的一致性原则"，即执行信号要前后一致，当交易系统出现了入仓信号，就入仓，出现离场信号，就离场，严格执行信号，长期下来，交易的盈利结果才会趋近交易系统的期望值，实现稳定盈利。因此，当有了一套交易系统之后，我们便劝告自己"严格执行交易系统""知行合一""遵守纪律"，如果限制了交易次数，当次数用完了，交易系统再次发出了入仓信号后，我们也不能入仓，这不就等于违背了操作前后一致性的原则吗？这不就等于没有"知行合一"吗？

当然，如果交易信号是清晰和明确的，没有任何模糊的地方，能够实现前后的信号完全一致，此时当交易系统发出了信号，我们便可以知道"这个信号和交易系统所要求的信号是否完全一致"，不一致的信号，不入仓，与交易系统完全一致的信号则入仓，此时就不用限制交易次数了。

什么信号才完全具有前后的一致性呢？将交易系统编写成程序，建立程序化交易系统，各个交易信号都经过了量化，具有了前后一致性的操作基础，同时由计算机自身发出交易信号，不需要我们大脑进行任何的思考，则这种信号可以保持前后的完全一致。不过建立能盈利的程序化交易系统，是比较困难的事情，一方面，将能盈利的交易系统编写成程序，这不是一件容易的事情，需要机构的金融工程团队一起努力，工作量比较大，而且也未必能做成；另一方面，容易程序化的交易系统，主要是基于指标，而基于指标的程序化交易系统，难以稳定盈利。编写程序需要丰富的编程知识和经验，只有少数具有IT工作背景的交易者，才具备这个能力，对于大部分个人投资者而言，这条路行不通。

绝大部分交易者所能建立的交易系统，是基于眼睛识别信号，需要经过我们大脑的处理，前后的信号不可能完全一模一样，都有或多或少的差异。如图2-16所示，以简单的突破为例，假设以突破作为入仓信号，每次的突破信号不可能一样，例如这次的突破信号，突破K线是大阳，下次的突破信号，突破K线是小阳；这次的突破信号，成交量放大很多，下次

的突破信号，成交量没有放大；这次的突破信号，是突破了成本密集区，下次的突破信号，仅突破了前一日的K线；这次的突破信号，处于顺势之中，下次的突破信号处于震荡行情之中，即便处于顺势之中，那么处于趋势的阶段也是不同的，是处于趋势的初级阶段，还是中级阶段，或者末尾阶段？即便技术上的信号完全一致，但处于不同的时间点，不同的时间点具有不同的基本面环境，供应显著小于需求的涨势中，向上突破，成功率自然比较高，供应略微小于需求的涨势中，突破的成功率会降低许多。所以不同的突破情况，成功率是不同的，有高低之分，突破信号不可能前后完全一样。一些交易者认为"不管什么突破，只要是突破，不管突破K线是否大阳，是否放量，是否突破密集成交区，是否处于顺势，我都做，是否就可以实现信号的前后一致？"如果能这样做，可以实现信号的前后一致，但问题是难以盈利，前文讲过，突破的成功率只有50%左右，和扔硬币差不多，如果行情陷入震荡，突破的成功率只有20%左右，如果在跌势中做多，则突破的成功率更低，账户资金会大幅回撤，熬不到黎明的到来，账户资金便损失殆尽。所以需要对突破信号加入过滤条件，这将会导致前后的突破信号不完全一致。

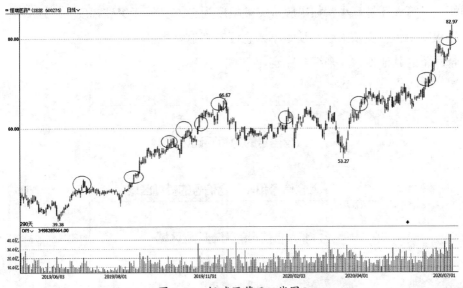

图2-16　恒瑞医药日K线图2

一个需要用眼睛来识别的交易信号，本身是隐含多个元素的，每次出现信号，多个元素不可能都一模一样，所以技术上每次出现的信号前后不可能都完全一致，或多或少都有差异。"信号前后的一致性"，只是理论上的假设，现实中是不一定存在的，这也导致了对交易信号的执行不可能一模一样，多少存在主观性，虽然强调客观和严格执行。

## 2.交易信号存在模糊区域，导致有时交易次数大增

如图2-17所示，交易信号强调前后一致性，但由于用眼来识别的信号，无法进行清晰量化，需要我们大脑进行处理，所以信号或多或少都会存在差异和主观成分，这决定了交易系统的入仓信号和非入仓信号，并非泾渭分明，不是非黑即白，大部分入仓信号是比较清晰明确的，大部分非入仓信号也是比较清晰明确的，但还有少部分信号，处于模糊区，既可以认为是交易系统的入仓信号，也可以认为是交易系统的非入仓信号。例如，假设以突破作为入仓信号，加入过滤条件，当突破幅度比较大时，才直接入仓，那么突破幅度为多少时，才算比较大？对于股票而言，当股价突破幅度超过6%，幅度自然算比较大，当突破幅度低于3%，幅度算比较小，但对于3%~6%的突破幅度，突破幅度算大还是算小？进一步缩小范围，对于5%~6%的突破幅度，算大还是算小？如果股价突破幅度为5.1%，属于突破幅度大，还是突破幅度小？是应该入仓，还是不入仓呢？在这种模糊区域中，我们又需要结合股票的其他因素，来综合决定。

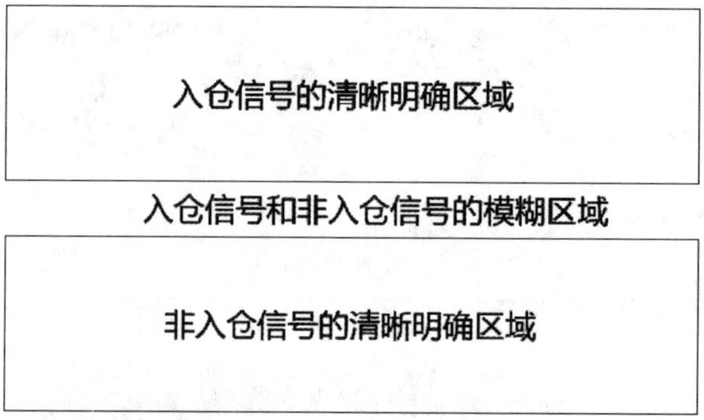

```
┌─────────────────────────────────────┐
│                                     │
│        入仓信号的清晰明确区域          │
│                                     │
└─────────────────────────────────────┘
       入仓信号和非入仓信号的模糊区域
┌─────────────────────────────────────┐
│                                     │
│        非入仓信号的清晰明确区域         │
│                                     │
└─────────────────────────────────────┘
```

图2-17　交易信号存在模糊区域

　　由上可知，大部分入仓信号是清晰明确的，当出现这些信号时，没有什么疑问和矛盾，入仓就会比较果断，还有少部分入仓信号，处在入仓信号和非入仓信号的模糊区域，当出现模糊区域中的信号时，是执行入仓，还是不执行入仓？此时主观成分就比较大，当你处于亏损的时候，急于扳回损失，就会想参与交易，内心的天平就会向"参与交易"一侧倾斜，理所当然地入仓；当你处在连续盈利时，开始骄傲自大，目空无人，认为已经掌握了盈利的法宝，无意识地会放松自己的入仓门槛，这些模糊区域中的信号都会被当作入仓信号。为了保证交易质量，模糊区域中的入仓信号不应该被当作入仓信号，应该放弃，不过当交易者失去理智的时候，此时看到什么信号，似乎都有理由看成自己的入仓信号，都应该入仓。

　　其实，即使交易系统的信号不存在模糊区域，前后能够保持完全一致，但由于人性的弱点，当我们心态失衡的时候，只要想入仓，无论什么信号，即便不符合我们的入仓条件，也容易被看成入仓信号，也就是说只要"想交易"，信号就会大幅涌现。当行情陷入震荡之中，这种人性弱点就会集中爆发出来，导致账户资金回撤较大，所以需要限制交易次数，才能避免陷入"想交易，满屏都是入仓信号"的虚幻之中，控制账户资金回撤。

　　由上来看，当交易者连续止损三笔后，情绪失控，急于扳回损失，内心天平会倾向"参与入仓"一侧，模糊区域中的入仓信号统统都会变成入仓的理由，甚至入仓不需要理由，明确不符合入仓条件，也会入仓，做了许多不该做的交易，导致交易次数和止损次数大增，账户资金出现较大的回撤。因此，我们需要限定交易次数，堵住这个潜在的危险。

　　除此之外，限制交易次数，除了可以控制交易频率和账户资金回撤，还会让自己珍惜每一次入仓机会，反而有利于抓住大行情，提高交易质量。假设限定每月最多只有5次入仓机会，每完成一次交易，就等于用掉了一次机会，如果五次机会用完，那么本月再出现大行情时，也不能入仓，白白看着大行情从身边流逝，我们只能干瞪着大眼睛。因此，当每次想入仓时，我们就会想，这次是不是大机会呢？成功率是不是高呢？自己把握大不大呢？对于把握不大的入仓机会，再三掂量，例如处于模糊区域中的入仓信号，我们就会放弃，自然做单成功率会提高许多，同时，做单次数少，大部分时间内，我们都处于局外状态，情绪客观冷静，一旦大行情出现，我们反而容易抓住。巴菲特说过如果你的投资生涯是个打卡纸，只能打20个洞，每投资一次就打1个洞，20次满了，投资生涯就结束了，相信你的投资业绩会好很多。这个观点对我触动很大，当我每次想入仓时，会反复掂量本次入仓信号的有效性是否高，不能轻易"打洞"，珍惜子弹，可做也可不做的单子统统不做，交易质量提高显著，账户资金回撤也得到了有效的控制。

因此，即便我们有了一套交易系统，也需要限定交易次数，把"交易次数"融到我们的交易系统之中，让它成为交易系统的一个组成部分。交易信号不容易量化，便会存在模糊区域，内心的天平可以"左倾"一些，也可以右倾一些，怎么做，似乎都可以，人性往往会选择最不利的一端，情绪失控时，交易次数就会增多，账户资金回撤比较大；相反，"交易次数"可以量化，不存在模糊区域，不必反复斟酌，越是清晰明确的东西，我们大脑越容易执行，限定交易次数，可以控制自己的手，提高我们的执行力。为了限制交易频率和止损次数，我们可以统计一下交易系统的入仓频率，然后制定一个严格的交易次数。例如规定"一周的交易次数最多是2次，当达到2次，本周不再参与交易"，在这种规定下，每周的交易次数是0次或1次，只有当系统性的趋势走出来后，信号才会集中出现，此时一周才可能做到两次交易。

现实中，由于受盘中行情的波动影响，我们有时会控制不住自己违反交易次数的规则限定，例如本周已经交易了两次，但看到某股发出了入仓信号，就急于买入。因此，为了时刻不忘记交易次数，头脑每日保持清醒，如表2-1所示，我们可以制作一个打卡表，贴在电脑旁，当一周做了一笔，就用红色的笔画一个叉，提醒自己已经交易了一次，只剩下一次机会了，不能浪费机会，把每一颗子弹都当作最后一颗来发，这样会让自己特别珍惜机会。

表2-1　　　　　　　　　　　　打卡表
年　　　　　月

| | 一次机会 | 一次机会 |
|---|---|---|
| 第一周 | × | |
| 第二周 | | |
| 第三周 | × | × |
| 第四周 | | |

## 2.6　长线做单如何布局入仓

如图2-18所示，如果根据基本面或者技术分析，判断行情将从1000点上涨到2000点，2000点是目标位，那么我们该如何布局仓位呢？许多人不假思索，认为在1000点重仓买入，到2000点止盈平仓。猛一听，这个方法合理、完美，价格上涨了一倍，如果做股票，利润翻倍，如果做商品期货，则利润能在十倍以上。但这个理想模式有许多漏洞，经不起推敲，有以下几个问题：

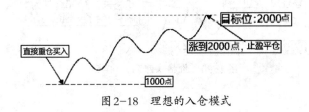

图2-18　理想的入仓模式

**（1）如果行情先下跌，再涨到2000点，则账户可能先爆仓。**

期货带有杠杆，重仓买入，相当于用了十倍左右的杠杆，当行情向下跌破1000点，即便跌幅只有3%左右，浮亏也会达到近30%，账户没有了可用资金，期货公司便会催缴保证金，如果不及时交纳，期货公司有权强行平仓，如果价格下跌10%，账户爆仓。如图2-19所示，无论是被强平，还是账户爆仓，后面的十倍利润，与你毫无关系，不仅未盈利，本金还会伤筋断骨，即便判断对，踩对了未来的大方向，依然亏损巨大，所以这个理想的交易模式不可行。

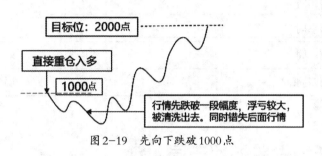

图2-19　先向下跌破1000点

（2）如果行情上涨较大，但未到2000点，便见顶转跌，坐了一趟过山车。

如图2-20所示，行情从1000点开始上涨，账户浮盈不断增大，一切都比较顺利，交易者盼望着价格达到2000点，等待止盈离场。可是，最终行情未能涨到2000点，例如到达1900点，便见顶回落，转为下跌趋势，此时怎么办？不久之后，行情又回到了1000点，庞大的浮盈化为乌有，是否懊悔？

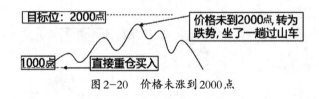

图2-20　价格未涨到2000点

（3）行情到达了2000点，便止盈平仓，结果行情又延续上涨较大，错失了后面的利润。

如图2-21所示，行情上涨比较顺利，如预期一样到达2000点，选择止盈离场，盈利数倍，自然兴高采烈。可是，行情没止住，又继续上涨，在牛市气氛的渲染下，大批资金涌入，行情最终上涨到2500点，甚至3000点，我们错失了500~1000点的利润，少赚了许多，此时是否后悔止盈过早呢？当行情涨破2000点后，是否会不顾后果，盲目地追涨买入呢？又在哪里止盈呢？

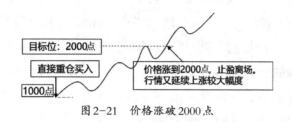

图2-21 价格涨破2000点

当然了，上面三种情形只是行情运行的几种代表情况，还有其他一些情况，都会超出我们此前的预期，使理想中的交易模式落空。长线看涨行情，该如何布局入仓？我们可以采取"步步为营"的策略，分三步走：

**（1）以损定仓，部分仓位入仓，同时设置止损。**

价格的走势和基本面的变化经常不一致，有一定的滞后性，有时候基本面转好，但价格可能先下跌一阵，然后企稳上涨。为了能渡过黎明前的黑夜，我们不能重仓出击，而是部分仓位入仓，但底仓具体是多少呢？前文讲过，"以损定仓"，例如每笔损失不能超过账户总资金的5%，据此计算出最大仓位，这种方式不会导致我们重仓，底仓大约在账户总资金的15%~35%。如图2-22所示，计算完底仓后，买入，同时设置止损点位，如果运气好，入仓之后，行情上涨，则盈利比较顺利；如果运气差，行情先下跌一阵，那么我们最多损失5%，避免较大损失。如果不幸止损，离场后，下一步该怎么办？既然判断行情将要上涨，离场后，我们还会等待入仓信号，重新入仓。

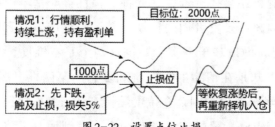

图2-22 设置点位止损

**（2）行情上涨，不断移动止损，通过加减仓，跟踪行情。**

如图2-23所示，做单需要步步为营，一步一个脚印，既让利润自由奔跑，不主动断截利润，又需要防止"坐过山车"，那么随着行情的上涨，可以不断地向上移动止损位，既可以放飞利润，又可以避免坐过山车，可以把每个回调的低点作为移动止损位。同时，如果行情回调的话，趁回调之际，可以加仓，一方面，加仓时机好，另一方面，在有利润的情况下，把仓位逐步加大，可以实现盈利时赚得多的目的，盈亏比才会比较大。如果行情回调比较大，触及了移动止损位，则止盈离场，既锁住了利润，又防止了坐过山车，等到行情恢复上涨后，系统给出入仓信号，再重新入仓。

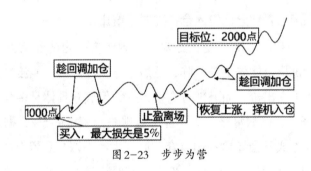

图2-23　步步为营

**（3）价格达到目标位2000点，先减半仓，继续持有半仓。**

如图2-24所示，当行情达到预定目标位2000点时，是否该全部平仓？交易者重新根据基本面研究，如果确认此时价格大致应该在2000点，先减半仓。之所以不全部离场，是因为牛市中的走势不仅会受到供需基本面的影响，还会掺杂资金、人性、惯性等非基本面因素，所以牛市中的顶部普遍超出投资者们的预期，甚至超出许多。有句名言比较形象："他们的判断仍是基于事实和数据这两个基本维度，而他们参与的这场资本游戏，却是在情绪的第三维和梦想的第四维上展开的。"所以在2000点减完半仓之后，剩余仓位继续持有，依然按照第二步，逐步移动止损，同时每上涨一段幅度，逐步减仓，直到触及了移动止损位，全部离场。

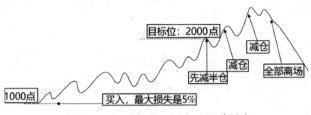

图2-24　上涨突破2000点的操作模式

"步步为营"的操作模式，最大损失是亏损5%~10%，收益率约在3~5
倍。如果做期货的话，行情直接从1000点一路上涨到2000点，那么在1000
点重仓买入，不考虑加仓，在2000点止盈离场，"理想模式"能获得10倍左
右的利润。相比之下，"步步为营"模式，由于刚开始时，不会重仓买入，
仓位慢慢加上去，所以收益率不会像第一种那么大，约在3倍；如果行情上
涨到2000点，并未停止，而是延续上攻，则"步步为营"模式的收益率能
达到5倍左右。在风险方面，"理想模式"可能会爆仓，而且爆仓的概率更
高，但"步步为营"模式的风险是亏损账户资金的5%左右，如果开始时止
损两次，则亏损10%左右。

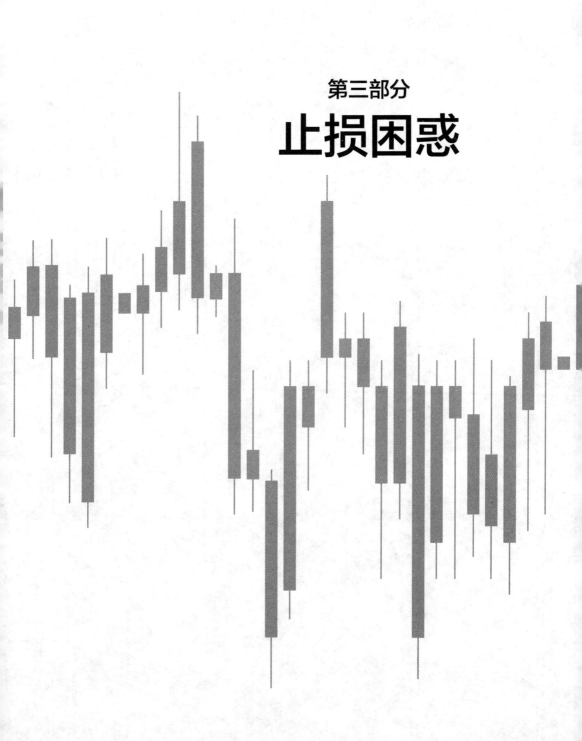

第三部分
# 止损困惑

# 3.1　止损选择盘中离场还是尾盘离场

　　由前文可知，入仓时机以尾盘为主，入仓后，设置止损位，当盘中价格触及止损位，我们是否马上离场？还是等到尾盘，如果尾盘价格依然在止损位之下，才离场？对于这个问题，交易者经常矛盾重重，如果在盘中止损离场，收盘时价格又涨了回去，盘中毛刺打了止损位，多单被洗出去，不敢再追入，错过后面的趋势行情，我们经常懊悔不已；如果选择尾盘止损，等到临近收盘时，当日价格跌幅大，K线呈现大阴，浮亏大，显著超出了原本的亏损计划和容忍范围，亏损较大，甚至此时如果不忍心砍仓止损，甘心当鸵鸟，结果行情持续下跌，浮亏越来越大，损失惨重。这说明盘中止损和尾盘止损有各自显著的缺点，需要综合两者的利弊，选择一个利弊平衡的方法，我们先看看各自的利弊：

### 1.尾盘止损的优缺点

　　尾盘止损的优点：盘中假信号多，尾盘止损可以避免盘中的毛刺和假信号，减少止损次数；日K线四个价格中，收盘价和下一日行情的走势关系最紧密，意义也最大，以收盘价格跌破某个支撑，作为离场依据，可以减少止损次数，提高做单的成功率。

　　尾盘止损的缺点：如果尾盘出现大阴甚至跌停，损失会远超预期，风险敞口大，无法让每一笔的损失控制在预期额度内；止损依赖交易者的执行力，如果浮亏较大，超出预期，此时执行止损的能力大打折扣，可能不忍心离场，一旦遇到反转行情，亏损巨大。

　　我们都有过这种感受，当损失在我们的预期范围内，对于止损的执行力还比较强，一旦损失显著超出了我们的预期，执行止损的能力就会下降许多。如图3-1所示，例如，如果限定每笔单子的损失最多是总资金的5%，我们习惯了5%以内的损失额度，当某笔单子的止损不超过总资金的5%，我们还是比较容易执行止损，但倘若等到尾盘时，当日跌幅大，K线呈现大阴，此时离场的话，损失会达到总资金的8%以上，我们便不甘心直接离场，一方面，损失显著超预期，内心痛苦懊悔，无法接受，另一方面，按照常见的行情特点，跌幅大会有反弹，当日跌幅大，第二日可能会反弹，就想等反弹后再离场，缩小损失，尽量让损失回到5%之内。不过如果遇到反转行情，第二日价格并未反弹，或者反弹较小，然后行情又继续下跌，浮亏越来越大，更不甘心离场，干脆当鸵鸟，最终损失很大。如果做的是期货，期货有杠杆，遇到反转行情，或者较大的调整，不止损的结果是被期货公司强平或爆仓。

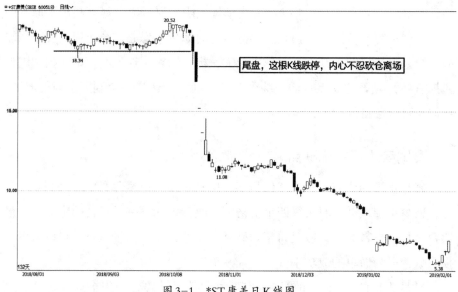

图3-1　*ST康美日K线图

## 2.盘中止损的优缺点

盘中止损的优点：盘中触及止损点位，直接离场，损失可以完全控制在预期的范围之内，有效地控制账户资金回撤；损失不超预期，内心比较坦然接受，对于止损的执行力较强；盘中止损可以让计算机自动执行，当我们设定点位止损后，盘中价格触及了点位止损，计算机会自动执行离场功能，不需要我们手动执行，一方面可以让我们不用盯盘，节省出大量时间，另一方面，计算机执行止损的能力是100%，完全解决了手动止损有时会犹豫不决的问题。对于计算机执行止损的这个功能，期货软件都可以实现，如果是做股票的话，有些股票软件可以实现，但大部分股票软件尚没这个功能。

盘中止损的缺点：盘中行情毛刺多，容易洗单，降低做单的成功率；如图3-2所示，当盘中触及了止损位，如果尾盘价格又涨了回去，我们的情绪会受到影响，此时可能不敢再追进去，错失了后面的行情。

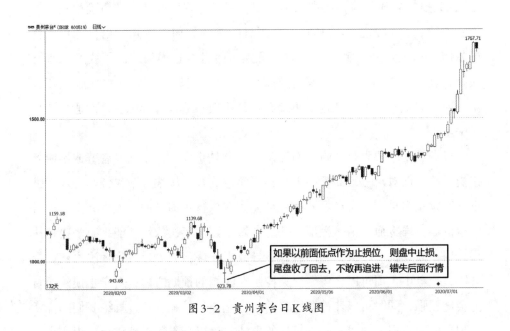

图3-2 贵州茅台日K线图

综上来看，盘中止损和尾盘止损的优缺点都很显著，从概率角度而言，尾盘止损能减少盘中的毛刺和假信号，提高做单的成功率，从这个角度来看，尾盘止损比较好。但从控制损失和止损执行力度的两个角度来看，盘中止损能够及时控制我们的损失，同时止损的执行力较强，特别是让计算机自动执行止损，执行力可以达到100%；与之相比，尾盘止损会敞开我们的风险，损失不可控，一旦损失超出了我们的预期，对止损的执行力会大幅下降，不忍止损，甚至当鸵鸟，酿成巨大的损失。

对于入仓而言，尾盘入仓的优点大于盘中入仓，缺点小于盘中入仓，所以我们的入仓时机选择以尾盘为主。相比入仓，盘中止损和尾盘止损的优劣差距不是那么清晰明了，由于尾盘止损可能酿成不可挽回的投资灾难，或许可以说尾盘止损的缺点大于盘中止损，但在优点方面，两者难分伯仲。

巴菲特的投资规则里有两条：第一，永远不要亏损；第二，永远记住第一条。这告诉我们投资的第一要素是风险，不是盈利，控制损失是第一任务，钱是赚不完的，却容易亏完，保住本金是首要考虑的目标，时刻防止类似黑天鹅或地雷式的行情带来损失，所以交易者常言"风险第一，盈利次之"，只要控制住风险，盈利水到渠成。尾盘止损恰好违背"风险第一"的投资铁律，我们无法提前知晓行情当日的跌幅如何，不知晓当日的损失情况如何，让风险处在敞口，损失不可控，而且一旦损失超出了我们的容忍底线，就很可能选择扛单，等等看看，一旦遭遇转向行情，将面临投资灾难，损失完全不可控。从这个角度而言，止损不适合选择尾盘，而适合选择盘中。

投资的第一要素是风险，而控制风险就是止损，由于交易者普遍不愿意接受亏损，面对浮亏容易下不去手，不愿意砍仓，优柔寡断，侥幸心理特别重，所以止损是交易者遇到的第一难关。在执行止损方面，很少有交易者可以像机器一样冷血无情，大部分交易者做了许多年，依然不能果断坚决地执行止损，砍仓犹豫不决，瞻前顾后，导致损失逐步放大，大到无法离场，损失巨大。盘中止损可以让每笔损失控制在我们的预期之内，对于止损的执行力会比较强，同时可以让计算机自动执行止损，干脆利落，杜绝我们的侥幸心理，此时止损就变成了一件容易的事情，可以毫不犹豫地砍仓。想实现计算机自动止损，只有盘中止损能够实现，盘中价格只要触及了点位止损，计算机自动执行离场，但计算机无法实现尾盘止损。从止损的角度而言，盘中止损占据了压倒性的优势。

由上面可知，盘中止损可以解决投资中最重要的问题，有效地控制风险，同时盘中止损可以让计算机帮我们完成，攻克交易者遇到的第一难关，让止损变得简单容易。从解决重要问题的角度而言，盘中止损的优点大于尾盘止损，而盘中止损的缺点小于尾盘止损，综合平衡利弊，止损应该以盘中止损为主，相当于牺牲了成功率，换取了对风险的控制。

综合利弊，止损以盘中止损为主，不过盘中止损存在显著的缺点，即盘中毛刺容易造成假信号，导致单子被洗，降低了做单的成功率，同时洗单后，尾盘不敢追，可能会错过后面的趋势。针对盘中止损的缺点，可以采取措施来弥补，具体来看：

**（1）减少盘中洗单行为，需要提高点位止损的有效性。**

盘中行情走势随机，又容易被资金操控，毛刺多，容易扫到止损位，所以我们需要提高点位止损的有效性，才能减少洗单行为，从而提高做单成功率。有效的点位止损满足三个方面：①点位止损不能小，价格的正常波动不容易触碰我们设定的止损点位；②单笔止损不能过大，止损触发后，每笔损失控制在我们的容忍范围，连续止损三次，对账户资金也无大碍；③当价格触碰止损后，趋势可能改变，至少会引发较大幅度的下跌调整，可以给我们更低的价格或充分的时间接回单子，不错失行情。

**（2）盘中止损后，如果尾盘依然满足入仓条件，则可以继续入仓。**

如图3-3所示，盘中止损离场后，尾盘又涨了回去，此时是否可以重新接回单子？这个问题需要看此时的信号是否满足入仓条件，与前面是否有过单子无关，如果尾盘价格收了回去，满足我们的入仓信号，就可以重新入仓。许多交易者有心理阴影，由于刚止损了一笔，害怕再止损，尾盘满足入仓信号，也不敢再进，就容易错失行情。我们需要忘记前一笔单子，将两笔交易隔离开来，不要受前笔止损的影响，只要此时满足入仓条件，就可以继续入仓，与前面有无止损的单子无关。如果尾盘不满足入仓信号，则不入。许多交易者交易中都存在一个问题，当前面的单子刚止损，就着急要接回单子，不顾当前的信号是否满足入仓信号，结果刚止损了一次，又紧接着止损，止损就变得没有意义了，我们入仓是以尾盘为主，所以盘中止损离场后，是否再入仓，需要等到尾盘，尾盘符合入仓信号，则入场，不符合，则不入场。

综上所述，交易遵循"严进宽出"的原则，入仓条件设置苛刻，主要在尾盘入仓，而止损条件不像入仓那样严苛，主要在盘中离场，可以严格地控制账户资金的风险，同时提高止损的执行力。对于盘中止损的缺点，我们可以采取弥补措施，一方面，提高点位止损的有效性，减少假信号的发生，另一方面，当盘中止损后，如果尾盘依然符合交易系统的入仓信号，可以继续入仓，避免错过行情，不符合入仓信号，则不入场。

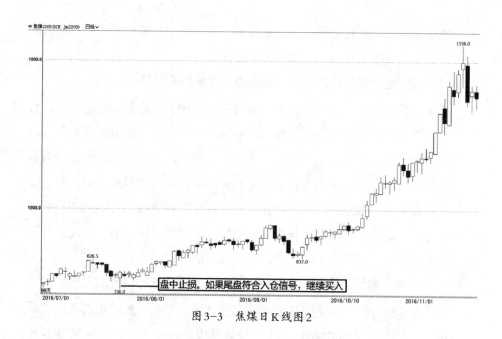

图 3-3　焦煤日 K 线图 2

# 3.2　大部分单子不止损为什么能够扛回来

在交易中，我们经常被打脸的一大原因就是止损，当价格触及了当初设定的止损位，我们被迫止损离场，可是很快价格企稳上涨，事后看，如果当初不离场的话，单子可以扛回不亏，甚至还能获得盈利，可是恰好因为执行了止损，我们反而遭遇了损失，被打脸一次。这种情况不止一次出现，经常会出现，有时还会连续出现，导致账户遭遇连续止损，累积起来，损失比较大，如果当初不止损离场，我们不仅可以避免这些损失，还可能获得利润。在这个时候，我们就会怀疑止损的正确性和必要性，就不愿意再执行止损了。

网上曾经流传着一段话，其中一部分是："某大型期货公司的风控总监，对近三年客户交易数据进行了统计分析，其中有一个结论，即所有止损的单，如果不平仓，有98.8%的概率在未来2周内扭亏为盈。"查不到这个信息和数据的真实性，如果这个信息是真实的，那么98.8%的数字应该是包括日内短线在内的统计数据，毕竟期货中大部分交易者都是做短线的，使这个数字显得很高，如果是做日 K 线级别的趋势单子，数字就没这么高。根据行情的走势特征和实战经验来看，大部分单子如果不止损，在未来两周内是可以扭亏为盈的，意味着这些单子如果不止损离场的话，在未来某个时间内，可以不亏离场。为什么大部分单子如果不止损，可以扛回不亏呢？有两大原因，分别来看：

## 1. 震荡行情中，单子基本上可以解套

大部分时间内，行情都是在一个区间内上下震荡，涨涨跌跌，涨了之后，再跌下来，跌下来后，再涨上去，乱而无序，杂乱无章，并无明显的趋势和规律。如图 3-4 所示，在一个区间内，买入后，价格下跌，暂时被套，但没多久，价格又会涨上去，多单解套，甚至还可以获得利润；入空后，行情持续上涨，暂时浮亏，但很快价格又会见顶下跌，空单解套，可以不亏离场。

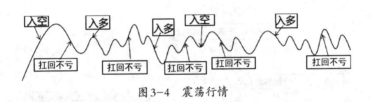

图 3-4　震荡行情

震荡区间中，在哪个点位入仓，不容易解套？如图 3-5 所示，在区间的最高位附近入多，不容易解套，因为在这个区间中，入仓价已经是最高了，后面的价格即使企稳上涨，也很难涨不到入仓价。除非震荡行情结束，涨势行情走出来，价格会突破区间高点，此时单子才会解套。同理，在区间的最低位附近入空，也难以解套，除非跌势行情走出来。

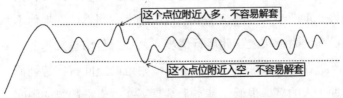

图 3-5　在震荡区间最高位或最低位入仓

行情震荡的时间占到2/3，在震荡区间内，最高位附近和最低位附近的区间占比很小，意味着在最高位附近买入和在最低位附近入空的概率很低，入仓价基本上都处在区间的内部，单子被套后，不止损离场，基本上都可以扛回来。无论股票还是期货市场，大部分时间都处于震荡行情之中，做期货的话，只要仓位不重，单子基本上可以解套。

## 2.震荡式趋势中，大部分单子容易解套

震荡时间占到2/3，剩余的1/3时间才会出现趋势行情，不过趋势行情不意味着价格会一路上涨，其实大部分趋势行情都呈现震荡式趋势的特征，震荡式上涨，兼具震荡和趋势的特征，前进三步，然后退两步，再前进三步，又退两步，反抽较大，每次前进一下，都会出现较大幅度的调整。此时交易者可能会顺势入多，也可能逆势入空，如图3-6所示，我们分别来看：

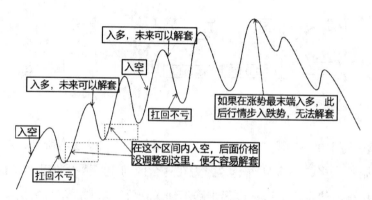

图3-6　震荡式涨势行情

第一，顺势入多，肯定可以解套。行情处于涨势之中，即便入仓时机很差，在短期顶部附近买入，然后遭遇较大幅度的调整，浮亏较大，但价格还会恢复涨势，重新步入上涨，多单便可以解套。当然，如果你不幸恰好在涨势行情的最高位附近买入，此后行情步入跌势，价格越来越低，单子自然无法解套，不过在整个上涨空间中，最高位附近的空间占比特别低，意味着在最高位附近买入的概率很低，基本上都是买在了上涨趋势的中间，单子便可以解套。股票只能做多，不能入空，如果股市处于震荡式涨势中，买入股票

后，基本上是可以解套的。

第二，做期货，逆势入空，部分单子可以解套，部分单子无法解套。在震荡式涨势行情中，期货可以逆势入空，如果入空时机不佳，入空后，价格不断上涨，单子暂时被套，不过很快价格将展开较大幅度的下跌调整，跌到入空价之下，便可以解套。当然，如果入空价格太低，即便价格进行大幅度的反抽，也调整不到入空价，此时单子无法解套，而且扛单的话，亏损会比较大，甚至爆仓。因此，顺势一定是优于逆势的，做单子一定要顺势。

如图3-7所示，无论在股市还是期货市场中，震荡式趋势比较常见，经常在一波大趋势的初期和中期阶段，行情呈现震荡式趋势的特征，到了趋势的后期阶段，才呈现流畅式的走势特征。之所以如此，是因为在趋势的中初期阶段，方向尚不明确，多空博弈激烈，实力均衡，价格涨了上去，也可能被打下来，经过了中期之后，价格方向逐步明朗，原来作为旁观的交易者站在多头一方，作为空头的部分交易者也会转向多头，导致多方实力大增，上涨加速，调整空间有限。

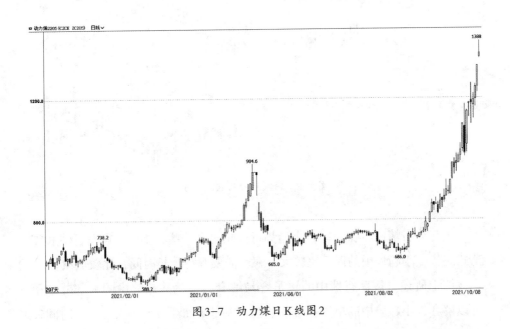

图3-7 动力煤日K线图2

### 3.小趋势中，方向做反了，股票可以解套，轻仓的期货可以解套

小趋势容易与行情的调整相混淆，如果行情的调整幅度很大，也可以看

成小趋势，所以我们需要给小趋势一个概念范畴，在震荡行情中价格向下突破，下跌了一段不小的距离，呈现趋势行情的特征，然后结束，这就是小趋势。如图3-8所示，震荡行情中，入了多单，行情向下跌破，走出了跌势，下跌空间不是特别大，不过明显大于行情的正常调整幅度或震荡区间内的下跌幅度，下跌了较远的距离后，账户资金的浮亏比较大，很快价格企稳上涨，经过了较长的时间后，价格涨回到入仓价格，单子解套。如果做期货的话，不用杠杆，仓位很轻，等同于做股票，可以扛回不亏，如果达到30%以上的仓位，下跌趋势足以让账户爆仓，将其清洗出投机市场。

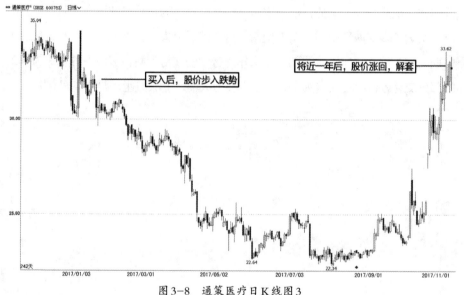

图3-8　通策医疗日K线图3

大趋势行情比较少一些，小趋势行情相对多一些，不同于震荡行情和震荡式趋势，小趋势中的浮亏比较大，解套需要等待较长时间，比较煎熬。

综上所述，震荡行情中的单子容易解套，震荡式趋势中的大部分单子可以解套，小趋势中的单子也可以解套，只是中间浮亏比较大，回本时间较长。大部分行情都是由震荡行情、震荡式趋势和小趋势构成，所以即使入仓时机不佳，或者做反方向，大部分单子可以扛回本金。对于期货而言，只要仓位轻，就会和股票一样，大部分单子可以扛回本金，如果是重仓的话，一且遇到较大的回撤，则会被期货公司强平或爆仓，扛不回来。从这个角度而言，做期货不能重仓，否则忍受不了大一点的回撤，即使判断对，最终也可能亏钱，做单成功率很低。

大部分单子不止损离场，可以扛回来，是不是意味着我们不用止损了呢？应该说在大部分时间，不止损离场，最终可以扛回本金，但有时候，如图3-9所示，当行情走出了大趋势行情，做错方向，又不止损离场，则本金便会遭遇毁灭性的打击，损失很大，伤筋断骨，甚至爆仓。

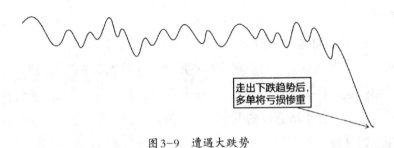

图 3-9　遭遇大跌势

大趋势行情虽然少，不频繁出现，但肯定会出现，一年内，一个期货商品可以出现1~2次，五个品种一年会出现5次左右；三年内，一只股票可能出现1次大跌，二十只股票，平均一年会出现5次大跌，不止损的话，足以让投资者伤筋断骨。因此，亏损比较严重的交易者，并不一定会经常亏损，甚至还会经常盈利，但就在一两次的逆趋势中，扛单，不止损，遭遇毁灭性的灾难。他们之所以会经常盈利，恰巧是因为他们经常不止损，最终将单子扛回了盈利（虽然每次盈利都很小），习惯了不止损能扛回盈利的交易行为，自我强化，便不愿止损，那么当遭遇大趋势行情，也不会止损离场，便扛不回来。

因此，虽然我们明明知道，大部分止损是无效止损，大部分单子可以扛回不亏，甚至扛回盈利，但保不准这次会不会是大趋势行情，会不会让我们扛不回来，损失惨重，而且我们深刻地知道，这种情况一定会出现，一年内就会出现。对于期货而言，情况将更加严重，期货有杠杆，如果仓位重一些，不要说逆趋势，即便一个较大的回撤，就足以将其扫出交易市场。风险第一，生存第一，宁可无效的止损，我们也要止损，不能养成不止损的习惯，虽然很多次可以侥幸扛回盈利，但必然会有一次扛不回来，那前面许多次的小盈利都是无意义的。

# 3.3 止损为什么难以执行

大部分交易者遭遇重大的损失后，在分析交易记录时发现"原来是其中的一两笔交易没有止损砍仓，一直扛单，导致损失很大"，总结出经验教训"一定要止损"，可是到了后面，不知不觉又开始了扛单行为，直至下次再遇到大亏，继续总结止损的重要性和必要性，不断循环往复。止损是交易者遇到的第一关，也是最难的一关，几乎每个交易者都明白止损的重要性，也从实战中经历过扛单所造成的重大损失，但大部分交易者依然不能较好地执行止损，即便做了许多年，无论发了多少誓言，总是难以坚决果断地砍仓离场。由此可见止损的难度之大，为什么止损难以执行呢？有三大原因，我们分别来看。

### 1.根据前景理论，面对损失时，我们是风险喜好者

20世纪70年代，美国普林斯顿大学心理学教授丹尼尔·卡内曼和阿莫斯·特沃斯基提出了"前景理论"（Prospect Theory），将来自心理学研究领域的综合洞察力应用在经济学当中，尤其是在不确定情况下的人为判断和决策方面，做出了突出贡献。他们做了几个实验：

第一个实验：面对收益下的风险选择。

A选项：100%能获得100元；

B选项：51%的概率获得200元，49%的概率获得0元。

实验的结果是大多数人选择A选项，因为可以稳赚100元。其实B选项的期望值是102元，高于A选项。面对收益时，人们不愿意冒风险，更愿意落袋为安，成为风险厌恶者。

第二个实验：面对损失下的风险选择。

A选项：100%会损失100元；

B选项：51%的概率损失200元，49%的概率损失0元。

实验的结果是大多数人会选择B选项，因为B选项有可能不损失。实际上B选项的损失期望值为102元，高于A选项。面对损失时，人们愿意冒风险，变成风险喜好者。根据前景理论，大多数人在面临收益的时候是风险厌恶者，在面临损失的时候是风险喜好者。回到交易中，当我们的持仓出现浮亏，面对潜在的损失，如果马上止损离场，肯定100%损失，如果扛单，可能扛回不亏，损失0元，此时我们会成为风险喜好者，愿意冒风险选择扛单。

## 2.大部分止损是无效的，扛单反而可能带来盈利

如图3-10所示，当持仓出现浮亏时，如果我们选择扛单，最终的结果有三种可能性：第一种是价格企稳上涨，最终扛回不亏；第二种是行情陷入震荡，浮亏整体保持不变，上下浮动；第三种是价格继续下跌，浮亏持续增大。那么面对浮亏，我们是要止损离场，还是选择扛单呢？取决于行情未来的走势，如果价格的下跌空间还比较大，浮亏会增大，当然选择"止损"，但是如果行情的下跌空间已经很小，行情将企稳上涨，自然选择扛单。能否知道行情未来的下跌空间呢？取决于我们的判断依据和能力圈，分别来看：

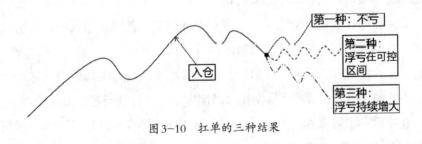

图3-10 扛单的三种结果

第一，如果我们的判断依据是基本面，基本面是具有前瞻性的，理论上讲，根据供需关系或上市公司业绩，可以判断价格的未来空间，除此之外，我们还要具备基本面分析的能力圈，具有深挖基本面的研究能力和长期运用基本面的投资经验。这两点要同时满足，我们才可能判断出价格未来的空间大小，如果判断价格剩余下跌空间比较小，我们可以不止损，但如果判断下

跌空间尚比较大，自然选择止损离场。

第二，如果我们的判断依据是技术分析，技术分析不具有前瞻性，主要用来跟随，所以无论技术分析者的水平有多高，都不可能判断出价格未来的下跌空间。因此，对这笔交易，我们不可能提前知道哪个决策更优，也就无法做出正确的选择了。

由于大部分个人投资者主要根据技术分析进行交易，并不知道价格未来的下跌空间，所以具体到某一笔交易，我们并不知道是应该止损，还是不应该止损，哪个决策更好，那么到底要不要止损呢？如果每次止损后，价格继续下跌了较大幅度，甚至形成趋势，让我们避免了大幅的亏损或资金回撤，至少给我们提供了更低的买入价格，验证了止损的正确性，自然会形成止损意识的自我强化，我们便会深刻地认识到"前期的止损情况显示，如果不止损，必然遭遇大幅的亏损或资金回撤"，当然趋利避害，我们会选择止损，而且坚决果断地执行。不过现实比较打脸，由前文可知，大部分单子如果不止损，可以扭亏为盈。如图3-11所示，从长期看，无论股票还是期货，单边的大趋势行情都比较少，大部分时间内，价格都在一个大的范围内上下波动，2/3的行情都属震荡行情，在震荡行情中，无论做多还是入空，单子即使被套，也能扛回来，而且还能获得一些小利润，即便遇到趋势行情，大部分趋势也是震荡式趋势或小趋势行情，大部分单子也可以扛回不亏。

上面原因让我们感觉大部分止损都是无效的，甚至是错误的，会给我们带来深深的懊悔和痛苦，我们会吸取两种教训：

第一，止损后的痛苦。止损后，价格又涨了回去，不禁想到"如果这笔单子不止损，就不会亏损了"，让自己懊悔不已，特别当连续出现类似情况，每次止损后，事后来看，如果当时不止损离场，浮亏可以扛回不亏，甚至还能扛回盈利，证明前期的多次止损是无效的，会让我们想抽自己，压力倍增，不断后悔，这就加深自己不执行止损的意愿，慢慢我们就不愿意止损了。

第二，不止损带来的甜头。当价格触及止损点位后，我们没有执行止损，结果行情又涨了回去，不仅最终不亏，还可能产生盈利，让我们尝到了甜头，暗自高兴，心想"幸亏没有止损，否则会亏钱"，特别是出现了几次情况后，这种意识会自我加强，在这种甜头的诱惑下，我们很容易产生不止损的行为。

图 3-11　上证指数日 K 线图 6

　　当然，现实中止损的有效和无效是随机的，当价格触及了止损，这笔止损可能做对了，止损后，行情继续下跌了不少，而下一笔单子止损可能做错了，止损后，行情马上企稳上涨，再下一笔单子，又可能止损是正确的。总之，从结果来看，有些止损是无效的，如果不止损可以扛回不亏甚至盈利，这就为我们提供了侥幸心理，面对损失时，人是风险喜好者，在不愿意承认损失的人性弱点下，我们无意中会想"保不准这笔单子，如果不止损，价格能涨回去，先看看，不止损"，于是止损就变得犹豫不决，侥幸心理占据上风。另外，由于大部分时间都是震荡行情，必然会出现连续的无效止损，连续多次的止损让我们资金回撤较大，事后来看，如果每次不止损，我们都不会亏损，甚至还有盈利，此时就会强烈怀疑止损的必要性和正确性，不止损是自然而然的事情了。

### 3. 严格止损的结果也很有可能是亏损

　　我们做一个实验，有两个选项。

　　A 选项：100% 的概率，会损失 100 万元；

　　B 选项：20% 的概率损失 500 万元，但 80% 的概率不损失一分钱。

A选项和B选项，你会选择哪个选项？可能会选B选项。根据概率论，A选项的期望值等于B选项的期望值，选A选项和选B选项的人数应该差不多；不过根据前景理论，大多数人选择B选项，而不是A选项，因为A选项肯定要损失100万元，B选项虽有20%的概率损失500万元，但高达80%的概率并不损失一分钱。

回到交易中，当持仓浮亏100万元，该如何做决策？如果我们主要的分析工具是技术分析，无法判断行情未来的下跌空间，此时会出现悖论：

第一，选择B选项"不止损"，结局必然暴亏。

如图3-12所示，根据前景理论和概率优势，100%的概率会亏损100万元，80%的概率不会损失一分钱，面对损失时，我们敢于冒风险，希望能扭亏为盈，自然选择B选项"不止损"。但是还有20%的概率会损失500万元，虽然是小概率事件，但由于交易的次数太多，小概率事件必然会发生，何况20%的概率并不低，意味着必然会出现损失500万元的情况。当趋势行情走出来后，20%的概率就会变成100%，不止损必然遭遇巨亏，因此选择B选项"不止损"，虽然可以多次扛回盈利，但必然暴亏500万元，如图3-13所示。

第二，选择A选项"止损"，结局也很可能是亏，只是慢亏。

如图3-14所示，选择A选项，及时止损离场，亏损100万元，如果本金有500万元，扣掉本次止损后，账户还剩400万元，尚不会损失殆尽，但如果遭遇震荡行情，容易出现连续多次止损，如果下次又止损100万元，紧接着又止损100万元，五次后，便会被清洗出投机市场。意味着不止损的结果是暴亏，但不意味着执行止损就能获得盈利，如果只会砍仓止损，并没有掌握盈利的方法，账户资金也会慢慢缩水，直到爆仓，只是亏损的速度放慢。绝大部分交易者并没有能够稳定盈利的交易系统，即便每次严格执行止损，结局也很可能是亏损。

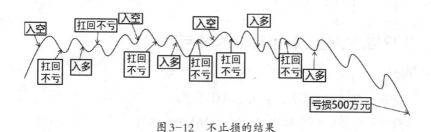

图3-12　不止损的结果

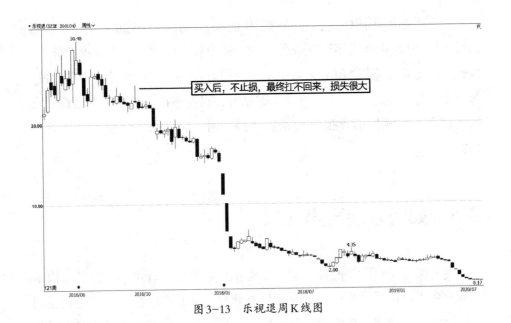

图3-13　乐视退周K线图

图3-14　震荡行情中每次止损的结果

　　综上分析，当出现浮亏时，我们很难下定决心砍仓，容易扛单，因为技术分析的缺陷，我们无法判断某一笔交易中，价格剩余的下跌空间有多大，便无法做出应该止损离场，还是应该继续持单的最优策略。在这种不确定性的背景下，根据前景理论，面对损失时，我们是风险喜好者，当出现浮亏时，我们倾向于冒险，选择"不止损"，希望能扛回来，不亏钱，这便是所谓的人性弱点。同时，与行情的走势特征有关，大部分行情属于震荡行情，当出现浮亏时，如果不止损，大概率能够扛回不亏甚至盈利，意味着在大部分时间，如果不止损，便不会亏钱，甚至还能盈利，这让我们能够经常尝到"不止损"带来的甜头，正面加深我们不止损的意愿，增强不止损的侥幸心理；相反，如果在震荡行情之中，每次都严格止损，账户资金出现损失，事后发现如果当时不离场，我们是不会亏钱的，前期止损让我们产生了损失，不仅没起到正面作用，还起到了反面教训，让我们觉得"止损是错误的行为"，从反面坚定了不止损的信念。即便我们树立了严格止损的信念，发誓"一定要止损"，但如果未能掌握盈利的方法，结局很可能也是亏损，每刀不致命，但刀刀割肉，割得头破血流、皮毛不存，最后也会致命，在这种情况下，我们的止损行为只能坚持一时，时间一长，便无法再执行止损。

# 3.4 如何才能严格止损

由前文可知，除了心理因素不愿意执行止损外，行情的走势特征决定大部分单子可以扛回损失，而止损恰好让自己不断遭受损失，不止损反而还能经常获得利润，慢慢地，我们内心抗拒止损，反而接受了"不止损"。不过一旦遇到了大行情，做错了方向，一次不止损，足以被清洗出投机市场，所以必须止损。当然，并不意味着"执行止损"就能实现盈利，解决止损只是万里长征的第一步，如果止损处理不好，那么止损只是慢性病，会让我们陷入慢慢亏损、最终依然是巨亏的结局。因此，止损不是那么简单，止损关不仅是交易者最难通过的一关，也是必须得过的一关，绕不过去，那么如何才能心甘情愿地执行止损，同时解决止损是慢性病的问题呢？

## 1. 要解决止损是慢性病的问题，首先需要构造能盈利的交易系统

执行止损的目的不仅是为了控制较大的亏损，而是为了最终获得盈利，如果我们次次严格止损，不断地来回砍仓，虽然每次亏损都不大，但账户资金逐步缩小，慢慢累积成大亏，最终依然无法盈利，那执行止损有何意义呢？与其慢慢痛苦地"死去"，还不如不止损带来"猝死"，至少不止损还能在大部分时间内扛回盈利。

鉴于此，首先我们需要构造能稳定盈利的交易系统，只有这个交易系统可以盈利，止损才有意义。交易系统是由入仓信号、止损信号、止盈信号、

加减仓信号和仓位管理等环节融合成的一套体系，止损是交易系统中必不可少的组成部分，没有止损，交易系统便不完整，也不能盈利。有了能盈利的交易系统之后，止损和不止损的差别才能显现出来，当执行止损后，虽然中间有时会触发止损，但放在中长期来看，可以获得稳定盈利；相比，不执行止损，虽然经常能扛回盈利，但不久后必然大亏，无法获得盈利，长期反而亏损较大。止损和不止损所产生的结果，差别如此之大，你会选择谁？当然选择止损。不过构造能盈利的交易系统，并不是一件容易的事情，甚至是非常困难的事情，许多交易者穷其一生，苦苦寻觅能盈利的交易系统，最终也是无果而终。

## 2.将止损点位设置在关键位置，大幅减少无效的止损

我们普遍都知道止损的重要性，也不断告诫自己要执行止损，可是事实总打脸，每当止损离场后，行情马上又恢复，好像主力有眼睛，专门打我们设定的止损一样，大部分单子如果当时不止损，可以扛回来，甚至还能抓住后面的趋势行情，证明前期多次止损是无效的，至少看起来"止损是错误的"，慢慢地就会改变想法，不认可止损，更不愿执行止损。之所以会出现这种情况，是因为止损点位的设置不合理、不科学。例如，将震荡区间里一个普通的价格作为止损位，行情跌破这个价格后，与行情是否转势、是否步入调整，都没有任何的关联性，仅属于行情的正常波动，很容易扫到该止损点位，被扫后也很难以更低的价格或有充足的时间接回单子，此时就会产生大量无效的止损，白白地亏损了不少钱，如果当初不止损，还能扛回盈利，此后交易者选择不愿止损也在情理之中。

如图3-15所示，因此，应该提高点位止损设置的有效性，将止损点位设置在价格波动的正常范围之外，行情的正常波动不容易触及止损点位，便可以大幅减少无效的止损，提高做单成功率。例如将点位止损设置在震荡区间之外。如果没有震荡区间，或者并不知道价格波动的范围，可以将止损点位设置在关键价格位置之下，同时留出一些毛刺空间，让价格的随机走势不容易扫到止损点位，另外，如果止损点位距离入仓价近，便容易被扫到，所以止损幅度能设置大一些，就不要设置小。提高了止损点位的有效性后，无

效的止损必然会大幅减少，当止损离场后，行情即使不是转势，也会展开幅度较大或时间较长的调整，让我们避免了较大的亏损，同时还能以更低的价格或充分的时间接回原来的单子，这种止损便会让我们感觉舒心，类似止损出现几次，便能证明止损的正确性和必要性，我们就会高度认可止损的价值，每次面对止损时，都会积极地执行止损。

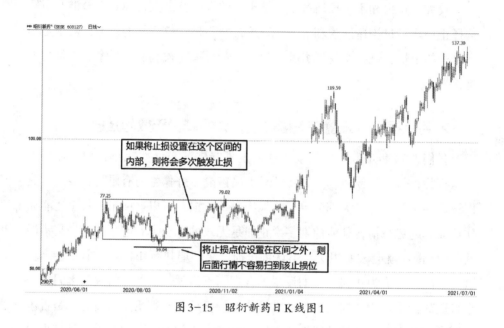

图 3-15　昭衍新药日 K 线图 1

### 3.避免做震荡行情，不仅难以盈利，还容易养成"不止损也能扛回"的恶习

由前文可知，当出现浮亏时，如果不止损，大概率能够扛回不亏，甚至还能获得盈利，站在大概率的角度上，交易者容易选择不止损。什么样的行情走势，最容易扛回来？自然是震荡行情，因为价格在一个区间内上下波动，不管是有序的震荡，还是无序的震荡，都不会偏离震荡中心较远的距离，当出现浮亏，不久后便能扛回盈利。即便对于有杠杆的期货而言，只要不重仓，震荡行情不至于导致爆仓，大概率上可以扛回不亏。

震荡行情之中，入了多单，设置了点位止损，单子被套，行情的无序波动打到了止损位，止损离场，我们被打了一次脸，心痛，没多久行情涨了回来，事后看，如果当初不离场，单子可以扛回不亏，又被打了一次脸，懊悔，连续出现三次左右的无效止损，我们很可能不再执行止损。相反，当不执行止损后，两次浮亏都扛回了不亏，甚至获得了盈利，血淋淋的事实证明止损的无效性和不止损的正确性，慢慢就会养成不止损的习惯，这种恶习无形中会影响我们的交易理念。同时在震荡行情中做单，温水煮青蛙，对趋势行情的到来会缺乏敏感度，那么当趋势行情走出来，由于已养成不止损的习惯，浮亏越来越大，直到把前面所有的利润都吐掉，而且本金也被侵蚀大半，得不偿失，所以我们应该躲避震荡行情，不仅为了避免养成不止损的习惯，更是为了避免亏损。

### 4.用大样本数据证明：止损优于不止损，严格止损优于"拖拖拉拉的止损"

当遭遇重大亏损时，交易者经常喊"一定要止损"，不过这种口号是空洞的，只能管一时，不久，当发现如果不止损，单子能扛回来后，这种口号早忘在脑后了。即便我们内心接受止损，会执行止损，也要看执行的效率。止损分为严格止损和拖拖拉拉的止损，每次止损拖拖拉拉，容易放大损失，有时不经意间一根大阴，导致浮亏陡然间变得较大，显著超出我们的心理底限，此时对于止损的执行力便大幅下降，不忍心砍仓，最终可能酿成大亏。止损拖拖拉拉，本质上还是侥幸心理作祟，我们不仅需要止损，而且需要坚决果断地执行。

之所以出现上面的情况，是因为缺乏大样本的数据，来证明止损的结果确实好于不止损，严格止损优于"拖拖拉拉的止损"，我们对于止损的认识仅局限在言传身教，而不是发自骨头和血液中的深刻认知，"知"比较浅，导致"执"不行，内心深处无法抗拒"不止损"的诱惑，更没接受"止损"，侥幸心理时刻准备冒出来，那么在实战中便难以执行止损。"纸上得来终觉浅，绝知此事要躬行"，要让自己彻底接受"止损"，就需要自己亲身的实践经历，用实践和数据证明止损优于不止损，用事实说服自己，这就需要大样本的数据。获取大样本的数据，可以在交易实战中获得，不过五年左右的时间，才可能获得几百个样本数据，时间比较漫长，很可能等不起，另外，需要对比止损和不止损的盈利差异，我们不可能为了获得不止损的盈利数据，在交易中故意不止损，酿成大亏，这种成本不是我们所能承受的。

如图3-16所示，通过静态复盘，可以获得大样本的数据。静态复盘是对过去的盘面走势，做一个复盘，来检测交易系统的营利性，不过这种方法存在缺陷，即站在上帝视角，已经知道了未来的行情如何发展，潜意识里必然会受到未来行情的影响，导致这种测试结果严重失真。例如明明知道该股股价在未来是一路上涨，那么在检测中，当出现了符合交易系统的止损信号时，我们便找个理由不止损离场，导致测试的止损次数比实际的止损次数要少许多，交易系统的止损次数被低估，盈利被夸大，则这种测试数据便失真，没有意义；或者已经知道股价未来一路上涨，在涨势中间没有出现符合交易系统的入仓信号，但总能牵强附会找到买入的理由，导致测试的成功率虚高，收益率大增，交易系统被严重高估。许多交易者都会掉到这种陷阱中，这种方法本质上包含未来函数，测试数据容易失真，不适合检验交易系统的营利性。

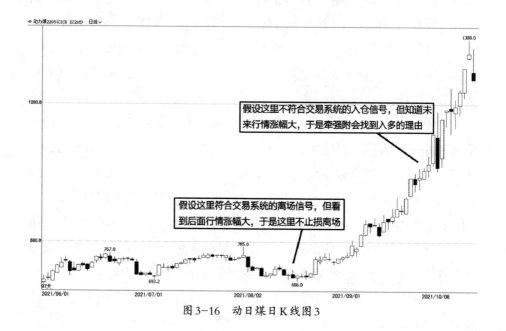

图3-16 动日煤日K线图3

　　那么有没有一种比较简单的方法，既能在短时间中获得大样本的数据，又不必付出亏损的成本，同时测试数据还趋近真实呢？有，那就是双盲测试。在医学中，双盲测试是指在试验过程中，测验者与被测验者都不知道被测者所属的组别（实验组或对照组），分析者在分析资料时，通常也不知道正在分析的资料属于哪一组。旨在消除可能出现在实验者和参与者意识当中的主观偏差和个人偏好，使试验结果更接近真实，方能说明医药的真实疗效。回到交易中，双盲测试是指在一种交易训练软件中，隐藏股票或商品期货的名称和时间，不知道是哪个品种，也不知道是哪个时间段，操盘接近于实盘环境，所有的操作都是基于先前走势及技术面的考量，不知道未来的任何走势，在这种环境下，对交易系统的测试数据便接近真实，完全有说服力，可以说服自己的内心。同时，这种训练软件可以在几小时内走完实盘行情需要一年才能完成的走势，意味着只需要一两周的时间，便可以测试完多个品种在过去五年的走势，拿到几百个甚至几千个样本数据，数据比较充足，有较强的说服力。另外，当在双盲软件中，分别测试止损和不止损的盈利结果时，不需要付出真金白银的损失，可以毫无顾忌地测试不止损的结果，然后对比两种结果的差距，发现无论如何测试，普遍都是"止损的结果好于不止损的结果，而且不止损的结果必定亏损大"，那么在这种大样本数据下，你是坚信止损，还是坚信不止损？你肯定坚信止损了。除此之外，可以对比严格止损和拖拖拉拉止损的差距，当大样本数据表明"止损拖拖拉拉的时候，账户资金整体的亏损比较大，回撤大，风险变得不可控，账户的收益率低，而且压力陡增，内心总是害怕，身体冒汗；相反，严格止损的时候，账户资金的亏损小，回撤小，账户的收益率相对高，同时止损变得轻松简单；而且大部分时候，当每次止损拖拖拉拉时，损失都会超过严格止损下的损失"，此时我们内心便十分坚定地认为"严格止损远优于拖拖拉拉的止损"，执行止损就会变得坚决果断，毫不犹豫。

　　由于双盲测试会贯穿交易环节的始终，也会贯穿本书的始末，所以读者们可以对双盲测试做一个重点了解，如图3-17所示，后面会多次提到。

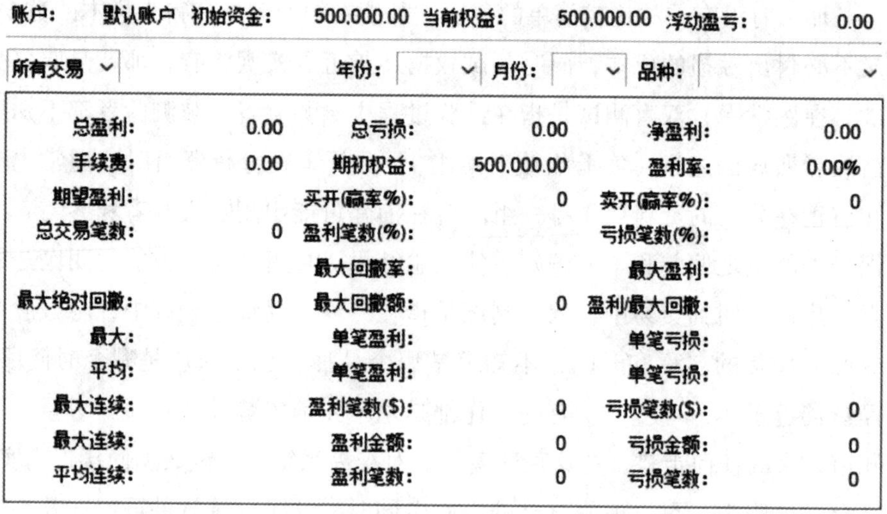

| 账户： | 默认账户 | 初始资金： | 500,000.00 | 当前权益： | 500,000.00 | 浮动盈亏： | 0.00 |
| --- | --- | --- | --- | --- | --- | --- | --- |

| 所有交易 ∨ | | | 年份： | ∨ | 月份： | ∨ | 品种： | ∨ |
| --- | --- | --- | --- | --- | --- | --- | --- | --- |

| 总盈利： | 0.00 | 总亏损： | 0.00 | 净盈利： | 0.00 |
| --- | --- | --- | --- | --- | --- |
| 手续费： | 0.00 | 期初权益： | 500,000.00 | 盈利率： | 0.00% |
| 期望盈利： | | 买开(赢率%)： | 0 | 卖开(赢率%)： | 0 |
| 总交易笔数 | 0 | 盈利笔数(%)： | | 亏损笔数(%)： | |
| | | 最大回撤率： | | 最大盈利： | |
| 最大绝对回撤： | 0 | 最大回撤额： | 0 | 盈利/最大回撤： | |
| 最大： | | 单笔盈利： | | 单笔亏损： | |
| 平均： | | 单笔盈利： | | 单笔亏损： | |
| 最大连续： | | 盈利笔数($)： | 0 | 亏损笔数($)： | 0 |
| 最大连续： | | 盈利金额： | 0 | 亏损金额： | 0 |
| 平均连续： | | 盈利笔数： | 0 | 亏损笔数： | 0 |

图 3-17 双盲测试的数据类型

## 5. 轻仓操作，给自己许多次的交易机会，解决前景理论的实验缺陷

根据美国普林斯顿大学心理学教授卡内曼和特沃斯基提出的"前景理论"，我们做一个实验：

A选项：100%会损失100万元；

B选项：51%的概率损失200万元，49%的概率损失0元。

因为只有一次选择机会，选择B选项的结果只能有亏200万元和0元两个结果，不可能有102万元的结果，所以这种期望值的意义显得比较小。因为只有一次选择机会，概率就失去了意义，一切变得不确定，但A选项是确定的，肯定会亏掉100万元，B选项还可能不亏损，而且概率并不低，就容易抱有侥幸心理，此时就容易选择B选项。

我们对实验进行修改，现在不再是1次选择机会，而是1万次的选择机会，选项如下：

A选项：100%会损失100元；

B选项：51%的概率损失200元，49%的概率损失0元。

有1万次的选择机会，此时你会选择A选项，还是选择B选项？

选择 A 选项，每次必然损失 100 元，那么 1 万次肯定损失 100 万元。

选择 B 选项，事件次数多，不可能每次都能蒙对"损失 0 元"，必然也有许多次遇到"损失 200 元"，概率会接近理论值，即"损失 0 元"的概率趋近 49%，"损失 200 元"的概率趋近 51%，此时没有任何的侥幸心理，至少不可能抱有"亏损 0 元"的侥幸，损失的资金会无限趋近 102 万元，可以认为选择 1 万次 B 选项会损失 102 万元。

在面对 1 万次的选择机会时，实际数值和理论值会非常接近，同时我们不会抱有侥幸心理，而是会理性分析，客观做出决策，大概率上选择 A 选项，而不是 B 选项。

回到交易中，根据概率论，事件发生的次数越多，则概率越接近理论值，如果我们留给自己许多次的交易机会，希望通过这么多次的交易，获得符合交易系统预期的利润，那么在面对是否需要止损时，我们深刻地知道"只有严格执行止损，盈利的结果才会趋近交易系统的理论数值，止损的概率也会趋近交易系统的理论数值，止损虽然会产生损失，也会经常产生无效止损，但放在长期看，却可以避免大亏，有效控制账户资金回撤，让我们熬到趋势行情的到来，每一两年都可以让我们获得满意的利润。"相反，如果不执行止损，或者有时止损、有时不止损，则最终的结果会和我们双盲测试的结果一样，必然大亏。那么在正面和反面的大样本数据前，面对未来许多次的交易，侥幸心理会比较少，我们的选择会比较理性，自然会愿意执行止损。

相反，如果我们总是希望马上暴富，嫌弃那么多次的交易太浪费时间，恨不得马上赚大钱，而且只有在重仓满仓且行情上涨的情况下，才能短时间内获取暴利，那么每次交易时，我们都会重仓满仓，希望通过短暂几次的交易，快速博取财富。由于准备的交易次数太少，类似于只给自己一次选择机会，此时交易系统的成功率、止损概率、无效止损率、盈利数值将会失去意义，交易实战中的各种数据指标充满随机性，与交易系统的期望值存在较大的差别，可能这几次交易如果不止损，每次都会爆仓，也可能如果不止损，每次都能扛回盈利，这便为我们的侥幸心理提供了空间。当重仓入场后，价格跌到了止损点位，此时重仓导致浮亏较大，内心便有了不愿止损的想法，同时为自己准备的交易次数太少，交易系统的数据指标和期望值无法体现出来，各种可能性都有，充满随机性，有可能不止损的话，浮亏可以扛回来，侥幸心理便支撑了不止损的想法，最终可能不执行止损。当然，有可能几次不止损，浮亏最后真扛回了盈利，但是必然会遇到扛不回来的时候，此时连本带利都将损失殆尽。

另外，如果重仓满仓，一旦遭遇震荡行情，连续止损四五次，总亏损会超过50%，此后很难再翻本，意味着只给了自己比较少的交易机会，选项次数少，则盈利数据与交易系统的期望值差别可能较大。所以应该轻仓操作，才能留给自己许多次的交易机会，盈利数据就会趋近交易系统的期望值，我们可以稳定盈利。

因此，我们需要降低盈利预期，对利润不抱有过大的奢望，同时降低仓位，股票不重仓，期货要轻仓，把眼光放长远，抱着"通过许多次的交易机会，获得交易系统中的利润"的想法，才能实现稳定盈利。

## 6.取消手动止损，让计算机自动执行止损

虽然上面讲述了许多有助于执行止损的方法和理念，不过当价格跌到止损点位，需要手动去执行止损的时候，此时或多或少存在一点犹豫、不忍，虽然大部分时候执行止损会比较坚决果断，但有时会拖拖拉拉，特别是出现极端行情时，价格瞬间跳水，短时间内下跌较大，等我们的眼睛看到，再去准备手动砍仓时，浮亏可能已经超出了我们的容忍底线，此时对止损的执行力便下降，等反弹再离场的观望心理便又涌现出来，止损容易拖拖拉拉，有可能酿成大亏。

人性弱点只能无限改善，但无法彻底根除，我们可以将止损的任务交给计算机，让计算机自动执行止损，毕竟计算机是冰冷的机器，毫无情感，没有人性的弱点。前面文章提到过自动执行止损，不仅可以省去盯盘时间，防止陷入短线交易的泥潭，而且对止损的执行力可以达到100%，砍仓变得干脆利落，毫无拖拉的可能性。具体来讲，入仓前，想好设定的止损位，入场后，马上在软件中设置止损点位，当价格跌到了止损位，软件会自动止损离场，省得砍仓的时候交易者有时存在手软的问题，此时对止损的执

行就变得容易了，止损不再是一件很难的事情。让计算机自动执行止损，这是一种最简单、最轻松、最快见效的方法，立竿见影，当然，期货软件有自动止损功能，大部分股票软件没有这个功能，对于股票而言，如果没有自动止损功能，那么可以在软件中设置一个止损价位的预警，当行情跌到止损价位，软件便自动报警，此时可以立即手动执行止损，提高止损的执行力。

对于大部分交易者而言，心态和修养都尚未达到一定的境界，对于止损的执行力总是比较差，无论如何劝诫自己，作用都不是很明显，不如直接将止损任务交给计算机，这样见效快。我在踏入投机市场中较长的时间内，止损有时会拖拖拉拉，总不忍心砍仓，但自从将止损交给计算机后，对我而言，止损已经是一件简单的事情了，而且几乎100%都会执行，除此之外，机器执行止损，让我完全从市场中解脱出来，不用盯盘了，交易变得轻松简单。

综上所述，首先需要建立能盈利的交易系统，这是前提条件，也是执行止损的意义所在；在设置止损点位时，要提高点位止损的有效性，将止损点位设置在震荡区间之外或关键位置，大幅减少无效的止损；避免在震荡行情中做交易，不能养成"不止损也能扛回来"的习惯；双盲测试获得大样本数据，证明止损优于不止损，严格止损优于拖拖拉拉的止损，让我们从内心深处承认止损的绝对优势，止损会变得坚决；降低盈利预期，不重仓操作，通过许多次的交易机会获得预期利润，解决前景理论的实验缺陷；最简单、最轻松、最快见效的方法是将止损任务交给计算机解决，才能杜绝人性的弱点。

无论你对某笔单子的确定性如何高，无论基本面的研究有多深，判断有多准，一定要执行止损，古今中外历史上，凡是倾家荡产的投机大家，都是因为没执行止损，一次足以致命。过去交易的成功容易让一个交易者过于自信，变得固执，基本面的判断容易导致人偏执，从而出现逆势不断加仓的行为，最终都会付出惨痛的代价。投机市场中，只要待上一日，都要如履薄冰，只要没离开投机市场，都不能盖棺论定，无论什么时候，都不能心怀侥幸，止损都是正确的，无效的止损也是正确的。

# 3.5 如何克服止损后的心理阴影

交易者普遍都知道止损的重要性和必要性，也告诫自己要执行止损，可是每次止损离场后，都会出现一笔损失，此时会感觉不舒服，痛苦难受，丧气垂头，特别当连续三四次止损后，资金回撤不少，此时会对交易产生憋屈、恐惧、绝望，丧失信心，可能摧毁意志，瓦解自信，让我们怀疑自己是否适合做交易，怀疑交易系统是否真能盈利，怀疑自己的资金是否被主力盯上了，怀疑一切，开始疑神疑鬼，神神道道，苦不堪言，内心产生了较大的心理阴影。在心理阴影的笼罩下，自己忘记了交易规则和交易系统，情绪成为主导交易的影响因素，导致交易中开始自乱阵脚。例如，该入仓的机会，因为害怕止损，心里发怵，不敢入仓；止损后，资金回撤较大，急于扳回损失，不顾没有符合交易系统的入仓机会，盲目冲动地入仓，导致更多的止损，深陷恶性循环，变成了赌徒；连续几笔止损后，发现如果不止损便能扛回来，于是不再执行止损，每次必扛单，酿成巨亏等。

出现一次止损，尚不会明显影响心情，最怕的是连续止损，回本渺茫，会产生心理阴影，这属于正常的心理反应，毕竟本金遭遇损失，怎么也高兴不起来，还不允许有一点痛苦？关键需要从中找到问题的根源，挖掘止损的原因是什么？是交易系统自身的问题，还是自己的心态有问题？该如何减少止损的次数？如何心平气和地接受止损的结果？不必自暴自弃，对症下药心理阴影自然慢慢化解，具体来看：

## 1.重新检验：交易系统是否能盈利？交易系统是否符合人性？

当止损对心理产生了阴影，进而导致乱操作，大部分交易者在总结经验教训的时候，总是从心态上寻找原因，然后希望获得化解心态恶化的方法，例如读《金刚经》《老子》，或修禅等。其实这种归因属于缘木求鱼，找不到问题的真实根源，也终究无法解决问题。

大部分交易者都无明确的交易规则，靠盘感、冲动去做交易，没有章法，自然容易频繁止损，想解决止损造成的心理阴影，是没有办法的，因为始终都会伴随频繁止损；部分交易者有交易系统，但并不知道是否能盈利，只是自己从别处拿来，或者自己硬组装起来的交易系统，没有检验过是否具备盈利的能力，那么应该用双盲测试的办法（前文详细介绍过双盲测试的方法），来检验该交易系统是否能盈利，如果不具备盈利的能力，我们即使面对止损如铁石心肠，那也没有意义，毕竟依然是亏损的结局。如果没有能盈利的交易系统，那么止损的根源不是心态，而是基本功，需要踏踏实实地去学习交易技能，形成自己的交易理念，构建能够盈利的交易系统。

如果有一套能盈利的交易系统，那么当遭遇连续止损后，信心受到打击，开始怀疑交易系统的盈利能力，我们需要再次双盲测试一下交易系统，严格根据交易系统进行止损，如果检验的结果是"交易系统可以稳定盈利"，那么此时我们会知道"只要执行止损，交易系统可以稳定盈利，止损仅是暂时的损失而已"，便增强了我们对交易系统的信心，减轻了对止损的担忧，看到了盈利的希望，心理阴影便能够大幅消除。

有了一套能盈利的交易系统之后，是否严格执行就可以了？交易者普遍认为，要严格执行交易系统，哪怕这个系统连续止损七八次，甚至十多次，也要坚持执行。如果我们是机器人，无血无肉无情感，哪怕连续止损二十次，我们也会严格执行，可我们会悲伤、懊悔、害怕、愤怒，有血有肉有感情，连续四五次以上的止损，我们不可能无动于衷。

因此，我们不能改变自己的人性去迎合交易系统，我们是人，必有人性的弱点，不能说"只有强迫自己做出非人的行为，才能盈利"，这说明交易系统本身有问题，需要改善，而不单纯是执行力的问题。我们应该让交易系统迎合人性的特点，建立一个符合人性的交易系统，在这种情况下，我们对于交易系统的执行才不用那么别扭、拧巴和抗拒。如果构建的交易系统，点位止损小，即便止损离场，损失也小，刚入仓就能很快脱离成本，持仓压力小，成功率高，止损一次，便能抓住大行情，那么我们还用费那么大力气才能执行吗？不会，这种交易系统是容易执行的，不需要钢铁一般意志的交易者，普通交易者就可以执行。相反，如果构建的交易系统，只有20%左右的成功率，经常需要连续多次止损后，才能抓住一次行情，那么能容易执行吗？很难，毕竟连续多次止损，很可能早已摧毁了自己的意志和自信，即便长期看这个交易系统能盈利，但不符合人性，容易造成情绪的失控、信心的丧失和人性的沦丧，进而导致中间过程的不执行，实战中便无法盈利。这说明该交易系统有很大的改善空间，应该去完善交易系统，对入仓信号增加过滤条件，提高系统的成功率，减少连续止损的次数，让交易系统符合人性，或者增设交易规则，限制连续止损的次数，当连续止损三次，需要休息两周左右，远离盘面，交易者经过了半个月的休息和心态调整，心理阴影早已经烟消云散，再次步入交易，人会变得冷静和理性。

我们必须承认，人性的弱点只能无限减少，但无法彻底根除，连续止损对心理的冲击比较大，我们最怕连续止损，当交易系统符合人性了，连续止损少了许多，对止损产生的心理阴影就会少许多。

## 2.检查：交易系统是否遇到了"盲区"

视线不能到达的区域叫做盲区，交易中的"盲区"指不适合交易系统的行情。例如震荡行情是趋势交易系统的"盲区"，趋势行情是震荡交易系统的"盲区"，当交易系统遇到了"盲区"，会连续不断止损、频繁止损，亏损较大。任何交易系统都有盲区，无论多么优秀的交易系统，都有不适合它的行情，因为行情千变万化，走势千种万样，而我们构建的交易系统不可能适应所有的行情走势，就连大部分的走势都不适应，只能适合少部分类型的走势，所以在大部分时间段，交易者不能做交易，而是观望和等待。

拥有了一套能盈利的交易系统后，当出现连续止损时，会怀疑交易系统是否不管用，自己的操作是否有问题，内心开始迷茫了，心理被亏损的阴影笼罩着，挥之不去，其实这个时候，交易系统很可能遇到了盲区，我们需要客观地检查系统是否遇到了盲区，当发现系统确实遇到了盲区，例如趋势交易系统遇到了震荡行情，说明前面止损不是交易系统的问题，也不是自己的操作有问题，而是行情自身的问题。找到了问题的根源后，也就不迷茫了，心情释然，此后要做的就是停止交易，旁观休息，等待趋势行情的到来，或者大幅提高入仓信号的有效性，既可以避免震荡行情中频繁交易和频繁止损的问题，也可以在趋势行情走出来后，第一时间抓住机会，前面文章详细讲解过这个方法，这里不多讲述。

### 3.接受和拥抱止损，将止损当作获得盈利的成本

我们有一点需要明白，无论多么完善交易系统，就算尽可能地避免盲区，必然会出现止损，也经常出现连续止损，世界上优秀的程序化交易系统，成功率也仅有40%左右，意味着还有50%多的单子是止损的。

当建立能盈利、符合人性的交易系统之后，止损和连续止损只能尽量减少，但不可能避免，那么我们就需要接纳止损，将止损当成做生意的本金，做生意哪有不需要成本投入的？止损不过是获得利润的成本，交易要想盈利，就需要投入成本，而这种成本就是止损，如果不能忍受止损，不想投入成本，那将无法获得利润。我们做过的单子，就像农民在田地里撒下的许多粒麦种，并不是每粒麦种都会拱出土壤发芽的，部分麦种会死在土壤中，部分麦种即使发芽，最后也会因为虫害、杂草等，无法结出麦穗，也就是说，农民当初撒下的麦种，只有一部分会结出麦穗，另一部分麦种结不出果实，但并不影响农民的收成，一粒麦种可以结出2~4个麦穗，一个麦穗大约有40粒麦子，平均一粒麦种长出100粒小麦，盈亏比为100∶1，即便当初有一半的麦种死亡，有一半的麦种长出麦穗，那农民的收获也是很大的，那些死掉的麦种可以忽略不计。止损掉的单子如同死掉的部分麦种，但还有一部分单子获得比较大的收益，扣掉止损，我们便可以获得稳定的利润。既然我们的交易系统已经被证明是完全可以盈利的，那么我们做的单子就是农民撒下的种子，事先并不知晓哪些种子会死亡，哪些种子最终会结果，但是我们知道必然有部分种子会死亡，这是无法避免的，只要我们坚持做单，部分单子必然会止损，剩余单子能够获得较大的利润，最终依然可以获得稳定利润。

止损是一个必要、正常的投入，是获得盈利的成本，是交易中必不可少的部分，不想止损，也将无法获得盈利。为了接纳和拥抱止损，我们可以做以下几点：

**（1）告诉自己：止损不是错误，而是获得盈利的成本。**

没有100%成功的交易系统，哪怕成功率为50%，就已经非常不错了，止损是必然发生的，当发生止损了，不必自责和内疚，不必有心理阴影，因为止损不等于犯错误，只有不遵守交易规则而产生的损失，才是错误，才叫

亏损，遵守交易规则而产生的损失，那是获得盈利的成本，只要继续坚持交易规则，这些成本终将带来丰厚的利润。在这种理念下，出现止损时，我们便会坦然处之。

**（2）下单前必须想好止损点位，将每笔损失控制在容忍底线。**

预期之内的损失不会给我们造成多大的心理压力，但超出预期或容忍底线的损失，会对我们的心理构成较大的冲击，让我们始终耿耿于怀，不断后悔，牵动着我们的神经，使心情无法放松。因此，每笔单子下单前，必须想好止损点位，只有提前想好了止损点位，才能计算这笔损失是否可以接受，如果不能接受，则坚决不能入仓，不能抱有侥幸心理，如果想入仓，那就需要降低仓位，损失必须控制在自己的预期之内。对于未在预料中的事情，我们往往会过度反应，而对于预料中的事情，不会过度反应，想好止损点位，计算好损失后，再下单，如果不幸止损离场，损失会在我们的预期之内，由于此前有了心理预期，预期之内的损失不会带来突发的悲伤和心理压力。

**（3）下单后，将这笔单子直接记为损失，不盯着浮盈。**

入了仓之后，当单子出现了浮盈，如果我们不断地盯着账户的浮盈，不自然地会将这些浮盈直接算入了已获得的利润，甚至畅想着这笔单子将带来更大的利润，内心窃喜，不禁美滋滋地想"这笔利润，我将买个苹果手机，或要旅游一趟，或给女朋友买个满意的礼物……等交易赚大钱了，要给自己买辆车，甚至买套房子"，在利润还没落入口袋的时候，就开始画各种各样的蓝图，描述美好生活。希望越大，失望也就越大，这些浮盈仅是暂时的，还没止盈离场，如果后面行情下跌了，触及了止损，浮盈变损失，如同黄粱一梦，梦想落空，美梦突然破灭，前后的心理落差太大，难以平息那种失落感，心态就容易失去平衡，心理阴影挥之不去。

相反，先把坏事想到前头，下单前计算好了这笔损失，下单后，将这笔潜在的损失直接计为损失。例如账户里有100万元，这笔单子的止损是3万元，下单后直接将账户的资金记为97万元，就当这笔潜在损失已经发生了，无论这笔单子浮盈多大，只要没止盈离场，利润没落入口袋，那么账户的资金就是97万元。如果后面单子止盈离场，盈利了，我们自然高兴，如果后面单子浮盈转浮亏，最后止损离场，我们也不会有明显的伤痛，因为本来已经把这笔损失计账了，账户资金依然是97万元，心理上并没有落差。

**（4）对自己的交易系统要了如指掌，当连续止损时，便不会恐慌。**

如果我们对自己的汽车了如指掌，那么当汽车在路上抛锚的时候，我们会知道哪个部件出了问题，也就知道该如何修理，一切都在掌控之中，内心便不会恐慌。

对于趋势交易系统，有40%左右的成功率已经不错了，止损属于正常的行为，当行情陷入无序震荡之中，由于样本分布上的不均，交易系统的成功率可能只有20%~30%，连续出现三笔亏损，也是有可能的。止损是交易系统内的必然损失，连续止损是必然会发生的，事先要有这种预期，知道什么情况下会止损，什么情况下会连续止损，当出现止损的情况后，能找到对应的原因，便能找到对应的解决方案，内心就不会恐慌。这需要交易者对交易系统了如指掌，平时要做许多的功课，例如统计，或双盲测试，或回顾交易记录，知道交易系统的成功率是多少，当陷入震荡行情之中，系统的成功率又是多少，最大连续止损次数是多少，最大回撤是多少，盈亏比是多少，每年平均盈利是多少，对这些数据了然在胸，那么当实盘中出现连续止损时，发现连续止损次数小于交易系统的最大连续止损次数，内心便不会自暴自弃，当资金回撤较大，但小于交易系统的最大回撤时，内心也不会懊恼，因为这些都在交易系统的正常范围之内，在我们的掌控之中。

# 3.6 止损后是否可以反手开仓

期货中，许多交易者都有这种想法：开仓后止损，说明方向做错了，意味着另一个方向就是对的，于是止损离场后，马上开反向的单子，反败为胜，获得利润。例如入了多单，止损离场，马上反手入空。一些期货软件有反手入仓的功能，轻松点击一下，原来的单子止损离场，自动反手入单。我在交易之初，曾经也这么想过，但一直没做过，不是因为当时我的理解有多深，而是因为刚止损了一次，害怕反向再止损，双脸被打，更让人心如刀割。

反手开仓的想法，听起来有道理，不过有一个前提条件，那就是行情不是上涨就是下跌，但行情不只有上涨和下跌两种状态，还有第三种状态，那就是震荡，而且大部分时间都属于震荡行情。因此，当入多止损后，行情不一定是要下跌的，还可能陷入震荡，即便是下跌，下跌也简单分为大跌和短暂调整两种，不同的下跌状态会形成不同的结果，分别来看：

## 1.震荡行情中止损，是否可以反向开单？

行情处于震荡之中，意味着价格在一个区间内上下无序波动，震荡行情中主要有两种操作手法，分别是抄底摸顶和追涨杀跌。

### （1）抄底摸顶。

当然，震荡行情中适合抄底摸顶的操作手法，在区间下边沿附近做多，在区间上边沿附近入空，不适合反手开单（见图3-18）。例如，在价格位于区间下边沿附近时，入了多单，结果价格继续下跌，扫了点位止损，如果马上反手入空，价格随之企稳上涨，容易追空在价格底部区域，又止损离场，左脸刚被打了一次，右脸又要再挨一巴掌，双脸被打。

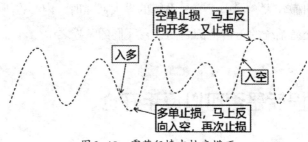

图3-18　震荡行情中抄底摸顶

### （2）追涨杀跌。

前文讲过，震荡行情中不适合追涨杀跌，当价格连续上涨，追涨买入，价格可能即将见顶下跌，导致多单止损，许多交易者就会问"单子即将见顶下跌，此时反手入空，不就可以抓住下跌空间，反败为胜了吗？"如图3-19所示，有这种想法的交易者，可能没经历过震荡行情的折磨，震荡行情不仅是在一个区间内上下波动，关键的是，价格的走势是无序、随机的，追涨买入后，价格可能见顶下跌，但不意味着反手入空后，价格就会下跌到区间的下边沿附近，让我们抓住一个下跌空间，价格可能只是短暂见了一个小顶，然后再继续上涨，继续打我们的止损，然后再步入下跌。

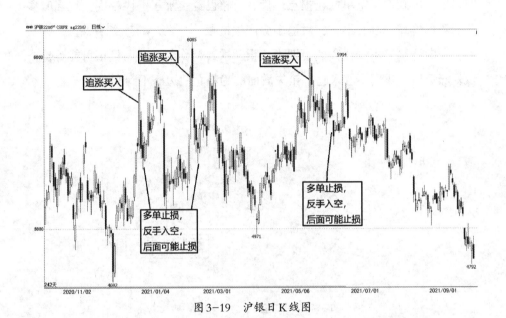

图 3-19　沪银日 K 线图

总之，在震荡行情中，价格的走势是无序和随机的，有千万种变化，无法预测下一步走势，容易扫到止损，无论怎么做，震荡行情都有100种方法打我们的止损位，同时，震荡行情的持续时间又比较长，约占2/3的时间，容易让我们连续多次止损，所以震荡行情不适合做单。

## 2.顺势交易中止损，是否意味着做错方向了？

顺势交易中，趋势行情并非一路上涨，中间经常会出现调整，特别是震荡式趋势，进三退二，反抽较大，行情来一个稍大的回撤，就可能会扫到止损点位，那么此时趋势转向了吗？如图3-20所示，如果趋势转向，由涨势转为跌势，当多单止损后，可以马上反手入空，抓住下跌趋势，反败为胜。不过趋势一旦形成，就很难改变，某次下跌很可能只是属于调整，扫到止损后，行情不久将企稳上涨，恢复涨势，如果此时多单止损，马上反手入空，那属于逆势操作，又将再止损一次，短期内止损两次，双脸被打，一方面，自信心受到打击，交易者开始有了心理阴影，胆怯害怕，当行情恢复涨势后，自己不敢追多；另一方面，刚入了空单，不能在价格企稳的第一时间接回多单，等到扫了空单的止损点位后，价格已经上涨了一段幅度，比当时多单的离场价高，心有不甘，对追多会产生抗拒。总之，顺势交易中止损，马上反方向开单，不仅让我们短期内止损两次，挫伤信心，而且很可能等价格恢复涨势后，我们不敢入仓，错失后面的趋势，两边赚不到利润。

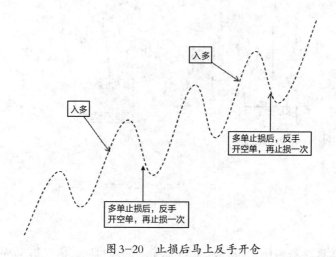

图 3-20　止损后马上反手开仓

　　由于行情走势的复杂性，无论如何设置止损，都会出现不少的无效止损，即刚打了止损点位后，行情很快又恢复趋势，所以单子止损离场，这并不意味着做单方向错了，很可能属于行情的正常回撤，不能马上反方向开单。

　　在止损离场后，单子被洗下车，价格快速上涨，入仓时机差，我们可能不敢追入，错失了趋势行情，于是一些交易者提出"能不能不提前设置点位止损，等发现趋势转向了，再止损离场，是否可行？"应该说，这个方法确实可以显著减少止损次数，避免被趋势甩下车，大幅提高做单的成功率，能够让我们有效地抓住趋势行情。不过事物都有两面性，这种方法所面对的风险也是极大的，由于许多时候价格的方向并不清晰，跌势的初期很容易被认为是涨势的调整，即便较大的下跌也容易被认为是涨势的调整，毕竟价格的调整幅度可以达到60%，我们一旦不幸遭遇行情转势，等意识到趋势已经转向，由涨势转为跌势的时候，价格肯定下跌较远的距离了，不仅浮盈没了，浮亏很可能已经非常大了，大到我们已经不忍心砍仓的地步，只能当鸵鸟，最终损失巨大，甚至爆仓，如图3-21所示。

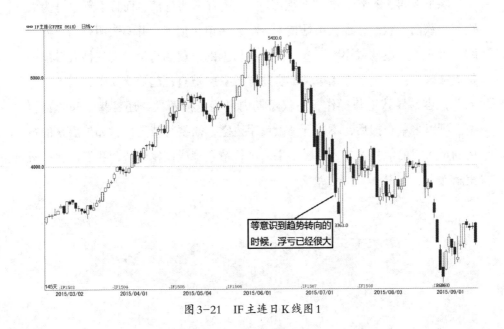

图3-21　IF主连日K线图1

当浮亏还比较小时，砍仓还是比较容易的，浮亏一旦超过了我们的容忍底线，止损离场就变得非常困难了，只能像鸵鸟一样，把头扎在沙子里，即便我们依然能咬牙砍仓，但亏损巨大，此前的利润被侵蚀掉，本金也折损较多，对自身的打击很大。因此，止损离场，并不意味着做单方向是错误的，止损的目的主要是为了控制资金回撤，或防止行情转势，离场后，等到后面价格企稳，或恢复趋势，我们仍然会择机入仓。

止损后，是否一定不能反向开单？交易者需要判断如果这个时候反向开仓，此时的入仓条件是否严格满足交易系统的入仓信号，如果满足入仓条件，自然能反向开单，不满足则不能反向开单。不过根据"严进宽出"的交易原则，入仓条件较为苛刻，离场条件会相对宽松一点，离场条件比入仓条件要宽松，所以当出现离场信号后，绝大部分情况下，都达不到能反向开仓的入仓条件，所以在实战中，止损后，通常不会反向开单。另外，从心态上，刚止损了一次，心理本身有阴影了，需要休息一下，调整心态，如果此时做反向的单子，很可能再遭遇止损，双脸被打，对内心的冲击比较大，情绪容易失控，所以不适合反向开单。

综上来讲，行情并非"非涨即跌"，还有震荡行情，而且下跌也分为大跌和小跌两种状态，那么根据技术分析，多单止损了，并不表明行情将要大跌，可能陷入震荡或小跌，入空是没有依据的。震荡行情中无论抄底摸顶还是追涨杀跌，马上反手入单，都容易导致双脸被打；趋势交易中，马上反向入单，容易导致逆势操作，不仅短期内可能止损两次，还容易错失趋势行情。所以多单止损后，不适合马上反手入空，需要等待行情，如果后来的行情满足入空的信号，才入空，如果后来行情企稳或恢复涨势，我们需要择机重新入多。

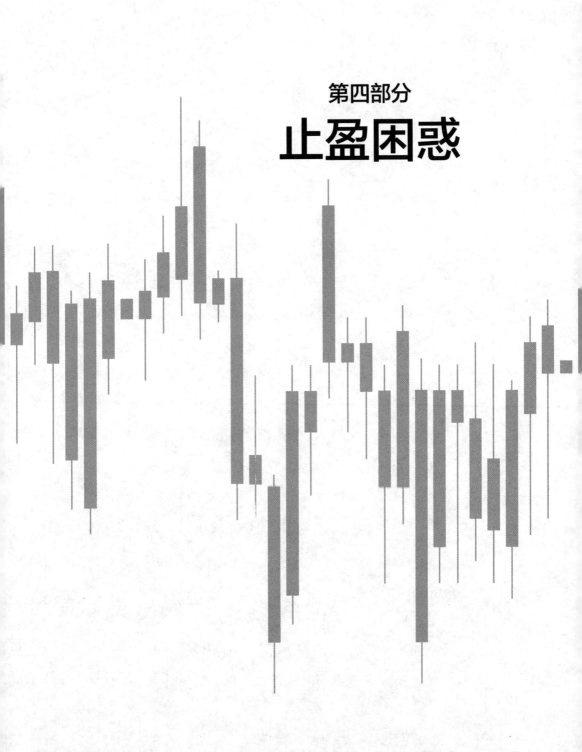

第四部分
# 止盈困惑

# 4.1　为什么会感觉止盈最为困难

　　交易者常说"会买的是徒弟，会卖的才是师傅"，说明"卖"要比"买"难许多，即止盈比较困难。当单子出现浮盈时，我们总表现出慌乱，在止盈和不止盈之间来回摇摆，不知所措，矛盾重重，一方面担心止盈后，行情又继续前进较远距离，让我们错失后面的利润，后悔过早止盈，如图4-1所示；另一方面如果不止盈，担心行情回撤，利润回吐，甚至浮盈转为浮亏，眼睁睁地看着利润消失，懊悔止盈过晚，要是早点止盈就好了，如图4-2所示。在实战中，无论我们怎么做，不是过早止盈，错失利润，就是止盈过晚，利润回撤，基本上没有哪次止盈让人满意。相比止盈，入仓比较简单，只要符合交易系统的入仓条件，便入仓，不符合则不入仓，矛盾和后悔要少许多。为什么我们感觉止盈会这么困难呢？有两大原因，分别来看。

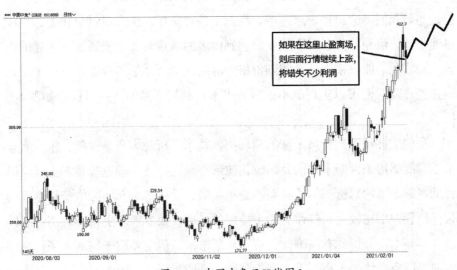

图4-1　中国中免日K线图2

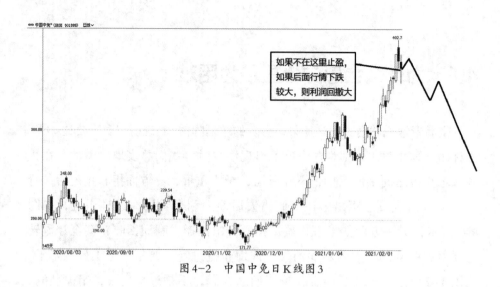

图 4-2 中国中免日 K 线图 3

## 1.只有在顶部附近止盈，才会没有遗憾，但我们又做不到

什么样的止盈，会让我们感到满意？上涨行情中入多，出现了浮盈，当止盈离场后，价格恰好开始见顶下跌，至少展开了比较大的下跌，让我们既没有错失一点利润，也没有让利润出现一丝回撤，所有的利润全部落入腰包，此时我们不会出现一点后悔，反而是各种庆幸，庆幸没过早止盈，也没过晚止盈，恰到好处，对本笔止盈感到由衷的满意。要想实现这种满意的止盈，除非我们能够精准地预测到价格上涨的顶部，然后等价格涨到这个位置时止盈，此时便可以实现既不少赚、也不让利润回撤的双重目标，如图 4-3 所示。

我们能够预测到价格上涨的顶部吗？技术分析的本质是跟随，很少有技术工具能够用来判断未来的目标位，像形态理论、波浪理论等技术工具可以协助判断未来的目标，但这种判断是很粗糙、模糊的，和实际中价格上涨的目标位置差别比较大，仅作为一个模糊的参考，根本谈不上精准预测顶底的意义。基本面分析具有前瞻性，可以判断未来，但主要用于判断未来价格的方向，以及行情的大小，无法准确判断未来的目标位，因为一方面，基本面自身难以判断未来价格目标，另一方面，影响行情的走势因素中，不只有基本面，还有正反馈、情绪、资金等非基本面因素。因此，我们不可能精确地

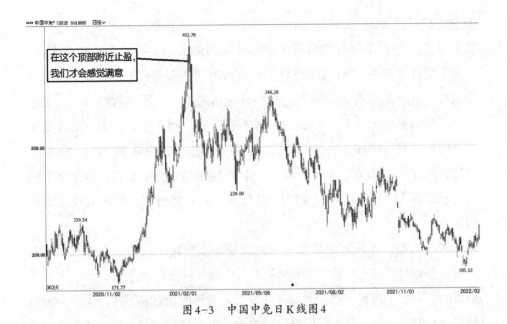

图4-3 中国中免日K线图4

判断价格未来的顶部，同理，也不能精确地判断出价格未来的底部。

不可能知道价格未来上涨的顶部，我们怎么可能恰好在顶部止盈呢？在一个较大的涨势中，持续时间较长，上涨幅度较大，在顶部停留的时间也就两三日，两三日占整个上涨时间段的比例很低，意味着我们恰好在顶部止盈的概率很低，不到5%，属于小概率事件。如果事后看，我们恰好在顶部止盈，获得了满意的止盈，那也只是小概率事件，纯属运气，恰巧而已，并非自身能力。因此，我们基本不可能在顶部止盈，可能偶尔一两次有好运气，除此之外，都不会恰好在顶部止盈，所以每次面对止盈时，内心总充满矛盾和纠结，不是过早止盈，就是过晚止盈，总是不满意，总是后悔。

## 2.盯着浮盈，时刻担心利润是否会减少，忍不住平仓的冲动

对于有交易系统的交易者而言，入仓为什么不像止盈那么难呢？假设软件持单列表除了浮动利润这一项之外，再多出一列，时刻浮现出"少赚利润额"，以前面的最低点为计算起点，我们尚没有入多，价格上涨了一段幅度，该项例如显示"少赚十万元"，又继续上涨了一段，该项显示"少赚二十万元"，再继续上涨，显示"少赚三十万元"，看到这些利润从眼前悄悄溜走，

少赚的利润越来越多，我们的内心能平静吗？是否会后悔不早点入仓呢？如果早点入仓，不符合交易系统的信号，可能遭遇止损，可是晚点入仓，又会少赚许多利润，"少赚利润额"的列表时刻提醒着我们，让我们面临两难选择。此时的选择，是否和止盈一样变得艰难了？可是软件持单列表里没有"少赚利润额"这一项，我们看不到自己少赚多少钱，而且并没决定是否要做这只股票或某一个期货商品，不会考虑是否少赚多少利润的问题。因此，对于入仓而言，交易者唯一面对的问题是"行情是否符合交易系统的入仓信号"，并不面对"少赚多少利润"的心灵折磨，让入仓变得简单和轻松。

相比入仓，止盈让交易者面对的问题，不仅是"行情是否符合交易系统的止盈信号"，还要面对"利润是否会少赚"的焦灼和不安，而后者才是最难的。当单子出现了浮动利润，我们就会时不时地盯一下账户，看看现在的浮动利润是多少，账户的资金涨到多少，看到这些数字，内心还会畅想着"用这些利润买什么车或房子之类"，无意识地会认为这些浮动利润已经是自己的囊中之物，财产权已经属于自己了，那么当看到浮动利润回撤，仿佛感觉到自己的财产正在被偷走，心理上就会特别不舒服，原本属于自己的东西，凭什么被别人夺走？现实生活中，我们可以大手笔地花钱，甚至挥霍，眼都不眨一下，但如果别人借了几百元，我们可能会记着，内心深处认为原本属于自己的东西，凭什么白白被别人占据？所以当行情调整一下，浮动利润显著减少，让我们倍感不安，心如刀割，有一种"黄粱一梦"的失落感和惆怅，钻心的疼。因此，当行情回撤的时候，我们便忍不住平仓止盈的冲动，及时落袋为安。如果止盈离场后，行情趋势快速恢复，单子被洗下车，此时我们又懊悔过早止盈，少赚了许多的利润；总结本次止盈教训后，在下一次单子出现浮盈时，我们忍住了平仓的冲动，继续等止盈信号，可事后来看，行情是小趋势，或者回调较大，不仅浮动利润没了，行情还触及了止损点位，最终亏损离场，让我们懊悔不早点止盈。总是在要止盈和继续持仓之间来回摇摆，每次止盈都不能令我们满意，不是过早止盈，就是过晚止盈，自然会感觉止盈真的很难。

由上面可知，之所以感到止盈困难，是因为我们面临的任务不仅是"行情是否和交易系统的止盈信号相匹配"，更要面对"不能让利润回撤，也不能错失后面利润"的不可能完成的任务和内心焦灼。当单子出现浮盈时，我们已经把这些浮动利润当成了落入腰包的盈利，甚至开始计算着如何花掉这些利润，同时也不想错过后面的行情和利润，想把整个上涨空间的利润全部吃掉，那只能是恰好止盈在涨势顶部，这样才可以实现"不过早止盈，也不过晚止盈"，将浮动利润全部纳入口袋。但我们的能力又不可能做到，谁都做不到，最终不是过早止盈，就是过晚止盈，不是浮动利润回撤，就是错失后面利润，每次事后看，都少赚了许多利润，让我们耿耿于怀。要解决止盈困难这个难题，就需要像对入仓一样，让我们的任务变成"行情是否符合交易系统的信号"，符合交易系统就止盈，不符合则继续持有，让止盈变得简单和轻松，为此我们需要：

**（1）不奢望在顶部止盈，接受止盈的不完美。**

止盈不能早，也不能晚，那只能恰好在顶部止盈，可是没有人知道顶部在哪里，只有神才能做到。为不可能做到的事情而伤心痛苦、懊悔不已，徒劳无益，除了徒增烦恼，还会影响到自己的操作，所以我们要放弃这种幻想。既然不知道顶部在哪里，那肯定不是过早止盈，就是过晚止盈，每次止盈都是不完美的，这才是正常的状态，当早了点止盈，或晚了点止盈，我们都不用后悔，每次止盈肯定都是有缺憾的。

**（2）不盯浮动利润，直到止盈离场前，浮动利润都不是利润。**

交易者普遍有这个毛病，每当行情波动一点，赶紧去看自己的账户赚了多少，或亏损了多少，甚至时刻都要盯着账户中利润的波动情况。面对止盈，之所以会焦虑不安，就是因为我们总爱盯着浮动利润，将这些浮盈当成了自己腰包里的钱，生怕这些利润减少，每次增加一点，窃喜不已，每次回撤一点，心会颤抖一下，情绪总是像行情一样波动不停。我在投机世界较长的一段时间内，也有喜欢看浮动利润变化的毛病，每次看到浮动利润变少，我经常会心跳加速，当浮动利润回撤比较大时，内心总会后悔，后悔不早点止盈，然后现在再接回单子多好，既可以不让浮动利润减少，还能以更低的价格接回单子，赚双份钱。

因此，为了杜绝浮动利润对我们情绪的影响，简单的方法就是不去盯浮动利润，也不去看账户的资金到多少了，便不知道浮动利润的多少和变化，省得无意识中去计算已经赚了多少利润，或者想想可以买多少东西了，眼不见心不烦。另外，在止盈离场前，这些浮动利润都不能计入自己的利润表。例如账户的资金原来是100万元，那么无论浮动利润是多少，我们的内心都记着，账户资金依然是100万元，如果未来行情回调较大，浮动利润变为0，我们的内心也不会有多大悲伤，毕竟记忆中的账户资金是100万元，现在还是100万元。

（3）根据交易系统止盈，交易系统能抓住的利润，才是我们的利润。

趋势交易系统的核心理念是"丢掉鱼头和鱼尾，只抓鱼身"，因为技术分析具有滞后性，当由跌势确认转为涨势的时候，行情必然已经上涨了一段幅度，由涨势确认转为跌势的时候，行情必然已经下跌了一段幅度，我们既不可能知道行情的底部，也不可能知道行情的顶部，只能抓住趋势行情中间的一大部分，这就决定了我们不可能不让利润回撤，尾部的利润是要吐掉的。因此，等到交易系统出现了止盈信号，浮动利润必然会回撤，甚至有时回撤会比较大，那么我们需要知道，减少的这部分利润根本不是我们交易系统的利润，也不是我们的利润，这是交易系统之外的利润，是我们能力圈之外的利润，与我们没任何的关系。把一切都交给交易规则，交易系统出现止盈信号，我们止盈，没有出现止盈信号，则不止盈，此时止盈就会像入仓一样变得简单和轻松，不会感到止盈困难。

# 4.2　拿不住盈利单的根本原因是什么

趋势交易的理念是"锁住亏损，让利润自由奔跑"，想让利润自由奔跑，必须牢牢地持有盈利单子，才能在一波大行情中从头拿到尾，赚一波大利润。不过常言"守单比守寡难"，可见持有盈利单的难度。在实战中，我们经常赚了一点，就赶快止盈，要不错失后面的行情，要不在一波大行情中间进进出出，把一波大行情做得支离破碎，仅赚了个皮毛。事后来看，如果当初入仓后，老老实实地在里面待着，一直持有盈利单子，赚的利润远比中间频繁进出要大许多倍，有时中间进进出出的结局还是亏损的。无论我们背诵了多少句座右铭："要坚定持有盈利的单子""要让利润奔跑"，可始终拿不住盈利的单子。例如，投资者基本上都碰到过大牛股，或者参与过期货大行情，但都未能拿住，仅赚了个零头。我在投资前十年的时间内，也总是犯这样的问题，明明知道提前止盈是不对的，可就是控制不住自己的手。那么我们拿不住盈利单的根本原因是什么呢？

## 1.大行情少，在大部分行情中，持有盈利单的结果是保本或止损

持有盈利单是每个交易者必须面对，又难以解决的问题，导致拿不住盈利单的原因有多个，例如害怕利润回撤、急于落袋为安等心态因素，不过这些都不是根本原因，根本原因是大行情太少，大部分趋势行情都是震荡式趋势或小趋势行情。假设趋势行情都呈现出走势流畅的特征，如图4-4所示，一路上涨，回撤小，不必担心利润回撤，每日看到浮动利润都在增大，而且也知道行情的上涨空间尚比较大，自然不想落袋为安，这种持有单子的感觉比较舒服，我们便会轻松地持有盈利的单子，等待利润像雪球一样往前滚，越滚越大。

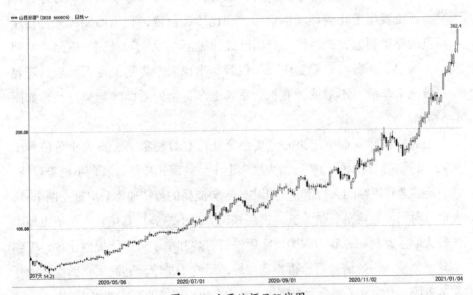

图4-4　山西汾酒日K线图

不过流畅的大行情比较少，只占10%左右，可遇不可求，前文讲过，大部分趋势行情都是震荡式趋势或小趋势，即便是一个大趋势行情，通常是在末尾部分呈现比较流畅的走势特征，前面大半部分呈现震荡式趋势的特征，反抽比较大，容易触及我们设定的初始止损或者保本止损。保本止损是指入仓之后，当价格上涨了一小段幅度，利润出现安全保护，此时将初始止损位向上移动，移动到入仓价位附近，仅比入仓价位高一点点，差价够交易费用就行，如果后面行情转势或展开大调整，可以确保这笔单子不亏损离场，风险为零，如果后面行情继续上涨，未能触及止损，则我们可以一直持有单子，等待着利润的不断增大，收益没有天花板，此时相当于用零成本来博大收益。当单子出现比较大的浮动利润后，此前设置了保本止损，我们想等待交易系统的止盈信号，可是很快价格展开较大的回撤，触及了保本止损位，则我们保本离场，这笔单子即不亏也没赚，等于没做；如果单子呈现的浮动利润尚比较小，达不到设置保本止损的条件，止损依然是初始止损位，则当行情展开调整时，价格触及了止损位，账户的浮动利润变成了亏损，最终我们亏损离场。

大部分趋势行情是震荡式趋势和小趋势行情，在小趋势行情中，价格运行空间小，便匆忙结束，所以容易出现保本离场或亏损离场，另外，等到交易系统发出了止盈离场的信号，相比顶部位置，行情回撤较大，相比在高点的浮动利润，此时浮动利润已经回撤至少2/3了，最多只有1/3的利润落入腰包；在震荡式趋势中，不仅容易出现保本离场或亏损离场，还容易在被洗下车后，不敢或没有机会重新上车，错失后面的趋势行情，如图4-5所示。

因此，虽然我们下定决心"要坚定地持有盈利单子，直到止盈信号出现"，可是我们遇到的趋势行情大概率上不是震荡式趋势，就是小趋势行情，较少能够遇到流畅的大行情，一年中，走势流畅的行情通常只出现一两个月，大部分时间不是震荡行情，就是震荡式趋势或小趋势，意味着当单子出现了比较大的浮动利润，我们因为要牢固地持有盈利单子，不能提前止盈，等到交易系统发出止盈信号后，再止盈离场，最终不是浮动利润大幅回撤，就是保本离场，有些单子还会亏损离场，经常会出现连续四五次的保本离场。

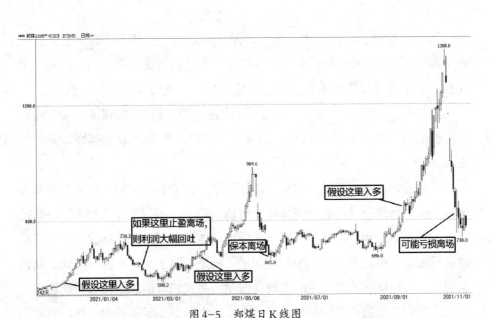

图 4-5　郑煤日K线图

## 2.连续数月，持有盈利单的结果是"一场空"，如果及时止盈，反而可能获利

一年中有五六个月的时间，我们经常会重演这种"竹篮打水一场空"的尴尬窘境，账户资金迟迟不增多，即便有利润，利润也比较微小。事后来看，如果在浮动利润比较大的时候，每笔单子都能够及时止盈，那么这些利润累积起来，也是一个不小的数字，可以抵得上抓住一波中型趋势所赚的利润，但因为要持有盈利单子，不能主动离场，必须等待止盈信号，结果不是保本离场，就是亏损离场，此时你是否会怀疑"持有盈利单"的正确性呢？在这五六个月的漫长时间内，前后两种方法的盈利结果差距较大，我们一次次被打脸，事实摆在眼前，不得不怀疑持有盈利单的意义，逐步对持有盈利单的理念失去了信心。

如果我们对顺势交易面临的常见问题认识不深刻的话，几个月内连续多笔的利润大幅回撤，或保本止损，或亏损离场，让我们得出教训"账户亏损或没有盈利，是因为没有及时止盈所致"，足以颠覆我们好不容易建立"坚定持有盈利单"的决心，所以下次在面对有比较诱人的浮动利润时，我们便会控制不住自己的内心，无意中会想"前面多次的行情都不顺畅，让我到手的利润鸡飞蛋打，竹篮打水一场空，保不准这次的行情也不顺畅，还是先止盈再说。"我们太需要一次满意的盈利，让我们对交易产生信心，控制不住自己的手，选择落袋为安，主动止盈。当然，我们有可能几次都做对了，止盈离场后，行情回调较大，确实让我们锁住了利润，尝到了甜头，内心世界便会自我强化，沾沾自喜，形成了"有浮动利润，及时落袋为安"的理念。

悄悄地，一次大行情不知何时何地到来，但我们事先并不知晓是否是大行情，依然会按照及时止盈来处理，行情上涨中，出现了浮动利润，我们选择止盈离场，希望等待后面价格下跌调整，能以更低的价格接回单子，可是这次行情没有出现我们预期中的大回撤，而是一路上涨，即便有回调，回调也很小，短暂休整几日，继续上攻，前期震荡式趋势的思维已经固化在内心深处，我们害怕追进去后，行情马上来一个大回撤，亏损较大，所以我们期待着行情能来一个大调整，接我们"上车"。于是价格越上涨，我们越不敢追，越不敢追，价格越涨，不知不觉，这波大行情就与我们无缘了，眼睁睁地错过了这次赚大钱的机会。当经历了大行情后，我们会再次下定决心"要坚定地持有盈利单，才能从头吃到尾，赚大钱"，可大行情过后，就是连绵不断的震荡、震荡式趋势或小趋势行情，继续重演前面所讲的"保本离场"，步入下一个循环，不断重复上演。

我们总是在持有盈利单和及时止盈之间来回摇摆，如何解决这个难题呢？行情的走势特征是我们无法改变的，大行情永远是少数，我们只能调整自己的方法和理念，以适应行情自身的情况，让我们的内心对止盈行为感到融洽和舒服，此时持单才会变得轻松简单。其实，并不是说"坚定地持有盈利单"一定就是正确的理念，也不是说"及时止盈离场"一定就是错误的行为，各有适合的行情类型，大行情适合"持有盈利单"的策略，属于趋势理念，震荡式趋势或小趋势适合"及时止盈"的策略，属于波段思维。不过事先我们并不知道这波行情是大行情，还是小行情或震荡行情，无法提前采取对应的止盈策略，依然要遵守交易的前后一致性，制定一个前后一致的适合自己的交易规则，那么我们就需要对自己的操作有一个明确的定位，是做趋势，还是做波段？

（1）选择波段操作。

波段思维的核心理念是积少成多，每次赚的利润不多，但累积起来也是不少的利润。如果你忍受不住那么多次的利润回吐，忍受不了那么长时间的无效交易，那你可能适合做波段交易。当单子出现浮动利润，需要主动止盈，落袋为安，防止利润回吐。由于绝大部分行情都是震荡、震荡式趋势或小趋势行情，所以波段交易的操作方法可以让我们经常性地尝到甜头，获得利润，不必忍受那么长时间的煎熬和无奈。当然，我们这里说的波段操作，是指顺势的波段操作，不做逆势的波段交易。例如行情处于涨势中，我们只考虑入多，出现了浮动利润，主动止盈离场，不入空，不去抓行情的调整，因为一方面，行情的调整幅度有限，利润空间小，另一方面，逆势入空的成功率低，稍不注意，行情迅速恢复涨势，让空单被深套。虽然我们强调主动止盈，但是波段操作的止盈离场不是随心所欲的，不是想何时止盈，就可以何时离场，那样又会陷入主观化交易和短线交易的泥潭之中。波段操作的止盈方法是有明确的止盈规则。例如到达压力位，止盈离场，或者上涨了多少幅度，止盈离场，必须把规则确定下来，才能把人性弱点束缚在牢笼中。

由上文可知，主动止盈容易让我们错失后面的趋势行情，当准备做波段交易后，要做好丢失趋势行情或大行情的准备，而且必然会错失大行情，这是波段操作的代价，如图4-6所示，鱼和熊掌不可兼得，有了这个心理准备，当做波段导致丢失行情后，我们也不会自责和懊悔，便不会轻易放弃建立起来的波段交易系统和波段思维，会坚持执行。

（2）选择趋势交易。

趋势思维的理念是"三年不开张，开张吃三年"，放弃许多次的小利润，一年只需要赚一次大利润，就可以实现一年的收益目标。如果你能忍受多次的利润回吐、保本离场或亏损离场，可以连续几个月内不见盈利，那么你可以做趋势。不过对小利润视而不见，忍受多次的小利润化为乌有，甚至变为亏损，对内心的折磨比较大，要想忍受住小利润的不断诱惑，需要我们对自己的交易系统有足够的信任，需要尝到做趋势交易的甜头，需要较长时间的修身养性，在这样的情况下，当遭遇"连续十几次的利润回吐和止损"后，我们才会面不改色，坦然处之，依然坚定地持有盈利的单子，期待以多次的

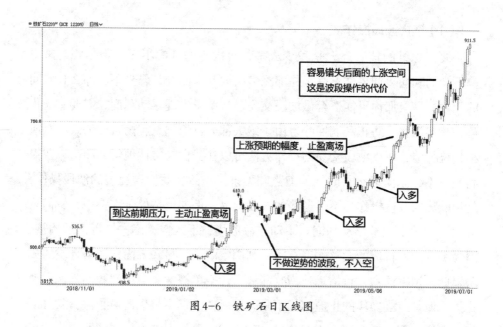

图 4-6　铁矿石日 K 线图

小利润换回一次大利润，而不至于疑神疑鬼，耿耿于怀，进而导致修改交易规则，因为我们知道，这是做趋势的代价。

整体上讲，相比波段交易，顺势交易不仅可以获得更多的利润，而且有助于控制自己的情绪，因为顺势交易是将一切操作行为都交给交易系统，交易者通常不用经过大脑思考或进行反复揣摩，这样可以避免自己的情绪波动，把人性锁在牢笼里。

**（3）兼顾波段和趋势，做减仓式的趋势交易。**

对于大部分交易者而言，由于对自己的交易系统缺乏足够的信任，甚至连交易规则都没有，对于波段和趋势的理解比较浅显，交易境界和修养还不够高，但又想做趋势，想要持有盈利单抓住大行情，那么适合做减仓式的趋势交易，兼顾了波段和趋交易的两种思维。具体来讲，当出现浮动利润时，不像波段操作那样全部止盈离场，也不像趋势操作那样全部持有，而是主动止盈一半的仓位，用剩余的一半仓位去博趋势，如果后面价格下跌调整了，我们还能以更低的价格接回前面止盈离场的单子，如果后面价格没调整，而是一路上涨，那也没关系，毕竟还有一半的仓位让我们不断获得趋势的利润；如果后面行情转势或展开大调整，触及了点位止损，账户里剩余的仓位被迫亏损离场，但前面已经止盈了一半仓位，锁住了部分利润，最终我们还可以获得微小的利润，不至于亏损，如图4-7所示。

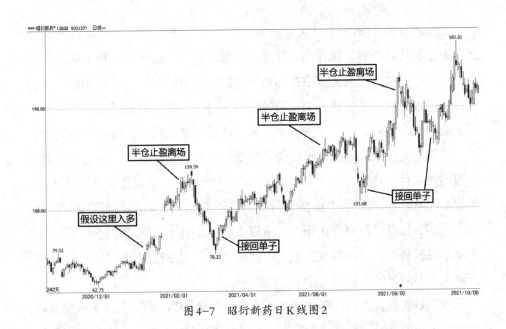

图4-7　昭衍新药日K线图2

那减仓式的趋势交易会不会是"四不像"，导致波段操作和顺势交易都做不好？不会，相反，这种方法非常有助于持有盈利单，让"持有盈利单"变成一件不难的事情，因为当出现了浮动止盈，减了一半仓位，锁住部分利润，此后无论行情是上涨还是下跌，我们的内心都不会恐慌，如果后面行情下跌，我们会想到"能以更低的价格接回前面刚止盈的单子"，内心会窃喜，反而不担心利润回吐，便不着急离场；如果行情没下跌，继续上攻，我们还有一半仓位，不会因为怕错失行情而急于追单，同时只剩下一半仓位，仓位已经较轻了，害怕错失利润，不会轻易选择离场。整体上看，做减仓式的趋势交易，反而有助于持有盈利的单子，同时有助于保持良好的情绪，避免乱操作。我对基本面把握不大的行情，通常采取减仓式的趋势交易，整体上让我感到轻松。我曾经在一些交易者身上做过试验，发现当他们选择减仓式的趋势交易之后，反而能做好趋势，能拿住盈利单子了，交易质量得到大幅改善，心态也好了许多，可见这个方法不失为一种折中但又很有效的交易方法。

# 4.3　如何才能拿住盈利单

　　交易者面临的第一个难关是止损关，第二个难关是止盈关，许多交易者认为止损是最难的，我在刚入交易的一段时间内，也认为止损是最难过的一关，不过后来按照前文所讲的那些严格执行止损的方法，特别是将止损交给计算机程序后，止损这一关比较容易就通过了。原以为止损关都过了，止盈关能够轻松应对，可真当解决了止损问题后，却发现止盈问题长期解决不了，就像前文所说，不是过早止盈，就是过晚止盈，止盈后，不是浮动利润大幅回撤或保本离场，就是浮动利润变成浮动亏损，总之很有满意的止盈，每次总是在后悔和迷茫中徘徊，导致自己在相当长的时间内都拿不住盈利单。许多交易者尚没通过止损关，所以不知道止盈关的难度有多大，不知道想要拿住盈利单，有多难，应该说，解决盈利单拿住的问题，所花费的时间是解决止损问题的五倍以上。

　　我们每次都告诉自己要拿住盈利单子，可等到实战中，当单子出现浮盈，总是急于止盈离场，甚至想着等下一次再拿住盈利单子吧，这次先落袋为安，结果错失了牛股或商品期货的大行情，最后捶胸顿足。不管交易者发了多少誓言，等下一次出现浮盈的时候，还是会选择落袋为安。这是为何呢？

## 1.技术分析的缺陷，某一笔交易中，及时止盈和继续持有，谈不上哪个策略更优

　　当持仓出现浮动利润时，是及时止盈好，还是继续持有好？这取决于行情未来的走势，如果行情的上涨空间没有走完，仍然会继续上涨，当然继续持有盈利单；如果行情的剩余空间已经很小，自然选择止盈离场。我们能否提前知道行情的未来空间呢？这取决于我们的判断依据和能力圈：

　　第一，如果我们的判断依据是基本面，基本面具有前瞻性，根据供需关系或上市公司业绩，理论上讲，可以大致判断出行情未来的空间大小，至少可以估计上涨空间是否有可能走完；同时，我们还需要具备基本面的能力圈，拥有完善的基本面数据信息和严密的逻辑推导能力，以及长期利用基本

面进行投资的经验。这两点都满足，我们或许能够判断出行情的未来空间，从而做出正确的决策，如果认为价格的上涨空间还比较大，则继续持有，如果认为已经没有上涨空间了，则选择止盈离场。不过具有这种基本面能力的投资者是凤毛麟角，对于个人交易者而言，基本上没有这个能力，即便对于机构投资者而言，也只有少数具备这种能力。

第二，如果我们的判断依据是技术分析，技术分析不具有前瞻性，只能跟随，所以无论我们的技术水平有多高，都不可能判断出未来空间的大小。当然，许多交易者会反驳可以用技术分析判断价格的未来，前文讲过，基于技术分析的判断和主观臆测一样，与其说是靠技术分析去预测未来，不如说是你的主观猜测，缺乏强有力的支撑和严密的逻辑，受主观情绪的影响比较大。对技术分析"一瓶子不满，半瓶子晃荡"的交易者预测未来，必然掉入情绪化和主观化交易的陷阱，因为技术分析不具有预测的逻辑。既然技术分析不能预测未来，也就无法判断出行情未来的空间大小，不知道价格是否还有上涨空间，于是对某一笔盈利单子，不可能做出正确的决策，不知道是应该止盈离场，还是应该继续持有。

因此，当一笔单子出现浮动盈利时，是持有还是止盈？对于具有基本面能力圈的交易者来说，方法就比较简单了，用基本面来判断行情剩余的空间大小，然后做出正确的决策；对基于技术分析的交易者而言，无法做出正确的决策。由于大部分交易者都是基于技术分析进行交易，当面对一笔浮盈单子时，并不知道哪个策略更优。

## 2. 根据阿莱悖论，我们害怕失去，会选择确定的小收益

阿莱悖论（Allais Paradox）是有关决策论的悖论，由法国经济学家、诺贝尔经济学奖获得者莫里斯·阿莱斯在1952年提出，证明预期效用理论，以及预期效用理论根据的理性选择公理，本身存在逻辑不一致的问题。1952年，阿莱斯做了一个著名实验，设计了一个对100人进行测试的赌局，有两个选项：

A选项：100%的概率得到100万元；

B选项：10%的概率得到500万元，89%的概率得到100万元，1%的概

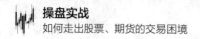

率什么也得不到。

A和B，你会选择哪个选项？

实验结果是：绝大多数人选择A选项，而不是B选项。因为B的选项虽然有可能获得500万元，但也可能什么都得不到，但是A选项的100万元，是我们肯定能获得的，我们害怕失去，所以会选择A选项。

但是，根据概率论，A选项的期望值显著小于B选项的期望值：

A选项的期望值=100×100%=100（万元）；

B选项的期望值=10%×500＋89%×100＋1%×0=139（万元）。

根据期望值的计算结果，B选项比A选项多获得39%的收益率，差距还是很显著的，作为理性人，我们应该选择B选项，而不是A选项，但实际中我们会选择A选项，这就是阿莱斯的第一个悖论。本质上就是"确定效应"，它是由获得诺贝尔奖的行为经济学家丹尼尔·卡纳曼提出的，用来解释阿莱悖论，他说的是：当人们面对确定的小收益与不确定的大收益时，一般都会选择确定的小收益。换句话说，当人们处于收益状态时，大多数人都是风险厌恶者。

回到交易中，当持仓浮盈为100万元时，如果及时止盈，100%的概率我们可以得到100万元。如果继续持有，遇到大行情的话，我们可以得到500万元，如果遇到的是震荡行情或震荡式趋势，我们最终可能保本离场，什么也得不到，如图4-8所示。及时止盈虽然有可能丢失500万元，如图4-9所示，但这是不确定的，能确定的是，此时止盈离场，可以获利100万元，但继续持有盈利单的结果是不确定的，在这种情况下，我们容易选择确定性的收益，即选择及时止盈，放弃持单。

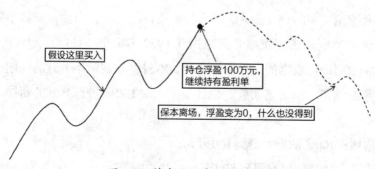

图4-8　持有盈利单的可能结果

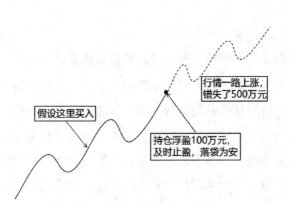

图4-9 及时止盈的可能结果

### 3.持有盈利单，什么也得不到的概率远大于1%

根据前文知道，大行情很少，只占到10%左右，我们有10%的概率获得500万元，大部分行情是震荡、震荡式趋势或小趋势，不止盈离场，大概率利润不是大幅回撤，就是保本或止损离场，意味着我们失去100万元的概率不只有1%，而是远大于1%，能达到30%之上。根据阿莱悖论的实验，哪怕只有1%的概率失去100万元，10%的概率获得500万元，89%的概率获得100万元，大部分人会选择A选项，回到交易中，我们失去100万元的概率高达30%之上，获得500万元的概率也是10%左右，我们更容易选择确定的收益，即及时止盈，落袋为安，用一个词形容就是"见好就收"，用一句话打比方就是"二鸟在林，不如一鸟在手"，所以即便"继续持有"的期望值高于"落袋为安"，大部分交易者依然拿不住盈利单子，这是交易的决策悖论。

上面谈论的是面对某一笔具体交易，当出现浮盈时，我们确实不知道对于该笔交易的最优策略是止盈，还是继续持有，不过我们面临的交易不只有一次，会有许多次，如果不具体到某一笔交易，而是放在上百笔的交易上，那么从长期看，面临这么多笔交易，止盈和持有两种策略，哪种策略能让我们获得最大盈利？根据概率论，某几笔交易中，持有单子的盈利结果充满随机性，或许不如及时止盈，但从长期的许多笔交易来看，随机性会变成确定性，如果持仓可以让我们获得更多的利润，优于及时止盈，我们自然选择"继续持有"，而不是及时止盈。所以如果想要拿住盈利单，克服落袋为安的原始本能，我们需要做到下面几点：

**（1）建立能盈利的趋势交易系统，持有盈利单才有意义。**

做短线或波段，单子持有时间不需要那么长，及时止盈，落袋为安；只有做趋势才需要持有较长时间的盈利单子，让利润自由奔跑，我们所说的拿住盈利单，也是针对趋势操作。持有盈利单的意义是什么呢？是为了获得最大利润，至少能够盈利，如果长期来看，持有盈利单不仅没带来大利润，反而不断亏损，那持有盈利单有什么意义呢，还不如及时止盈，说不定还能盈利。因此，首先我们需要建立一个能盈利的趋势交易系统，这是前提条件，没有这个条件，也就没有必要讨论如何持有盈利单。

**（2）解决阿莱悖论实验的缺陷，给予许多次的选择机会。**

对于广大的技术分析交易者而言，如果他们想拿住盈利单，想赚大钱，该如何做到呢？这需要从阿莱悖论的实验缺陷说起，实验只给参与者一次选择机会。阿莱悖论的实验选项：

A选项：100%的概率得到100万元；

B选项：10%的概率得到500万元，89%的概率得到100万元，1%的概率什么也得不到。

虽然B选项的期望值是139万元，但因为只有一次选择机会，B选项的结果只能是500万元、100万元和0三个结果，不可能有139万元的结果。根据概率论，只有事件发生的次数足够多时，某个选项出现的频率才会接近理论上的概率。例如扔硬币，理论上讲，出现正面和反面的概率都是50%，但是如果让你扔一次硬币，请问，落在地上的硬币是正面，还是反面？不知道，只知道不是正面，就是反面，如果是正面，那正面的概率就变成100%了，没有50%正面和50%反面的说法。如果让你扔5次或10次硬币，出现正面的频率不一定是50%，可能是20%，也可能是70%，随机性比较大，只有扔硬币的次数足够多时，超过100次，此时出现正面或反面的概率接近50%。

同理，阿莱悖论实验只给你一次选择机会，事件太少，期望值就失去了意义，"什么也得不到"的概率就不一定是1%，随机性比较强，如果选了B选项，果然是"什么也得不到"，事件发生，则此时"什么也得不到"的概率不是1%，而是100%。只有一次选择的机会，导致事件随机性变强，一切变得不确定，期望值失去参考，而 A 选项是确定的，我们自然选择 A 选项，这符合情理。

针对实验缺陷，我们对阿莱斯的实验进行修改，现在不再是 1 次选择机会，而是 1 万次的选择机会，选项如下：

选项 A：100% 的概率得到 100 元；

选项 B：10% 的概率得到 500 元，89% 的概率得到 100 元，1% 的概率什么也得不到。

有 1 万次的选择机会，此时你是选择 A 选项，还是选择 B 选项？选择 A 选项，每次都获得 100 元，那么 1 万次肯定能获得 100 万元。选择 B 选项，事件发生的次数足够多，500 元、100 元和 0 出现的频率就很接近 10%、89% 和 1%，那么最终我们获得的资金就趋近 139 万元，至少不可能每次都是"什么也得不到"，大部分会有 100 元和 500 元，最后即便达不到 139 万元，大概率上也会超过 100 万元，我们内心会有底气。因此，当有了 1 万次的选择机会后，参与者很可能选择 B 选项，而不是 A 选项。

**（3）用大样本数据证明：持有盈利单的获利远大于及时止盈。**

有了 1 万次的选择机会，我们选择 B 选项"继续持有"，是因为 B 选项的期望值显著高于 A 选项，实际中大概率 B 选项的收益会显著大于 A 选项，这是选 B 选项的前提条件。如果 B 选项的期望值小于 A 选项，自然选 A"落袋为安"，而不是 B"继续持有"。

为什么要持有盈利单，而不是及时止盈？因为持有盈利单，才可以做好趋势，进而可以获得更大的利润，如果持有盈利单，没有及时止盈获利更大，那么持有盈利单有何意义呢？还不如选择及时止盈。做趋势的思想是"让利润像野马一样，在广阔的草原上自由奔跑"，获得大利润，理论上讲，长期来看，趋势交易的盈利应该大于短线和波段的利润。但你建立的趋势交易系统，持有盈利单的利润是否大于及时止盈呢？不一定，至少你没做过盈利数据的对比，并不能确信持有盈利单就一定优于及时止盈，所以当单子出现浮动利润时，压根没信心持有盈利单，加上阿莱悖论，自然会止盈离场，拿不住盈利单。

因此，我们需要获得持有盈利单和及时止盈两种方法下的盈利数据，如果通过实战来获得这两种数据，意味着我们需要做好可能会亏损许多的准备，成本过大，而且需要长达几年的数据才有说服力，时间投入过大，所以我们选择通过双盲测试的方法（前文讲过），来获取大样本数据。分成两组测试，一组是采用持有盈利单的方法，直到出现交易系统的止盈信号，才离场，另一组是采用及时止盈的离场方法，按照波段操作来做，不等到交易系统的止盈信号出现。最终对比两种止盈方法下的盈利金额，以及成功率、最大回撤、资金曲线等其他数据，如果持有盈利单的盈利金额显著大于及时止盈，自然说明持有盈利单是正确的，持有盈利单才具有意义。当然，如果双盲测试的结果显示，及时止盈的盈利金额显著大于持有盈利单，那么说明你的交易系统不适合持有盈利单，也就没必要非得持有单子，及时止盈是最优策略，还符合阿莱悖论，内心不抗拒，执行力比较强。经过大量的测试来看，持有盈利单的趋势操作获得的利润，比及时止盈下的波段操作获得的利润，至少多出50%，有些测试样本可以多出几倍，差距还是比较大的，说明持有盈利单是最优策略。数据摆在眼前，令我们不得不信，当持仓出现浮盈，我们内心明白持有盈利单可以获取更大的利润，长期来看，持有盈利单是最优策略，我们就会有底气选择继续持有，而不是落袋为安。

**（4）眼光放长远，仓位不能重，留给自己多次的交易机会。**

根据概率论，事件发生的次数越多，各方面数据越接近交易系统的理论值。当给自己许多次的交易机会时，持有盈利单的获利一定会显著大于及时止盈，但是如果事件发生的次数比较少，只有几次，那么各方面数据与交易系统的理论值可能差距就比较大，会出现随机性的结果，持有盈利单的获利未必会大于及时止盈，甚至在这几次之中，持有盈利单反而导致利润大幅回撤、保本，或者亏损离场。

如果我们的眼光看得不长远，想靠几笔交易，就获得暴富，每次都重仓下单，要"一战定乾坤"，那么我们准备留给自己的交易次数比较少，市场留给我们的交易机会也不会多，一方面，阿莱悖论的缺陷再现，期望值不起作用，在"确定效应"下，交易者自然选择"及时止盈，落袋为安"，拿不住盈利单；另一方面，如果遭遇震荡行情，连续止损四五次，则累计损失很大，例如损失达到或超过40%，想要翻本就比较难，更加重了赌博心态，导致鼠目寸光，想通过几笔交易翻本，更不会持有盈利单。因此，我们的眼光要放得长远一些，要有"百战夺天下"的长远壮志，不指望靠几笔交易就能获得大利润，而是希望通过几十次、上百次的交易，获得交易系统应该赚的利润。同时，尽量轻仓，只有每次仓位都不大，市场才会留给我们许多次的交易机会，那么此时每笔单子出现浮盈时，期望值再现，才会做出理性的选择，不选择"落袋为安"，在交易系统尚未出现离场信号之前，坚定地持有盈利单。

综上所述，根据阿莱悖论，我们天生就排斥"持有盈利单"，天然倾向"及时止盈"，为了解决阿莱悖论的问题，我们修改实验，给出1万次的选择机会，则结果会不同，很可能会选择"持有盈利单"。回到交易中，我们想要拿住盈利单，首先，必须建立起一个能盈利的趋势交易系统；其次，通过双盲测试，用大样本数据证明持有盈利单可以获得更大的利润，我们的交易系统适合"持有盈利单"；最后，不重仓去赌，每次都是普通仓位，把眼光放长远，希望通过许多次的交易机会，获得交易系统应该赚的利润。满足这三点，持有盈利单才有意义，面对浮盈时，我们也才能做出正确的选择。另外，像前文所讲，在趋势思维没有达到较高修养之前，建立减仓式的趋势交易，有助于持有盈利单。

# 4.4  面对利润回撤如何才能不痛苦

建立起能盈利的趋势交易系统之后，虽然我们明明知道"持有盈利单"是正确的操作，可看到利润回撤，心情总是焦灼不安，伴随利润进一步回撤，痛苦加剧，如刀割一般，不经意想"这次先止盈吧，等下一次再拿住盈利单"，于是止盈离场。事后来看，行情涨幅较大，而提前离场，导致白白错过了这次大行情，懊悔不已。之后总结经验教训，一定要拿住盈利单，可是面对利润回撤，总是很揪心，感觉痛苦，内心别扭，终究拿不住单子。

看到利润回撤，我们为什么会感觉痛苦呢？前文讲过，一方面，我们无意中将浮动利润当成了已落入口袋里的钱，如果浮盈减少了，就好像钱包里的钱被别人偷走了，白白丢了这么多钱，自然会感到难受，这种心态重的话，就会产生痛苦。另一方面，行情自身的原因，大部分行情都是震荡、震荡式趋势或小趋势，连续几次，行情该怎么来，又怎么回去，浮动盈利要不回撤较大，所剩无几，要不保本或亏损离场，经历几次"竹篮打水一场空"，自己备感痛苦，那么再次出现浮动盈利时，我们便对未来的行情失去信心，当浮盈减少时，刺激了痛苦的神经，联想到前几次的无功操作，担心历史重演，于是直接止盈离场。

顺势交易的理念是"让利润自由奔跑"，只有能拿住盈利单，才能跟随行情一起前行，行情走得越远，自己赚的利润才越多。事后来看，如果一波大行情，单子一直持有不动，拿到行情转势，我们都能获得惊人的利润，可是如果拿不住单子，如图4-10所示，中间总是进进出出，抢进抢出，玩抢帽子游戏，最终不仅像个搬运工一样累死累活，利润也少得可怜，甚至还可能出现亏损。

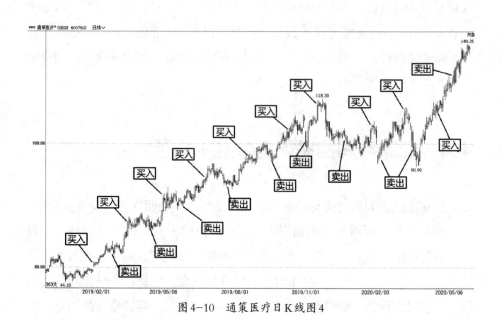

图4-10　通策医疗日K线图4

其实拿住盈利单，不仅能获得更多的利润，还可以大幅减少做单次数和止损次数，让账户资金稳步上涨，同时盈利变得简单和轻松，即所谓的"躺赢"。当出现浮动利润，如果拿不住单，一有风吹草动，就止盈离场，此时账户便没有了单子，看到其他股票或商品期货的价格噌噌地上涨，感觉白白错失利润，我们的内心会异常痛苦，焦灼不安，于是控制不住手痒，不顾是否满足入仓条件和入仓时机，冲动性地入仓，必然是亏多盈少，导致资金曲线下滑。相反，拿住盈利单，账户中便有仓位，无论哪只股票或商品期货上涨，心不慌，不着急，笑看风云，比较淡定，不会着急去入别的单子，而是边享受资金的增长，边耐心等待下一个信号，不放松入仓的门槛，此时做单频率比较低，甚至一个月可能都不开一单，但成功率比较高，资金曲线呈现稳步上升的状态。

因此，无论从哪个角度来看，我们都应该拿住盈利单，根据阿莱悖论，拿住盈利单是一种逆人性的行为，想要解决这个人性弱点，我们需要克服内心痛苦，面对浮盈回撤时，淡然处之，有助于轻松持单。需要做下面几项：

## 1.对交易系统了如指掌，知道浮盈连续回吐多少次后，便能抓到大行情

由于流畅的大行情比较少，我们必然会遭遇连续多次的"竹篮打水一场空"，如果对自己的交易系统不够了解，对交易系统的各个秉性缺乏认知，甚至都不知道这个交易系统到底是否可以盈利，那么当浮动利润连续几次大幅回撤，利润荡然无存，我们便会对自己的交易系统失去信心，不愿意执行交易系统的止盈信号，没有底气，有了浮盈就想离场。另外，如果对自己的交易系统缺乏信任，那么当行情回撤较大时，就会怀疑当初的入仓是否正确，浮盈可能会变成浮亏，容易急于平仓。

因此，我们需要对自己的交易系统有足够的了解，通过双盲测试或统计的方式，获得大样本数据，来确认这个交易系统是否可以盈利，还需要获取交易系统的成功率、最大回撤、最多连续亏损次数、盈亏比等重要数据，对该交易系统的各种数据和秉性了如指掌。当充分了解自己的交易系统之后，我们就会对交易系统产生由衷的信任，明白只要执行该交易系统的信号，包括止盈信号，至少能稳定盈利，同时在实战中，当浮动利润连续四五次大幅回撤或保本，我们也不会害怕、担心，因为交易系统的数据显示出，最多连

续回撤五六次，便可以抓到大行情，那么当单子再次出现浮盈时，感觉马上要抓到大行情了，我们便不会离场，即便浮盈减少，内心也不会痛苦，耐心等待着大行情的到来，毕竟好不容易熬过来了，先前的煎熬不能白费，要坚定地持有盈利单，抓住大行情。

许多交易者的交易系统不是自己构建起来的，是从别人手中直接拿来的，那么更应该进行双盲测试或统计，必须经过自己的检验，否则这个交易系统连是否能盈利都不确定，更不要说对它产生信任，只有自己检验过的交易系统和得出的数据才是可信的，才能说服自己的内心。即便别人告诉你这个交易系统可以盈利，同时告诉了该交易系统的各种数据，但那是别人得出的结论，就一定正确吗？是否有前提条件？例如，他人可能只在牛市中统计了这个交易系统，那么结果肯定可以盈利，但是在震荡行情中表现如何？最终是否可以盈利？或者只统计了两三只股票的数据，这三只股票碰巧都属于牛股，那么交易系统在其他股票中的表现如何？品种分布不具有代表性，样品少，不能说明该交易系统具备盈利能力。这种交易系统都不一定能盈利，谈论持单便没有意义，另外，没有经过自己的检验，没有带上我们的体温，对我们而言，交易系统只是冷冰冰的指令，没有和我们产生感情，没有与我们的内心产生某种默契，我们对该交易系统不会产生信任，连是否盈利都不确定，更不要说连续四五次保本离场后，还能信任交易系统、坚定持单了。

## 2.把浮盈当成获得更大利润的成本

前文提到"如果出现浮动盈利，止盈离场"，问题是浮动盈利的范围太大了，在哪个时间点止盈？前文提到过实验，假设浮动盈利达到100万元，是否应该选择止盈离场，其实对于资金不多的投资者而言，当浮动盈利真达到100万元，及时止盈也是一个很不错的选择。在实战中，如果拿不住盈利单，很可能等不到浮盈100万元，在浮盈10万元、20万元就止盈了，甚至在浮盈1万元、2万元就止盈了，毕竟我们并不能提前知道浮盈是否能到达100万元。如图4-11所示，对于顺势操作而言，拿住盈利单，在价格最顶部时，浮动利润为200万元，等到止盈信号出现，丢掉鱼尾，浮动利润可能已经变成160万元，减少了40万元，此时止盈离场，赚了160万元，这160万元是交易系统应该赚的利润，是明确和清晰的利润，稳稳妥妥，没有什么不确定的。但是及时止盈下的利润是严重不确定的，既然拿不住盈利单，想及时止盈，那么随时随地都有止盈的想法和可能，从1万元到100万元之间，都可能止盈离场，受主观情绪的影响比较大，可能在浮盈为10万元时，心理疾病就开始发作了，会猜测行情会不会见顶，怕利润回撤，矛盾之中，迫不及待地离场，最终可能在10万~20万元就止盈了，等不到100万元，更不可能拿到160万~200万元，如图4-12所示。

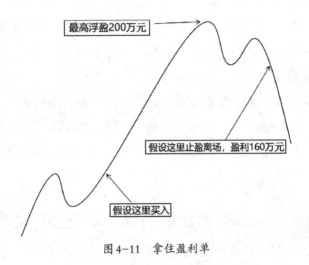

图4-11　拿住盈利单

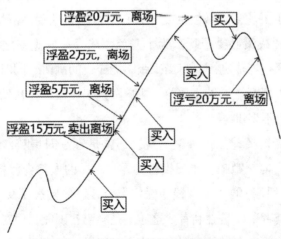

图4-12　及时止盈下的不确定性

因此，相比及时止盈，持有盈利单有绝对的优势，不仅能获得更多的利润，而且省心省力，不用焦心，不必费尽脑力想何时止盈，一切交给交易系统。持有盈利单子，虽然会面临连续几次的浮动利润变为0，却可以在一次交易赚到160万元的利润，如果不能忍受浮盈回吐，那可能每次只赚10多万元，累积几次也只是赚到50万~60万元，远低于160万元。前文讲过，止损是获得利润的成本，没有止损，我们就无法获得未来的利润，同理，浮动利润是获取更大利润的成本，舍不得孩子套不住狼，舍得浮动利润，才能获取大行情的利润，如果不舍得浮动利润，总想及时止盈，相当于不愿意付出成本，也就无法获得大利润。当面对浮盈时，如果及时止盈，就等于自行掐断了行情带来的盈利，让利润不能自由奔跑，此时要告诉自己，我们要付出成本，这些浮盈是成本，时刻准备着付出，更不会计入利润，如果离场时还剩点利润，那是好于预期，值得高兴，如果一点不剩，相当于成本全部支出，理应如此，符合预期，没什么可痛苦的。把浮盈当成本后，看到利润回撤，至少还没变为0，内心便不会焦躁不安，不会感到痛苦，持有盈利单不再是一件艰难的事情了。

### 3.不把浮盈当利润，抱着大不了本笔单子白做的心态

前文讲过，每当行情波动一点，交易者赶紧去看看自己的账户赚了多少，把浮动利润当成了自己腰包里的钱，生怕这些利润减少，情绪被浮盈牵着鼻子走。过于关注浮盈数字的变化，心中常挂念盈亏，情绪就容易失控，心态容易失衡，决策必受干扰。为了避免深陷浮盈的虚幻之中，直到离场前，都不能把浮盈当成利润，只当一张不能充饥的画饼，同时不盯浮盈和账户资金，也不需要盯盘，没止盈前，账户资金仍然被计作初始资金。前文讲得比较细，本篇不多讲。

我们交易者需要建立一种交易观，那就是不亏即是赚，许多人不理解这句话，不亏为何是赚呢？想想投机世界，80%的人都会亏损，期货更惨，95%的人都会亏损，能够不亏钱，保住本金，已经跑赢了90%的人，已经属于优秀的投资者了，是胜利者，这还不是赚吗？因此，面对浮盈，我们要抱着大不了本笔单子白做的心态，无论如何回撤，都已经做好了保本离场的

最坏打算，最差的情况下，浮动利润变为0，保本离场，但没亏损，保住了本金，已经属于成功的操作了，而且还赚到了经验，也就是说，最差的情况都会赚，我们还痛苦什么？没有什么痛苦的，有了大不了本笔单子白做的心态，面对着浮动利润的波动，我们会任凭风浪起，稳坐钓鱼台，持有盈利单变得轻松和简单。

综上所述，想要轻松地持有盈利单，需要克服面对利润回吐的痛苦心情，首先，需要了解自己交易系统的各种秉性，例如浮盈连续回吐几次，便可抓住大行情，对交易系统产生足够的信任，这是拿住盈利单的底气；其次，把浮盈当成获取更大利润的成本，随时准备付出，浮动利润连续几次变为0，相当于我们支付了成本，将来才能换取大利润，内心便少了许多的抵触；最后，不把浮盈当成利润，不盯着浮盈，不盯盘，每笔单子都抱着大不了本笔单子白做的心态，把预期降到最低，那么当浮动利润回吐或变为0，我们也会轻松坦然面对，不会痛苦，持有盈利单也变得容易。另外，由于我们无法知晓行情的顶部在哪里，顺势交易的思维是丢掉鱼头和鱼尾，吃鱼身，意味着我们必然会错失鱼尾，即等到离场信号出现，浮动利润必然会减少，不可能有完美的止盈，不完美才是真实的交易世界。总之，弱水三千，只取两瓢，喝掉一瓢，倒掉一瓢，要有这种胸怀。

前面讲过，我经历了漫长的时间，才解决了拿不住盈利单的问题，自然在较长的时间内都会面临利润回吐时的痛苦折磨。早期没有双盲测试这种能够测试交易系统的工具，我是靠着长期在实战中的摸爬滚打，总结出的数据和经验，当尝到一次次大趋势的甜头后，对自己产生了足够的激励，逐步才能轻松地持有盈利单。不过当面对浮盈回撤时，如果说一点痛苦没有，那也不是真的，有时会有一点不舒服，但远达不到想改变止盈方法的程度，每次我总是告诉自己大不了这笔单子白干，抱着这样的心态，就没有那么痛苦。我也经常告诉其他交易者，试着拿住盈利单，大不了这笔单子白干，试几次，等抓到趋势行情，获得利润之后，就会发现持有盈利单也没有那么难。

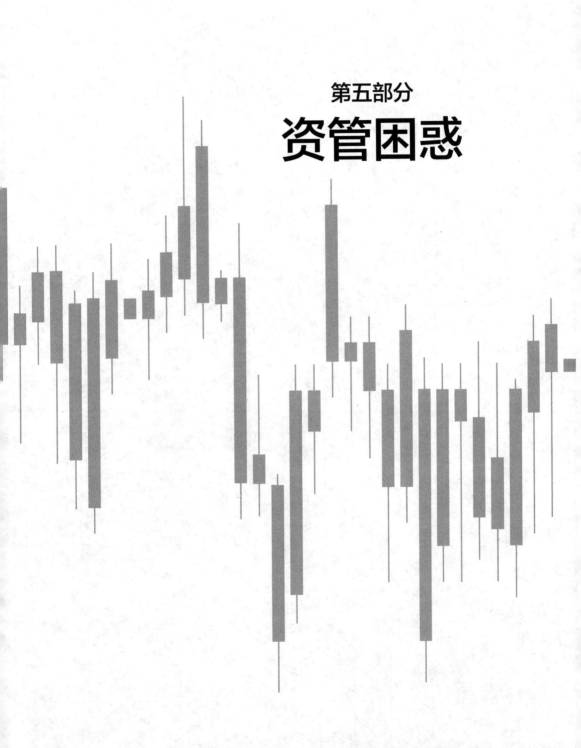

第五部分
# 资管困惑

# 5.1 为什么不能重仓

逆势、不止损和重仓是交易的三大忌。由于抄底摸顶的思想根深蒂固，加上趋势方向经常不清晰，逆势的问题并不容易改；面对损失时，人变成风险偏好者，不愿意承认损失，不止损的问题也不容易改。相比前两者，仓位大小是在入仓时确立，入仓前并不面临浮盈或浮亏的压力和心灵折磨，对人性的考验是最少的，所以理论上讲，重仓的毛病容易解决，只要想轻仓就可以轻仓。可现实中，我接触过太多的交易者，当他们重仓遭遇重挫时，才一遍遍地告诉自己不能再重仓了，明明知道不能重仓，一旦回到实战中，就控制不住自己的手，继续重仓入场。重仓似乎是我们的"本性"，虽然可以通过自控，进行压制，但错了疼三秒，对了爽一天，瘾来了又继续犯，只能管一时，无法持续长久。

交易者为什么喜欢重仓呢？整体上看，是贪婪，担心错过大好机会，如果轻仓了，又恰逢大行情，没有充分抓住每一个铜板，感觉吃了大亏，所以每次都认为大行情要来了，每次都是重仓满仓。从生物学的角度看，人类的快乐程度取决于脑部多巴胺的分泌程度，多巴胺是一种神经传导物质，它传递兴奋及开心的信息，可以让人产生快乐和迷恋。科学家研究指出，在享受美食等愉快的活动时，人的人脑就会分泌大量的多巴胺，一般的赞美鼓励可导致多巴胺分泌30%，美食达到70%，高潮达到200%，毒品可以让多巴胺分泌超过500%，甚至达到1000%，凡是体会过毒品的人，没有人拒绝得了再次尝试的诱惑，这就是毒品的可怕之处，所以千万不要开这个坏头。但毒品不是唯一"最高层次"的快乐，赌博不但能与之媲美，甚至可能超过毒品，赌注不断提高，多巴胺的分泌也随之增加，很轻易就突破500%、1000%，甚至可能更高，实验最高数据达到1200%。在一定程度上讲，投资也类似赌博，能让人的多巴胺不断分泌，让人产生快感，这就是交易让人上瘾的生理原因，也导致交易者对其他事情提不起兴趣。在期货、外汇和数字货币的杠杆投机中，重仓操作，相当于在赌博之上又加了杠杆，可以让多巴胺的分泌超过1000%，让人欲罢不能。

一旦开始重仓，为何此后难以戒掉？刚踏入交易市场的交易新手，没有经历过市场的洗礼，还没有体会到市场的风险，把交易想象得过分简单，甚至都不知道还有重仓和轻仓之分，内心渴望赚钱，本质上还是贪婪，刚上手就容易重仓入场。刚开始，重仓可能让我们尝到了甜头，踩对了行情，账户资金在短期内暴涨，赚到了超出预期的利润，体会到了巨大的快感，就不习惯轻仓带来的缓慢增长。当然，运气不可能一直好，很快行情将改变走势特征，重仓必然导致大亏，短期内伤筋断骨，大亏之下，此后如果不重仓的话，很难在短时间内赚回本金，需要很长的时间，通过多笔的交易才可能回本，时间比较漫长，直至回本前，心理上将会一直处于痛苦之中，为了及早解放痛苦的心灵，让自己露出笑容，就需要继续重仓。大亏后，本金变得比较小，因此，要想短期内赚回本金，就需要更大的仓位，至少要维持原来的仓位，于是向账户中追加新的资金，如果没有了现金，就会四处筹钱，或者抵押房子、套现信用卡、借钱等高风险融资，扩大资金规模，继续重仓，甚至希望一笔交易就能捞回本金，结果越亏越大，造成倾家荡产甚至危及生命的悲伤案例，这种悲剧在交易市场中一直都层出不穷，屡见不鲜。面对风险，人性倾向于冒险，重仓感觉又爽又刺激，可以实现以小博大，尤其亏损之后做重仓交易，感觉不仅能够赚回本金，还能赚到更多的钱，这种感觉实在很美妙，也很符合人性。从生物学角度看，因为刚开始重仓，交易者已经习惯了较大量级的多巴胺，刺激定期"服用"，已经上瘾了，如果换成轻仓，多巴胺的分泌达不到此前的数量，刺激感便下降许多，顿生不快感，所以内心抵触降仓，只有依然继续重仓，才能满足自己的刺激感。

我刚进入交易市场时，确实没有重仓和轻仓的概念，特别是刚做期货时，做的是日内短线，损失容易控制住，胆大到每次都是重仓满仓，股票没杠杆，隔夜持仓也是重仓满仓，在当时而言并没感觉有什么不适，并认为是天经地义，从未思考过仓位对投资结果的影响，相反，潜意识中认为只有重仓才能赚更多钱。不过随着交易理念和趋势系统的成熟，我才逐步体会到仓位对盈利结果的影响是蛮大的，重仓之下难以获得稳定盈利，容易出现腰斩，而且不易回本。许多交易者之所以体会不到仓位的重要性，是因为还没过盈利这一关，还没形成自己的交易理念和交易体系，无论重仓还是轻仓，反正都是亏损，只有具备了盈利的能力之后，仓位的重要性才能露出水面。

本节讲述的是在我们具备稳定盈利的交易体系之后，为什么不能够重仓？在讲这个问题之前，我们需要先讲解强行平仓、爆仓和穿仓的概念，股票没有杠杆，不会面临强平和爆仓的问题，不过对于私募基金而言，通常都有清盘线，当净值下跌30%，该基金会被清盘，寿命结束。对于期货、外汇和数字货币而言，这些投机市场都有杠杆，期货的杠杆为8~12倍，外汇的杠杆为100~400倍，数字货币的杠杆为10~100倍，容易面临强平和爆仓的问题。什么是杠杆？阿基米德最早提出了杠杆原理，用比较小的力气就可以撬起一个很重的东西。在投资领域，杠杆是用一个小本金就可以撬动价值数倍于本金的投资标的，可以放大收益或亏损。例如用1万元本金可以买卖价值10万元的商品，杠杆就是十倍，当商品价格上涨10%，此时商品价值11万元，赚了1万元，利润翻倍，当商品价格下跌10%，此时商品价值9万元，亏1万元，本金亏完，相当于爆仓，被洗出本次游戏，1万元就是保证金，所以有杠杆的交易也叫保证金交易。

期货、外汇和数字货币都是有杠杆的投机市场，本篇以期货为例，期货账户中的资金分为两部分，一部分为保证金占用部分，剩余部分为可用资金，亏钱先亏的是可用资金部分，当可用资金为负数时，期货公司会联系交易者追加保证金，如果未在指定的时间内补足保证金，则期货公司有权力对仓位强制执行平仓，不过仅这种状况，期货公司通常不会强平。不同期货公司的强平线不太一致，每个账户的风险度=持仓保证金/客户权益×100%，通常当风险度大于120%后，期货公司才会强行平仓，也就是说当客户权益小于80%的持仓保证金时，期货公司才会强平。仓位被期货公司强平后，通常不会亏光，账户里还会剩余一些本金，如果在极端情况下，遇到开盘跌停，期货公司没法及时强平，此时有可能亏光，账户剩余资金为0，这就是爆仓；如果遇到连续跌停，则还可能倒欠期货公司，需要过后再补给期货公司一些钱，这就是穿仓。为了减少风险，交易所有三板强平的规则，如果价格连续三个涨停板或连续三个跌停板，认输的一方一定能够跟赚钱最多的一方匹配平仓，不至于倒欠太多。

为了方便大家对强平有一个直观、形象的了解，我们举个例子，假设账户里有7000元，某期货合约的现价为一吨5000元，一手10吨，保证金为10%，则买一手需要的保证金为：

合约价值 × 手数 × 10% = 5000元。

一手的手续费在10元左右，比较小，暂不考虑手续费，交易者在5000元买了一手多单，此时账户的客户权益为7000元，其中保证金为5000元，可用资金为2000元，仓位为70%左右，属于重仓，我们常说的重仓是70%~90%的仓位。当价格下跌5%，相关的数据如下：

合约价格 = 5000 × （1-5%） = 4750（元）；

持仓亏损 = （5000 - 4750） × 10 = 2500（元）；

持仓占用保证金 = 4750 × 10 × 10% = 4750（元）；

客户权益 = 7000 - 2500 = 4500（元）；

可用资金 = 客户权益 - 持仓占用保证金 = 4500 - 4750 = -250（元）；

客户权益 = 4500 > 持仓占用保证金 × 80% = 4750 × 80% = 3800（元）。

可用资金已经为负，意味着价格下跌接近5%的时候，期货公司就会联系你追加保证金，不过风险度还不够高，客户权益仍然大于80%的持仓保证金，期货公司尚不会执行强平。

假设价格继续下跌，又下跌了2%，加上前面的5%跌幅，总共下跌了7%，各项数据如下：

合约价格 = 5000 × （1-7%） = 4650（元）；

持仓亏损 = （5000 - 4650） × 10 = 3500（元）；

持仓占用保证金 = 4650 × 10 × 10% = 4650（元）；

客户权益 = 7000 - 3500 = 3500（元）；

可用资金 = 客户权益 - 持仓占用保证金 = 3500 - 4650 = -1150（元）；

客户权益 = 3500 < 持仓占用保证金 × 80% = 4650 × 80% = 3720（元）。

此时不仅可用资金为负，客户权益已经小于80%的持仓保证金，风险度高于120%，那么这个时候期货公司便直接执行强平。期货公司执行强平后，账户资金并没有亏完，还剩余3500元，亏损50%。

如果遇到极端行情，遭遇连续跌停，期货公司来不及在下跌7%的时候强平，最终在价格总共下跌14%的时候强平，账户亏损7000元，强平后，账户剩余仓位为0，这是爆仓。如果价格继续下跌，总跌幅超过14%，此时客户会倒欠期货公司钱，这叫穿仓。

简单总结，如果按照70%的仓位入仓，当价格下跌5%时，期货公司通知客户补交保证金，如果没有追加保证金，当价格下跌7%的时候，期货公司执行强平指令，当价格下跌14%的时候，账户爆仓，再继续下跌就会穿仓。意味着70%的仓位，只能承受最大7%的下跌幅度，超过7%，则仓位会被期货公司强平，如果80%以上的仓位，只能承受最大5%的下跌幅度。

在有杠杆的投机市场中，为什么不能重仓呢？因为容易在做对方向时，依然亏损惨重，分别来看：

## 1. 重仓抄底，容易倒在黎明前夕

如果根据基本面或其他工具，判断价格到了底部附近，于是用70%的仓位入场，账户最多只能承受7%的下跌幅度。如图5-1所示，即使行情到了底部附近，通常也需要有一个筑底的过程，反反复复，上上下下，加上盘中的毛刺，盘中最大跌幅很容易达到7%，最终被期货公司强平，亏损50%左右。事后看，这里确实是行情的底部附近，虽然猜对了底部，却依然亏损惨重。何况行情的底部很难猜对，行情不仅受基本面的影响，还会受资金面、情绪面的影响，在跌势末尾，行情可能先来一个暴跌，最终的底部价格显著低于基本面所预测的价格，仓位不仅很可能被强平掉，甚至极端情况下，账户还可能爆仓。因此，对于投机市场而言，不能重仓抄底，如果基本面把握比较大的话，可以轻仓抄底，不能用杠杆。

对于股票而言，如果场内融资做股票，杠杆比较低，只有1~2倍的杠杆，能够承受股价较大的下跌幅度，不过融资是有利息成本的，一年的利息约是24%，而且融资机构是有权力强平客户的仓位。抄底买入后，行情经过漫长的时间，可能才会逐渐步入上涨之势，那么在前期筑底或下跌的时间内，我们不仅备受煎熬，还要忍受年化24%的资金成本，时间不再是我们的朋友，反而变成了我们的敌人，每年盈利必须在24%之上，才有收益，我们便会急于寻找机会，无法耐心地持有股票，熬不到黎明的到来。

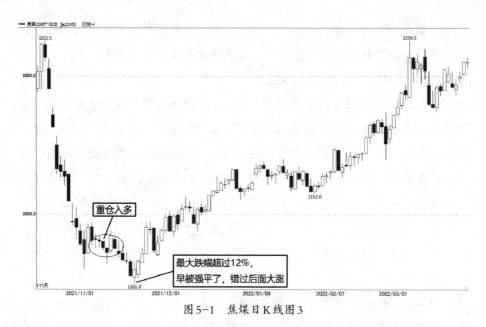

图 5-1　焦煤日 K 线图 3

## 2.重仓顺势，遇到较大的回调，会被强平

　　流畅的趋势比较少，大部分趋势都是震荡式趋势，虽然大部分的调整幅度都不会太大，达不到被强平的程度，但肯定会有部分的调整幅度超过 7%。当顺势重仓入多时，如果遭遇较大幅度的调整，下跌幅度超过 7%，则会被期货公司强行平仓，不仅亏损 50% 左右，还会被洗出市场，如图 5-2 所示。等到涨势恢复，由于前笔较大的亏损让我们产生了心理阴影，胆战心惊，"一朝被蛇咬，十年怕井绳"，不敢追多入仓，错过了后面的行情。因此，虽然顺势是正确的，但不能重仓，否则即便顺势，方向做对了，也会亏损惨重。

　　对于 A 股市场，2010 年后，我国开始了融资融券试点。2014 年伴随着 A 股的牛市，融资融券迅猛发展，特别是当时场外融资的兴盛，让 A 股的杠杆能够达到五六倍，许多投资者都动用了杠杆，在 2015 年牛市中获得数倍以上的大盈利，但很快股灾爆发，杠杆也导致投资者们损失惨重，被场外融资机构或券商强平。2016 年后，场外融资被清理和严格监管，场外杠杆不容易获得，而场内融资的杠杆率比较低，在 1~2 倍，而且申请场内融资的条件较为苛刻，要保持账户 20 日日均资金或者市值 50 万元以上，同时要有半年及

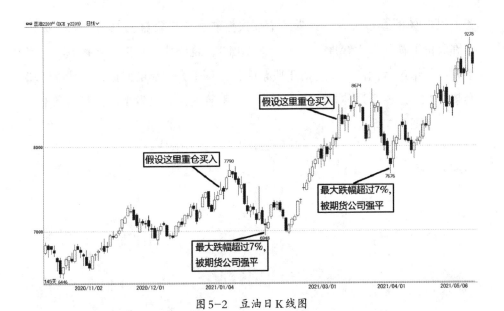

图 5-2　豆油日 K 线图

以上证券交易经验，加上行情不好，动用场内融资的投资者极少。因此，整体上看，A 股市场依然可以被看成无杠杆的资本市场，由于没有杠杆，不是保证金交易，股票重仓买入，无论股价下跌多大，都不会被证券公司强平，没有爆仓或穿仓的概念，相比而言，股票重仓的危险性要小许多。

### 3.如果控制每笔损失，重仓的止损点位会比较小，容易频繁止损

根据上文的案例，账户 7000 元，一手期货合约的价格为 5000 元，买 1 手需要 5000 元，买 1 手 10 吨后，仓位是 70%，假设每笔单子的损失控制在账户总资金的 10% 之内，每笔单子最大损失为 700 元，意味着入仓后，当价格下跌 1.4%，我们就要被迫止损离场。在一波趋势行情中，价格正常的调整幅度普遍超过 3%，普通一根 K 线的波动幅度都会超出 1.4%，所以 1.4% 的止损幅度根本经不起任何的风吹草动，意味着当入仓后，我们等待的结果基本上就是止损，根本拿不住单子，频繁入仓，频繁止损，只不过从一笔的重亏，变成了现在的多笔小亏，累积五次止损就等于一次重亏，即便做对方向，依然亏损惨重。

对于股票而言，重仓的直接危险不是强平和爆仓，而是止损点位的设

置。以70%的仓位买入，如果每笔损失控制在账户资金的10%之内，那么允许股价下跌的最大幅度是14%，超过14%，就要执行止损，导致被洗出市场，可能错过后面的行情。对于股票而言，稍微大一点的回撤，下跌幅度就会超过14%，这个调整幅度属于中等，并不算大，容易发生，让我们拿不住单子，如图5-3所示。

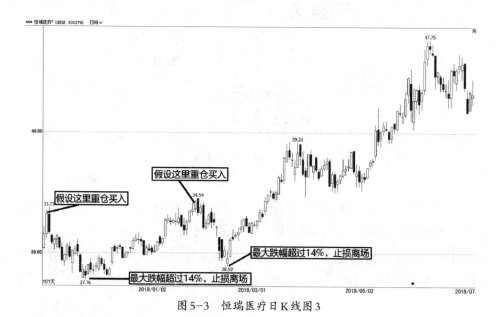

图5-3　恒瑞医疗日K线图3

## 4.重仓是导致情绪失控的元凶

无论对于期货、外汇和数字货币等交易市场，还是对于无杠杆的股票市场，上述所讲的重仓危害都体现在对于仓位的强平或止损上，还没考虑到重仓对于心态的危害，应该说，重仓对于心态的冲击性极大，容易让我们胆战心惊，草木皆兵，稍有风吹草动，情绪就可能失控，变得不理性，可以说，重仓是导致我们情绪失控的元凶。大部分情绪失控，都来源于"做了超过心理容忍范围的事"，一旦重仓，价格稍微波动一下，浮亏很快超过总资金的10%，再波动一下，浮亏超过总资金的20%，账户波动较大。一方面，账户的盈亏波动大，比较刺激，会让我们时刻挂念行情，害怕夜晚的不利信息和外盘资本市场的价格波动，让我们吃不好饭，睡不好觉，甚至半夜都要盯着外盘，不能安心睡觉，长期下来，必然疲倦和劳累，心态自然好不了；另一方面，行情的正常调整，都会导致账户的浮亏比较大，内心承受不了这么大的损失，身体和心理的压力剧增，行情还没到止损位，我们就可能提前离场，导致错失行情，或者浮亏比较大，大到不忍心离场，即便价格跌到了止损点位，自己也不执行止损，干脆当鸵鸟，最终酿成被强平的悲剧，损失惨重。

一旦重仓做交易，面对账户波动比较大的盈亏数字，超出了容忍的心理波动范围，情绪不容易保持冷静和理性，交易容易变成赌博，无法自控，该止损的单子不止损，不该止损的单子止损，不该止盈的单子止盈，该止盈的单子不止盈，不能有效地执行交易系统，一切交易行为变得情绪化和冲动化，很难盈利。相反，当我们把仓位降下来后，账户的盈亏波动变小，此时我们的心态不容易受到冲击，晚上能睡好觉，对于交易系统的执行力会大幅提高，所以仓位一定要降下来，降到能让我们轻松睡着觉、吃下饭的地步。

许多交易者此前没有对重仓下所忍受的价格波动幅度，做一个精确的计算，当上文经过计算后，发现对于有杠杆的交易市场，重仓下能忍受的价格波动幅度仅有7%左右，一旦超过7%，仓位便被强平，亏损惨重，当价格波动幅度超过14%，账户便会爆仓，你是否出了一身冷汗？还没考虑到黑天鹅，如果遭遇黑天鹅，价格连续跌停，卖不出去，或者直接低开在10%以上，不仅会爆仓，而且还可能穿仓，无论此前重仓赚了多少钱，翻了几十倍甚至几百倍，只需要一次黑天鹅，一切便回到"解放前"，如图5-4所示。黑天鹅虽然极少发生，但一年可能会发生1次左右，哪怕四五年才遇到一次，只需要一次，一切都会回归于零，而且常在河边走哪有不湿鞋，这种事情发生的概率基本上是100%，除非及早退出交易市场。由此可见，此前动不动就采取重仓的操作，是一种多么危险的行为。

事故研究表明，小车在高速公路上行驶，如果120码的速度算是安全舒适，那么每增加10码，其事故出现的概率会呈指数上升，当速度达到220码以上，不论驾驶技术如何，事故出现的概率提升至百分之百。同理，对于交易市场而言，仓位加一成，风险出现的概率呈现指数上升，当达到重仓时，无论交易水平有多高，爆仓的概率提升至百分之百。另外，重仓对情绪的危害

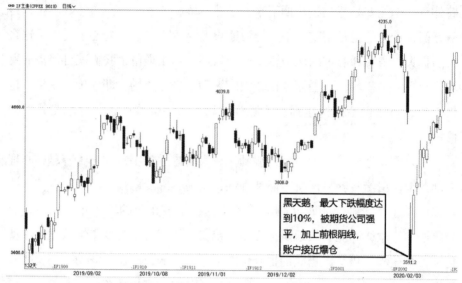

图5-4　IF主连日K线图2

比较大，重仓之下，交易容易变形，交易规则和交易系统将被弃之不顾，即便具备能盈利的交易系统和交易水平，也将难以盈利。加足杠杆的代价就是"哪怕你成功了99次，最后一次失败了，就足以让你回到起点，连翻本机会也丧失了"，何况我们不可能这么幸运，不会等到第100次才遭遇挫折，可能在十次以内便遭遇杠杆的苦头，无论国内还是国外，有多少投资人因为加足了杠杆，一夜之间血本无归，这种倾家荡产的案例，不仅在过去一直重演，也必在未来不断上演。因此，在投机市场，我们一定要把仓位降下来，不能重仓。

我在交易之初，曾经用过高杠杆，有过暴利的经历，更有过惨痛的教训，至今依然历历在目，所以我对重仓是胆战心惊、深恶痛绝的，也一直没再重仓过。虽然交易者们刚踏入交易市场，可能会被先辈们灌输"不能重仓"的理念，但实际上能够执行的交易者比较少，很少人会去听，因为既然选择期货、外汇和数字货币的交易市场，大家就是希望通过杠杆获得暴富，如果没有暴富的心，干吗要踏到交易市场？一旦头脑中充满着暴富，风险意识必然很弱，交易就会不考虑风险，眼里只有超额的收益，所以满仓重仓成为常态，不是满仓做期货，就是融资做股票，最终将投资变成了赌博，惨剧也就注定会发生。既然重仓的危害如此之大，那么该如何解决重仓的毛病呢？有以下几点建议：

**（1）降低盈利预期，把投资当成一项长期生意。**

重仓的原因无非是贪婪，想暴富，有过高的盈利期望。那么我们需要从心态上降低盈利预期，告诉自己"这是一项长期的生意，路还很长，要细水长流"，投资不是赌博，不能一把定输赢，而是"百战定乾坤"。为自己定一个盈利目标，例如期货每年盈利50%，按照50%的盈利目标来规划自己的仓位，不要小看50%的盈利目标，如果真的每年都能实现这个目标，你将是一位优秀的投资者，凤毛麟角。

**（2）不能养成重仓的习惯，强迫自己轻仓一段时间。**

这里的"轻仓"不一定是10%或20%之类很轻的仓位，而是相对于重仓而言，常说的重仓一般指超出70%的仓位，期货中的轻仓指的是"不超过30%的仓位"，能不用杠杆就不用杠杆，股票中的轻仓指的是"不超过50%的仓位"。

文章开篇讲过，一旦形成了重仓的习惯，习惯了盈亏的大幅波动，如果突然间变成轻仓，便不适应轻仓下盈亏的小幅变化，内心会抗拒，按照最小阻力，将会继续重仓入场，习惯并不好改变。需要强迫自己轻仓一段时间，例如一两个月的时间内都要轻仓，当习惯了轻仓后，我们内心也会抗拒重仓的。我有过这种经历，当我几次用20%的仓位获得盈利后，我就会抗拒重仓，因为一旦重仓，出现了亏损，则一次亏损足以抵消几次用20%仓位获得的盈利，好不容易获得的盈利便会轻易失去，而且还折损本金，内心不舒服，便不会去重仓，甚至连40%的仓位都会抗拒，于是可以在较长的一段时间内一直维持20%左右的仓位，想把仓位提高到30%，都需要一个适应过程。所以我们需要强迫自己轻仓一段时间，习惯盈亏的小幅变化，就会抗拒重仓下盈亏的大幅变化，当习惯了轻仓后，轻仓也就变成一件容易的事情了，此后无论如何，都不再重仓，不让自己养成重仓的习惯。

**（3）用双盲测试，证明重仓必亡。**

重仓属于我们的本性，虽然可以通过自控进行压制，但错了疼三秒，对了爽一天，瘾来了又继续犯，只能管一时，无法持续长久，与其如此，不如将重仓这个"恶兽"放出来，用双盲测试（前文讲述过），看看是否能盈利到最后，还是很快便爆仓？是否真可以获得高额利润？一切用数据和科学事实来说话，当我们领略到在重仓之下，无论怎么做，最终都是大亏或爆仓时，基本上就没有盈利的可能，事实摆在面前，不由我们不信，我们的骨髓和血液就能彻底否定重仓，这种恶习才能彻底消亡。此后不需要强大的意志和自控，便不会再重仓。

**（4）了解最佳仓位是多少。**

重仓的目的就是获得高额利润，那么当经过大量的计算或测试，证明不是仓位越大，就能赚得越多，恰好相反，重仓反而无法获得高额利润，而且在能盈利的交易规则下，重仓的结局反而是亏损，甚至爆仓，能获得高额利润的仓位是最佳仓位，但最佳仓位不是重仓，而是轻仓，那么为了获得高额利润，你是选择重仓还是轻仓？当明白了这个道理后，便会彻底摧毁埋在我们灵魂深处的心魔，而且我们都知道最佳仓位是多少了，自然选择最佳仓位，也就不会重仓了。下节重点来讲述这个问题。

# 5.2　入场多少仓位才能获得最大收益

上节分析了不能重仓的原因，不过局限在某一笔交易，许多交易者认为重仓导致仓位被洗或强平，可能恰逢运气不佳，如果从长期看，重仓或许能获得更大的收益，这也是交易者一直控制不住重仓的原因。我在投资的前五六年也是这么认为，这就是定性思考的缺陷，不能给一个明确和清晰的结论，在头脑模糊不清的情况下，人性弱点容易占据上风，贪婪控制了自己，时不时地就想重仓，希望以小博大，赚取几十倍的利润。那么在具备盈利能力的固定交易系统下，从长期看，重仓是否可以获得更大收益呢？我们进行定量分析，用科学数据来说明问题。先玩一个赌博游戏，本金100元，赢时投入1元赚2元，亏时投入1元亏1元，即盈亏比为2∶1，成功率是50%，假设第一次做对，第二次做错，第三次做对，第四次做错……理论上讲，这种交易规则可以获得稳定盈利，而且直觉上看，仓位越大，盈利越多。现在有四位参与者做游戏，每个人的仓位分别为100%、50%、25%和10%，经过了五十轮游戏后，结果如表5-1所示：

表5-1　　　　　　　四种仓位下的盈利数据（部分数据）　　　　单位：元

| 买卖次数 | 100%仓位 | 50%仓位 | 25%仓位 | 10%仓位 | 买卖次数 | 100%仓位 | 50%仓位 | 25%仓位 | 10%仓位 |
|---|---|---|---|---|---|---|---|---|---|
| 1 | 300 | 200 | 150 | 120 | 26 | 0 | 133 | 462 | 272 |
| 2 | 0 | 133 | 113 | 108 | 27 | 0 | 267 | 694 | 326 |
| 3 | 0 | 267 | 169 | 130 | 28 | 0 | 133 | 520 | 294 |
| 4 | 0 | 133 | 127 | 117 | 29 | 0 | 267 | 780 | 352 |
| 5 | 0 | 267 | 190 | 140 | 30 | 0 | 133 | 585 | 317 |
| 6 | 0 | 133 | 142 | 126 | 31 | 0 | 267 | 878 | 381 |
| 7 | 0 | 267 | 214 | 151 | 32 | 0 | 133 | 658 | 343 |
| 8 | 0 | 133 | 160 | 136 | 33 | 0 | 267 | 987 | 411 |
| 9 | 0 | 267 | 240 | 163 | 34 | 0 | 133 | 741 | 370 |
| 10 | 0 | 133 | 180 | 147 | 35 | 0 | 267 | 1111 | 444 |
| 11 | 0 | 267 | 270 | 176 | 36 | 0 | 133 | 833 | 400 |
| 12 | 0 | 133 | 203 | 159 | 37 | 0 | 267 | 1250 | 480 |
| 13 | 0 | 267 | 304 | 190 | 38 | 0 | 133 | 937 | 432 |
| 14 | 0 | 133 | 228 | 171 | 39 | 0 | 267 | 1406 | 518 |
| 15 | 0 | 267 | 342 | 206 | 40 | 0 | 133 | 1055 | 466 |
| 16 | 0 | 133 | 257 | 185 | 41 | 0 | 267 | 1582 | 559 |
| 17 | 0 | 267 | 385 | 222 | 42 | 0 | 133 | 1186 | 503 |
| 18 | 0 | 133 | 289 | 200 | 43 | 0 | 267 | 1779 | 604 |
| 19 | 0 | 267 | 433 | 240 | 44 | 0 | 133 | 1335 | 544 |
| 20 | 0 | 133 | 325 | 216 | 45 | 0 | 267 | 2002 | 652 |
| 21 | 0 | 267 | 487 | 259 | 46 | 0 | 133 | 1501 | 687 |
| 22 | 0 | 133 | 365 | 233 | 47 | 0 | 267 | 2252 | 705 |
| 23 | 0 | 267 | 548 | 280 | 48 | 0 | 133 | 1689 | 634 |
| 24 | 0 | 133 | 411 | 252 | 49 | 0 | 267 | 2534 | 761 |
| 25 | 0 | 267 | 616 | 302 | 50 | 0 | 133 | 1900 | 685 |

由上面数据显示出，并非仓位越大，赚得越多，选择100%仓位的参与者在第二轮游戏后，账户资金就已经爆仓；选择50%仓位的参与者，资金一直保持平稳，账户资金不是100元，就是200元；选择25%仓位和10%仓位的参与者，资金一直平稳上升，其中25%仓位的资金上升最快，10%仓位的资金上升比较慢。根据测试来看，当仓位超过53%，经过50轮买卖后，结果肯定是亏损的；当仓位超过60%后，经过50次买卖后，账户接近爆仓了。根据各种仓位的测算来看，如图5-5所示，25%仓位获利最多，是最佳仓位，该仓位远低于重仓范畴，以25%仓位为基准点，无论仓位逐步增大，还是仓位逐步减少，盈利能力都会逐步减少。

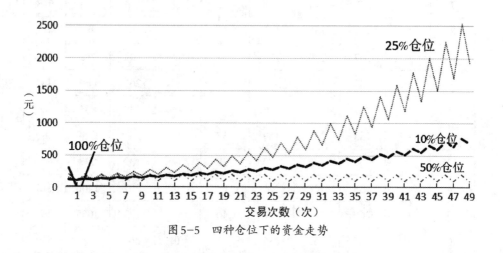

图5-5　四种仓位下的资金走势

回到交易中，满仓的话，虽然赚的时候可以短时间内获得巨额利润，但只要有一次失败，便满盘皆输；重仓的话，虽然赚的时候获利较大，但一旦亏损，账户资金回撤大，想要赚回来，就比较难，例如100元亏损50%，变成50元，但想赚回50元，便需要盈利100%，亏损50%和盈利100%的难度是严重不对称的，亏损同样数量的钱容易，但盈利同样数量的钱比较难。因此，重仓之下，会导致账户时而突然间跃升，时而陡然间下滑，整体呈现不断下滑的资金曲线。以上个游戏为例，仓位为60%，如图5-6所示，来看账户数字的变化图：

优秀的趋势交易系统，通常成功率在35%~40%，盈亏比为3∶1左右，

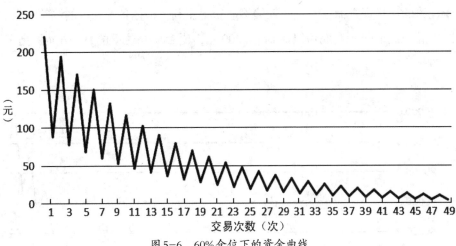

图 5-6　60%仓位下的资金曲线

我们将上述游戏规则进行修改，赚时投入1元赚3元，亏时投入1元亏1元，盈亏比为3∶1，其他不变，成功率依然是50%，第一次做对，第二次做错，第三次做对，第四次做错……理论上讲，这个交易系统是一个优秀的趋势系统，直觉上看，盈利应该没任何问题，无论仓位多大，应该都可以盈利。继续游戏，四个参与者做游戏，每个人的仓位分别为100%、50%、25%和10%，经过了五十轮游戏后，选择100%仓位的账户依然在第二次买卖后，爆仓；选择50%仓位的参与者，盈利明显转好，资金曲线稳步上升，排名第二；选择10%仓位的参与者，资金曲线依然缓慢上升；选择25%仓位的参与者，资金曲线依然表现最好，获利最大，如图5-7所示。盈亏比提高之后，盈利结果大幅提高，经过了五十次的游戏后，针对25%的仓位，利润从此前的1900元提高到近90000元，提高了46倍，针对10%的仓位，利润从此前的684元提高到5065元，提高了6.4倍，可见盈亏比对于盈利结果的影响很大，所以我们要尽可能地提高盈亏比，才能让利润呈现指数级的增长，如表5-2所示。

根据仓位的测算看，只要仓位达到或超过70%，经过五十轮的游戏后，账户的利润是亏损的，当仓位超过80%之后，账户资金损失殆尽，仓位只有在65%以下，账户才可以获得盈利，仓位盈亏的分界线在67%附近，意味着对于优秀的交易规则而言，重仓依然不能获得盈利。根据各种仓位的测算来看，33%的仓位最佳，利润可以达到132800元，比25%仓位下的89636元提高了48%。

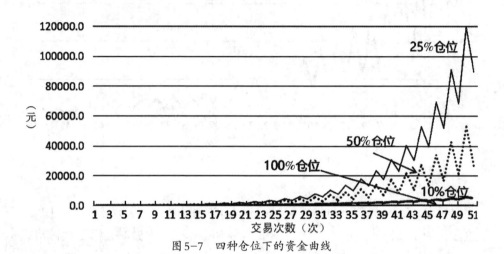

图5-7　四种仓位下的资金曲线

表5-2　　　　　　　　两种盈亏比下的盈利结果　　　　　　　单位：元

| 交易规则 | 100%仓位 | 50%仓位 | 25%仓位 | 10%仓位 |
|---|---|---|---|---|
| 盈亏比2:1 | 0 | 100 | 1900 | 684 |
| 盈亏比3:1 | 0 | 26469 | 89636 | 5065 |

　　对于一个优秀的、理论上能够盈利的交易规则，直觉上无论仓位是多少，都应该可以获得盈利，而且仓位越大，盈利越大，但经过精确的计算之后，发现我们的直觉是错误的，当仓位达到重仓后，交易规则的结局便是亏损，而且仓位高到一定程度，经历五十轮买卖后，账户便会爆仓。如图5-8所示，交易规则的盈利数值与仓位的大小呈现一个"倒U"形分布，存在一个最佳仓位，在25%~35%，这个最佳仓位并非重仓。另外，仓位小，虽然盈利比较少，但可以实现盈利，因此宁可小仓，也不要重仓。

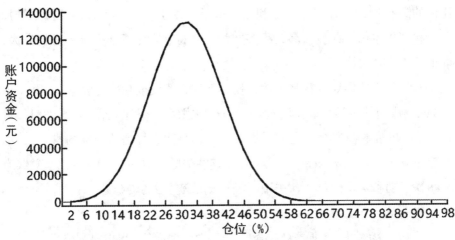

图5-8　不同仓位下的账户资金

　　由上面来看，对于一个理论上能够盈利的游戏规则，重仓不仅不能获得高额利润，反而会造成亏损的局面，最佳仓位远不属于重仓范畴。回到交易中，交易远比上述的游戏规则复杂，那么在交易中，该如何计算最佳仓位？最佳仓位应该是多少呢？

## 1. 赌注游戏中，最佳仓位是多少？

　　由上文可知，当提高盈亏比之后，最佳仓位也会逐步提高，所以最佳仓位和盈亏比有关，除此之外，还与成功率有关。为此我们引入凯利公式，凯利公式由凯利于1956年提出，指出在一个期望收益为正的重复性赌局或者重复性投资中，每一期应该下注的最优比例，这个思路来源于彼时美国一个热门的答题电视节目《64000美元的问题》，这个节目本身和赌博其实不太相关，最多算是博弈，但因为节目的火爆，有人就开设了赌局，赌的是哪个选手最终能够获胜。可是由于节目在纽约录制，住在美国东海岸的人可以看到实时直播，而西海岸的播出要延后3小时，因此就有西海岸的赌徒利用电话提前获得了节目信息进行作弊。正巧凯利在做电视信号传输的相关研究，如果将减少噪声干扰带来的错误比作"降低风险"，那么信号传输规律在这一方面与赌博如出一辙，并十分贴合风险—收益的数学模型，凯利对此很感兴趣，希望研究一下赌徒如何实现利润最大化的问题，计算每次应当投注资金比例的凯利公式随之问世。凯利公式最早应用于赛马，而后在"拉斯维加斯"和"华尔街"久负盛名，很多数学天才将它在赌场和投资中发扬光大，取得了非凡的成就。

凯利公式的推导以赛马为例，投资下注，假设成功率（胜率）是$p$，下注1元，成功的时候可以获取$b$元；$1-p$为失败率，下注1元，失败的时候输掉1元。初始本金为$M_0$，经过了$n$次交易，每次仓位是总资金的$f$比例，如果赌注成功，$M_n = M_{n-1} \times (1+bf)$，如果赌注失败，$M_n = M_{n-1} \times (1-f)$，总共有$n \times p$次成功和$n \times (1-p)$次失败。经过$n$次交易后的资金为：

$$M_n = M_0 \times (1+bf)^{np} \times (1-f)^{n(1-p)}$$

只要$M_n$为最大，$f$便是最佳仓位，经过数学运算，得出凯利公式：

$$f = p - (1-p)/b$$

$f$为现金多少比例下注最优；

$b$为赔率（盈亏比）；

$p$为胜率；

$1-p$为失败率。

举例来计算，还是按照文章开头的赌博游戏，$p$为50%，下注1元，成功时获得2元，$b=2$，代入计算，最佳仓位$f=25\%$，符合上文所说的最佳仓位；如果$b=3$，计算的最佳仓位是33%，同样符合上文所讲述的最佳仓位，验证了凯利公式的正确性。

表5-3中，列出了对应不同成功率和赔率的最佳仓位，标注为负值的仓位，意思是无论仓位是多少，账户都是亏损的，交易的期望值为负；标注为正值的仓位，交易的期望值为正，在最佳仓位下，便可以获得最大利润。凯利公式指出，只有赌局的期望收益率为正数，才能使用凯利公式，如果赌局的期望收益率为负数，无论什么仓位，都无法盈利。例如表5-3中，如果赔率是1.5，胜率是35%，最佳仓位为-8.3%，意味着即使选了最佳仓位，交易的结局依然是亏损的，则这种投资根本无法盈利，不值得投资。在现实中，有少部分投资者沉溺于资金管理，认为只要资金管理得当，投资就一定能盈利，即便是一个亏损的交易系统，也可以通过资金管理的方式获得盈利。根据凯利公式可知，这种认知是不正确的，

资金管理的前提是这个交易系统必须是正期望的，对于负期望的交易系统，资金管理无能为力，只能降低亏损的速度，但解决不了盈利的问题，最终依然亏损离场。如果交易系统是正期望的，即能够盈利，但如果资金管理不当，不仅无法获得最大利润，还会造成长期亏损，此时就体现出资金管理的价值。

根据表5-3可以看出，要想到达到70%重仓的门槛，成功率需要75%，盈亏比要达到5∶1，在技术分析的范畴内，这个组合是无法做到的，即便达到60%的仓位，成功率需要达到70%，盈亏比要达到3∶1，这个组合基本上也做不到。成功率和盈亏比有一定的反向关系，放大盈亏比，就会牺牲部分成功率，放大成功率，就会牺牲部分盈亏比，很难同时将成功率和盈亏比提高到较高程度，最佳仓位达不到能重仓的程度，所以根据技术分析做交易，动不动就重仓是一种非常不理智的错误行为。根据凯利公式，只有成功率p=100%，即百分之百成功，才能满仓，显然，我们无法做到100%的成功率，满仓行为是最不理性的行为。另外，当盈亏比为2∶1时，成功率需要达到或超过35%，才能盈利，当盈亏比为3∶1时，成功率超过25%，才可以盈利。

表5-3　　　　　　　　　不同组合对应的最佳仓位

| p＼b | 1 | 1.5 | 2 | 3 | 5 | 10 |
|---|---|---|---|---|---|---|
| 30% | −40.0% | −16.7% | 5.0% | 6.7% | 16.0% | 23.0% |
| 35% | −30.0% | −8.3% | 2.5% | 13.3% | 22.0% | 28.5% |
| 40% | −20.0% | 0.0% | 10.0% | 20.0% | 28.0% | 34.0% |
| 45% | −10.0% | 83.0% | 17.5% | 26.7% | 34.0% | 39.5% |
| 50% | 0.0% | 16.7% | 25.0% | 33.3% | 40.0% | 45.0% |
| 55% | 10.0% | 25.0% | 32.5% | 40.0% | 46.0% | 50.5% |
| 60% | 20.0% | 33.3% | 40.0% | 46.7% | 52.0% | 56.0% |
| 65% | 30.0% | 41.7% | 47.5% | 53.3% | 58.0% | 61.5% |
| 70% | 40.0% | 50.0% | 55.0% | 60.0% | 64.0% | 67.0% |

| p \ b | 1 | 1.5 | 2 | 3 | 5 | 10 |
|---|---|---|---|---|---|---|
| 75% | 50.0% | 58.3% | 62.5% | 66.7% | 70.0% | 72.5% |
| 80% | 60.0% | 66.7% | 70.0% | 73.3% | 76.0% | 78.0% |
| 85% | 70.0% | 75.0% | 77.5% | 80.0% | 82.0% | 83.5% |
| 90% | 80.0% | 83.3% | 85.0% | 86.7% | 88.0% | 89.0% |

## 2.股票和期货中，最佳仓位是多少？

在股票和期货投资中，凯利公式存在缺陷，凯利公式告诉了我们不能重仓，以及最佳仓位是多少，不过根据上文可知，凯利公式的推导是基于赌博押注，每次押注的钱要不全部亏掉，要不赚回2倍或3倍押注的利润，输的赌本只限于放进去的筹码，赢的利润只限于赌注筹码的范围。这与股票、期货、外汇和数字货币的投资特点有所不同：

第一，股票和期货中的输赢程度是没有标准的。例如10万元本金，我们拿3万元去投资，仓位为30%，剩余资金为7万元，亏损时，3万元可能全部亏掉，也可能连剩余资金7万元也全部亏掉，当然也可能只亏损1万元；盈利时，可能盈利6万元，也可能盈利9万元，或者几十万元，当然也可能盈利1万元。

第二，赌博押注中每次的成功率是固定的，盈亏比也是固定的，但在投资市场，每次的成功率和盈亏比都是不同的。例如在震荡行情之中，成功率和盈亏比会比较低，但在趋势行情之中，成功率和盈亏比会比较高，导致每次的最佳仓位不相同，让仓位管理变得复杂，关键我们并不知道每次信号的成功率和盈亏比是多少，这让我们根本无法利用凯利公式计算每笔单子的最佳仓位是多少。

第三，凯利公式的推导过程中，假设 $n$ 次买卖中，里面必有 $p \times n$ 次成功和 $n \times (1-p)$ 次失败，但可能运气差，前面连续几次都失败，例如10元本金，每次最佳仓位是2.5元，但如果前面连续四次失败，则本金亏完。所以凯利公式的隐藏条件是在任何一段时间内，成功次数都符合成功率的要求，即成功率是均匀分布的，不会出现连续多次亏损的情况。但这个假设是不现实的，不仅赌场中不现实，投资中更不现实，在股票和期货的实践中，连续亏损是比较常见的，甚至有时会出现连续六七次的止损，可能导致本金亏损惨重，赚回本金很艰难，还不考虑连续亏损对交易者心态的直接冲击。

由上面可知，投资中的仓位管理要比赌博押注复杂得多，凯利公式仅是理论模型中的数字，要用在投资中，还需要更多细节的补充和完善，不能直接拿来用，但可以告诉我们，不能重仓。期货、外汇或数字货币有杠杆，能以小博大，股票没有杠杆，有杠杆和无杠杆的仓位情况会有所不同，我们分别来看：

**（1）期货中的最佳仓位。**

根据凯利公式，如果盈亏比为3∶1，成功率只需要超过25%，便可以盈利。回到交易中，一个良好的趋势交易系统，盈亏比通常至少为3∶1，成功率通常在35%~40%，这个交易系统肯定是正期望值的盈利。假设有一个交易系统，盈亏比为3∶1，成功率在40%附近，平时是一次亏损，下一次盈利，或者一次盈利，下一次亏损，盈利和亏损相互交替；当交易系统遭遇震荡行情后，最大连续亏损5次，震荡行情结束后，便迎来流畅的趋势行情，会出现连续两次的盈利，交易盈亏的交替如下：第一次亏损，第二次盈利，第三次亏损，第四次盈利，第五次亏损，第六次盈利，第七次亏损，第八次亏损，第九次亏损，第十次亏损，第十一次亏损，第十二次盈利，第十三次盈利。成功率为39%，满足成功率为40%附近的条件，第十三次盈利后，步入下一个盈亏周期，不断循环往复，每一周期都有一次连续亏损为五次的情况。

假设账户里有10万元本金，用来做期货，杠杆率为十倍，每笔单子的点位止损幅度为7%，对于期货而言，除了铁矿石、焦炭和焦煤等波动性比较大的少数品种之外，7%的点位止损幅度并不小，能够容纳常见的价格调整，由于顺势交易的开单比较少，暂不考虑手续费。经历了三轮周期，共39次交易，经过计算，如图5-9和表5-4所示，最佳仓位是26%，当仓位为26%时，盈利额近45.5万元，收益率约为4.6倍。趋势机会比较少，假设平均一个月开两次单，一年开24次单，意味着在两年的时间内，该交易规则的收益率至少为4.55倍，这是非常不错的收益率了。另外，当仓位为26%时，每笔止损后的回撤率为18%，连续止损五次，资金回撤率高达60%。

　　根据图5-9和表5-4的盈亏额来看，经过三轮周期的交易后，仓位小，虽然盈利少，但可以实现盈利；当仓位超过52%后，账户开始亏损，当仓位达到和超过80%后，账户接近爆仓，账户资金的波动呈现大幅上升，又陡然间巨幅下滑的态势，如图5-10所示，在仓位为80%时，账户资金仅在第六次交易达到顶峰，然后断崖式下滑，再也起不来。数据告诉我们，不能重仓参与交易，重仓的结局是亏损或爆仓。

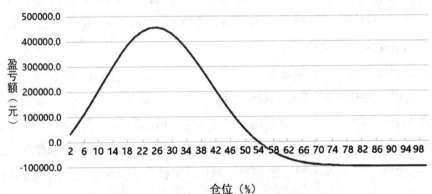

图5-9　不同仓位下的盈亏额曲线

表5-4　　　　　　　　　　不同仓位下的盈亏额　　　　　　　　　　单位：元

| 仓位 | 盈亏额 | 仓位 | 盈亏额 | 仓位 | 盈亏额 |
|---|---|---|---|---|---|
| 2% | 32148.3 | 22% | 438392.9 | 42% | 209461.8 |
| 4% | 69601.5 | 24% | 451667.5 | 44% | 166454.0 |
| 6% | 111762.0 | 26% | 454908.8 | 46% | 125561.7 |
| 8% | 157614.6 | 28% | 448154.1 | 48% | 87710.9 |
| 10% | 205753.4 | 30% | 431942.0 | 50% | 53542.5 |
| 12% | 254451.1 | 32% | 407253.9 | 52% | 23423.0 |
| 14% | 301765.0 | 34% | 375424.5 | 54% | −2526.7 |
| 16% | 345664.0 | 36% | 338032.2 | 56% | −24391.7 |
| 18% | 384186.5 | 38% | 296780.9 | 58% | −42416.5 |
| 20% | 415570.4 | 40% | 253384.3 | 60% | −56957.4 |

续表

| 仓位 | 盈亏额 | 仓位 | 盈亏额 | 仓位 | 盈亏额 |
|---|---|---|---|---|---|
| 62% | -68437.3 | 76% | -98002.6 | 90% | -99964.5 |
| 64% | -77306.5 | 78% | -98774.1 | 92% | -99982.5 |
| 66% | -84010.6 | 80% | -99267.4 | 94% | -99991.7 |
| 68% | -88967.3 | 82% | -99574.3 | 96% | -99996.3 |
| 70% | -92550.3 | 84% | -99759.8 | 98% | -99998.4 |
| 72% | -95081.2 | 86% | -99868.6 | 100% | -99999.3 |
| 74% | -96827.2 | 88% | -99930.5 | | |

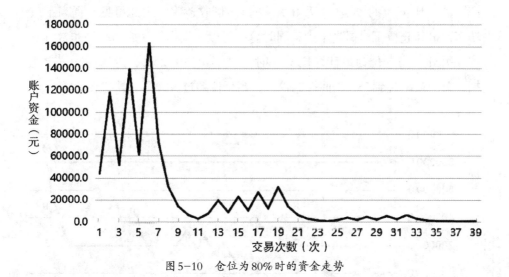

图5-10　仓位为80%时的资金走势

如果将交易系统的盈亏比改为2:1，成功率依然是40%，其他条件不变，经过三轮周期的交易，当仓位超过22%之后，账户就开始亏损，最佳仓位是11%，当仓位为11%时，盈利约2.5万元，收益率仅为25%，与上面高达4.55倍的收益率差别很大，所以提高盈亏比是很重要的。

假设一个交易系统，盈亏比为2:1，成功率从40%提高到50%，本金依然为十万，用来做期货，点位止损幅度为7%，杠杆率为十倍，当交易系统遭遇震荡行情时，最大连续亏损三次，过了震荡行情后，趋势行情来临，会出现连续三次的盈利，交易盈亏的交替如下：第一次亏损，第二次盈利，第三次亏损，第四次盈利，第五次亏损，第六次亏损，第七次亏损，第八次盈利，第九次盈利，第十次盈利。满足成功率为50%的条件，第十次盈利后，步入下一个盈亏周期，不断循环往复，每一周期都有一次连续亏损为三次的情况。

　　按照上面的方法，经过测算，最佳仓位为36%，如图5-11所示，展示了最佳仓位为36%时的盈亏额走势，经过四轮交易周期，总共40次交易之后，最佳仓位下的收益约为95.4万元，收益率达到9.5倍。如果按照上面交易规则的39次交易，把第40次交易的盈利去掉，不计入利润，满足39次交易，那么收益是60万元，收益率为6倍，都显著超过了前面交易规则为"赔率（盈亏比）为3，成功率为40%"的4.6倍收益率。由此可见，提高了成功率，最佳仓位可以提高不少，同时盈利可以大幅提升，成功率是非常重要的。另外，当仓位为最佳仓位36%时，每笔止损为25%，遭遇连续三次止损，总回撤率达到58%，回撤比较大，当仓位超过70%后，账户便会亏损。

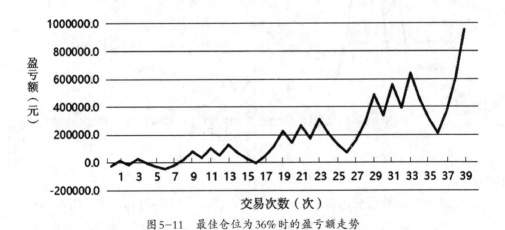

图5-11　最佳仓位为36%时的盈亏额走势

### （2）股票中的最佳仓位。

　　用同样的交易规则来做股票，由于股票没有杠杆，理论上讲，股票的最佳仓位应该要比期货高不少，那么股票的最佳仓位应该是多少呢？仍然需要分步进行测算。假设一个交易规则，盈亏比为3∶1，胜率为40%，点位止损幅度为25%，对于股票而言，25%的止损空间能够容纳常见的价格调整，交易盈亏的交替依然如下：第一次亏损，第二次盈利，第三次亏损，第四次盈利，第五次亏损，第六次盈利，第七次亏损，第八次亏损，第九次亏损，第十次亏损，第十一次亏损，第十二次盈利，第十三次盈利。成功率为39%，满足成功率为40%附近的条件，第十三次盈利后，步入下一个盈亏周期，不断循环往复，每一周期都有一次连续亏损为五次的情况。

经历了三轮周期，共39次交易后，盈利额与不同仓位的坐标图形呈现抛物线，如图5-12所示，最佳仓位高达72%，盈利额约45.5万元，收益率约4.6倍，在同样的交易规则下，期货的收益率也约4.6倍，两者的最大收益非常接近。与期货不同的是，由于没有杠杆，股票的最佳仓位是72%，属于重仓的范畴，比同样规则下的期货最佳仓位26%，高出许多，意味着股票想要获取最大利润，需要重仓，当仓位为最佳仓位时，连续五次遭遇止损后，最大回撤率高达63%；另外，无论仓位为多少，收益率都为正，整体上看，当仓位处于［45%，100%］，收益率均处于高位，低仓位只能获取低收益率。

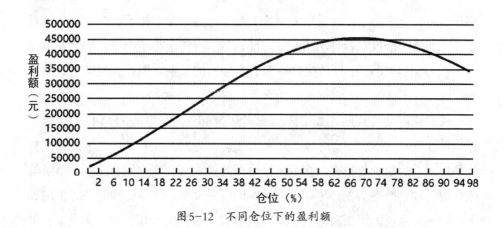

图5-12　不同仓位下的盈利额

由上面可知，在同样的交易规则下，经过三轮周期后，股票和期货的收益率恰好都是约4.6倍，既然期货有杠杆，为什么期货的收益率却和股票一样呢？其实这里是没有考虑年化收益率的缘故，如果考虑年化收益率的话，期货和股票是不同的。第一，对于期货而言，用了约30%的仓位建立了底仓，等到底仓有了安全利润后（即可以确保不亏离场），还可以用剩余的可用资金去做其他品种，或加仓，增加开仓机会和盈利机会。第二，期货的点位止损幅度为7%，意味着盈利目标是21%，期货价格上涨或下跌21%，是比较容易实现的，一两个月内便可以完成。第三，期货可以入多，也可以做空，无论牛市还是熊市，期货都有顺势开仓机会。因此，期货的开仓频率可以达到平均一个月两次，两年完成48笔交易，而三轮周期共39笔的交易便可实现4.6倍，如果完成两年48笔的交易，按照这个交易规则，年化收益率超过200%。相比之下，股市的差别较大，第一，最佳仓位在70%，买入股票后，已没有多少资金可以做其他股票了；第二，股市的点位止损幅度是25%，意味着盈利目标是75%，股票价格上涨75%，才能止盈离场，而满足75%的上涨幅度，通常需要半年，时间比较长；第三，股票只能做多，不能入空，A股人部分时间又处于熊市之中，顺势入仓机会比较少。因此，按照这个交易规则来做股票，平均半年可能有2次开仓机会，想完成39笔交易，需要10年左右，意味着10年的收益率是4.6倍，年化收益率是16%左右，远低于同样交易规则下期货超过200%的年化收益率。其实对于一个私募或公募基金而言，平均年化收益率能达到16%，已经非常不错了，对于个人理财而言，如果一个投资者每年的收益率能达到16%，也很不错了，毕竟高风险的P2P，年化收益率也只是在10%左右，银行的长期定期存款利率也只是在4%左右。

我们修改交易规则，如果成功率仍然为40%，赔率从3降到2，经过测算，最佳仓位为31%，盈利2.5万元，收益率为25%，下降太大了，与同样交易规则下的期货收益率很接近，当仓位超过63%，账户便会亏损。继续修改规则，如果赔率为2，成功率从40%提高到50%，交易盈亏的交替依然如下：第一次亏损，第二次盈利，第三次亏损，第四次盈利，第五次亏损，第六次亏损，第七次亏损，第八次盈利，第九次盈利，第十次盈利。满足成功率为50%的条件，第十次盈利后，步入下一个盈亏周期，不断循环往复，每一周期都有一次连续亏损为三次的情况。如图5-13所示，盈利额与仓位的坐标走势图没有呈现"倒U"形分布，而是一路上行，最佳仓位是100%，即满仓，经过了四轮交易周期，总共40次交易之后，收益达到95.45万元，收益率约9.5倍，与"成功率为50%，赔率为2"的同样交易规则下期货的收益率为9.5倍恰好一致，两者的收益率同样非常接近。同理，如果按照39次交易，把第40次交易的盈利去掉，不计入利润，满足39次交易，那么收益是60万元，收益率为6倍，显著超过了交易规则为"赔率为3，胜率为40%"的4.6倍收益率。既然期货有杠杆，为什么期货的收益率却和股票一样呢？由上文可知，股票完成40次交易，实现9.5倍的收益率，可能需要十年左右，年化收益率为25%左右；期货完成40次交易，实现9.5倍的收益率，只需要两年左右，年化收益率为200%左右，期货的年化收益率远高于股票。

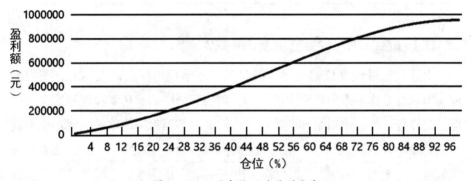

图5-13　不同仓位下的盈利曲线

将上面的数据进行汇总，我们可以发现许多有趣的现象：第一，同样的交易规则，在最佳仓位下，期货和股票获得的收益竟然是非常接近的，最大回撤也近似一致，这点超出意料，即最大收益只与胜率和盈亏比两个参数有关，与是否用杠杆无关，当然如果考虑年化收益率的话，期货的年化收益率远高于股票。第二，股票没有杠杆，在同样的交易规则下，股票的最佳仓位远高于期货的最佳仓位，是期货最佳仓位的近3倍。第三，期货有杠杆，最佳仓位处于［10%，40%］区间，属于轻仓范畴，当仓位达到重仓，最终都会亏损，这决定了做杠杆交易，想要稳定盈利，绝对不能重仓；与之相比，股票没有杠杆，两种优秀交易规则的最佳仓位都处于重仓范畴，股票想要获得最大盈利，很可能需要重仓。第四，胜率为40%，赔率为2的交易规则，盈利能力比较微弱，无论提高成功率，还是提高盈亏比，最佳仓位都会提高较多，同时收益都会呈现指数级别的增长，如表5-5所示。

表5-5　　　　　　不同交易规则下，期货和股票的相关数据　　　　　单位：元

| | 期货 | | | 股票 | | |
|---|---|---|---|---|---|---|
| | 最佳仓位 | 盈利额 | 最大回撤 | 最佳仓位 | 盈利额 | 最大回撤 |
| 胜率40%，赔率2 | 11% | 25293 | 37.90% | 31% | 25291 | 33.20% |
| 胜率40%，赔率3 | 26% | 454909 | 63.40% | 72% | 455064 | 62.90% |
| 胜率50%，赔率2 | 36% | 954359 | 58.10% | 100% | 954509 | 55.20% |

### 3.投资实战中，合适的仓位是多少？

上述对于最佳仓位的论述，都是基于数学理论模型，实际上，我们的成功率和盈亏比不是固定不变的。例如震荡行情中的成功率和盈亏比会比较低，趋势行情中的成功率和盈亏比会比较高，甚至每一笔单子的成功率和盈亏比都是不同的，同时期货的点位止损幅度也不一定是7%（股票的点位止损幅度不一定是25%），盈利目标位也不一定恰好是点位止损幅度的两倍或三倍，区域范围很大，盈亏交替也很可能不像上面说的那种方式交替。更重要的是，还没考虑到账户资金回撤对我们心态构成的冲击，如果连续止损导致账户资金回撤超过40%，我们很可能表现出绝望，情绪失控，直接促使我们放弃交易规则，开始胡乱交易，也就会错失后面赚回本金和利润的行情机会，最终依然亏损离场。对于私募基金而言，通常清盘线为0.7，当亏损超过30%，私募基金便会被清盘，寿命终结，所以需要严格控制账户资金回撤，不允许账户资金回撤过大。

因此，上面所阐述的最佳仓位是一种理论数字，我们还需要考虑到更复杂的因素，例如最大回撤率，交易系统最大连续五次止损，总回撤率不超过总账户资金的30%，则单笔止损要控制在总账户资金的7%之内。另外，期货中的点位止损幅度不一定是7%，每笔单子的止损点位幅度是不同的，需要结合技术上有效的止损点位，如果点位止损幅度大，仓位自然会比较低，

如果点位止损幅度小，仓位相对比较高。因此，我们做单的仓位大小不仅要参考最佳仓位，还要考虑最大回撤率和科学的止损点位。不过根据数学模型计算的最佳仓位，可以为入场的仓位大小提供重要的参考，至少告诉我们"在具有正期望值的交易规则下，并非仓位越大赚得越多，对于有杠杆的期货、外汇或数字货币而言，想要获得最大利润，最佳仓位反而是轻仓，重仓不仅不能带来盈利，反而带来亏损，甚至爆仓。"对于杠杆为十倍的期货而言，根据上文可知，赔率为3、胜率为40%左右的最佳仓位是26%，赔率为2、胜率为50%左右的最佳仓位是36%，具备盈利能力的趋势交易系统，通常处在这两种交易规则之间，所以最佳仓位的区间是［26%，36%］，为了方便记忆，我们将最佳仓位的区间设定在［25%，35%］，中间是30%，另外，利润与仓位的坐标图形呈现"倒U"形状，类似正态分布，不是离散分布。

具体到期货实战中，交易系统或每笔单子的最佳仓位到底是多少呢？由上文可知，每笔单子的盈亏比和成功率都是不同的，点位止损幅度也不相同，所以每笔单子的最佳仓位并不相同，关键我们永远无法得知每笔单子的最佳仓位是多少，只能坚持满意原则，如果最佳仓位是35%，则30%离35%比较近，利润差别不大，如果最佳仓位是25%，则30%离25%也近，利润差别也不大，无论最佳仓位处在区间［25%，35%］的上边区域，还是下边区域，30%仓位离它们都比较近，利润相对差别不大，所以30%是期货中比较好的仓位参考点，我们将仓位设定在30%附近。另外，如果最佳仓位是30%，那么33%仓位和27%仓位的盈利很接近，与30%最佳仓位的盈利也差不了多少，考虑到止损和最大回撤要越小越好，那么27%仓位优于33%仓位，因此在最佳仓位区间［25%，35%］，仓位能选小，不选大，同时仓位小，虽然盈利少，但可以实现盈利，所以当弄不清楚多少仓位合适的时候，能小仓入场，不选择大仓。

在实战中，具体到每笔单子的仓位是多少，除了考虑最佳仓位之外，还需要结合最大回撤率和止损幅度，以损定仓，先确定技术上有效的止损点位，每笔止损不超过总账户资金的7%，来计算具体的仓位，以期货为例：

仓位 × 止损幅度 × 10 ≤ 7%；

止损幅度 =|入仓价 – 止损价|/入仓价

例如，账户资金为10万元，期货合约当前价格为1万元，以当前价格入仓，止损价为9750元，计算：

止损幅度 =| 入仓价 – 止损价 |/ 入仓价 = |10000 – 9750|/10000=2.5%；

仓位 × 2.5% × 10 ≤ 7%；

仓位 ≤ 28%。

计算的最大仓位是28%，处在最佳仓位区间［25%，35%］，意味着本笔单子最大的仓位是28%，那么我们入场的仓位为28%，便是最优策略。如果计算的最大仓位是20%，不处在最佳仓位区间，考虑到控制回撤是我们的头等大事，风险第一，兼顾收益，我们牺牲收益率，选择20%仓位，至少比20%以下的仓位能获得更大的利润；如果计算的最大仓位是45%，那么选择的仓位不超过35%就行，毕竟处在最佳仓位区间的仓位，能获得更多利润，而且回撤率和风险都低于45%的仓位，不过期货有杠杆，最大仓位不容易超过35%。

对于股票而言，没有杠杆，最佳仓位可以达到重仓，但考虑到最大回撤要控制在30%之内，最多能忍受连续五次止损，每笔止损要控制在7%之内。每笔单子的仓位，依然以损定仓：

仓位 × 止损幅度 ≤ 7%；

止损幅度 =| 入仓价 – 止损价 |/ 入仓价

例如，账户资金为10万元，股票价格为10元，止损价为8元，计算仓位：

止损幅度 =| 入仓价 – 止损价 |/ 入仓价 =|10−8|/10=20%；

仓位 ≤ 35%。

计算的最大仓位为35%，我们买入股票的仓位在35%附近就行，虽然低于最佳仓位，但风险第一，兼顾收益，让我们能控制账户资金的回撤，避免情绪失控。另外，35%仓位入场，剩余的可用资金比较多，等到底仓有了利润保护之后（即可以确保不亏离场），剩余的可用资金可以加仓，或者买入其他股票，不会浪费资金，既控制了单笔止损和账户资金回撤，又同时分散了股票，避免把鸡蛋都放在一个篮子里。

当然，具体入仓时，不会以"账户总资金的百分比"的仓位形式来入仓，而是以手数来入仓，例如买五十手，所以仓位还需要折算成手数，折算成手数后，最终的仓位会略小于预期仓位。每笔下单前，参考最佳仓位区间和最大回撤的容忍程度，结合技术上有效的止损点位，设定每笔单子的入仓手数，确保每笔止损都在自己的容忍范围内，防止损失超出预期，一方面，尽可能地让我们获得更多利润，另一方面，可以直接规避重仓，解决重仓问题不只是心态的问题，更是投资基本功和认知的问题。在私募基金操盘的时候，风控部门时刻盯着账户的仓位，入仓前都会严格把关，是不可能重仓的，不过在私募操盘之前，我自从采取"以损定仓"策略之后，便没再重仓过。

# 5.3  如何计算交易系统的盈亏比

由前文所知，无论操作期货，还是买卖股票，如果交易规则是"盈亏比为2∶1，成功率为40%"，经过39笔交易后，最大收益率是25%，当把成功率从40%提高到50%后，经过40次交易后，最大收益率从此前的25%提高到455%，呈现指数级别的暴增，可见盈亏比的提高对于收益率的提升非常显著。另外，想要得出交易系统的最佳仓位，我们需要知道交易系统的成功率和盈亏比两个指标，交易者经常讨论如何提高成功率，喜欢用成功率来判断一个人的交易水平或一个交易系统的优劣，但较少讨论盈亏比，其实这样会陷入误区，成功率固然重要，但盈亏比同样也很重要，甚至比成功率更重要。

## 1.相比成功率，盈亏比为什么更重要？

在我们的第一印象中，感觉交易要想盈利，成功率需要在60%之上，当然前文讲过，想要实现做单的高成功率，并不难，只需要放弃止损，每次浮亏就扛单，出现一点利润就赶紧跑，成功率便可以轻松达到80%之上，但这种成功率没有意义，只需要一两次失败，扛不回来，浮亏大到被强平，亏损惨重，伤筋断骨，甚至爆仓，最终被清洗出投机市场。这种方法的本质是"及时截断利润，让亏损自由奔跑"，盈亏比为1∶10，甚至会达到1∶20。根据凯利公式，交易想要盈利，需要成功率和盈亏比同时满足条件才行，当盈亏比为1∶10时，成功率达到90%后，才可能勉强盈利，在震荡行情中成功率可以扛到90%，但在趋势行情之中，扛单的成功率就比较低，整体的成功率很难会超过90%，同时遇到趋势行情，扛单会遭遇强平或爆仓。因此，扛单这种方法是行不通的，必须设置止损。

成功率确实比较重要，提高成功率不仅可以大幅提高收益率，还可以显著地减少止损次数和降低止损频率，有助于保持平和的心态，不过为了避免扛单造成损失，我们需要遵守交易规则，严格执行止损，可是一旦执行了止损，成功率便很难做高。行情的走势错综复杂，2/3的时间都是震荡行情，大部分震荡都是无序波动，频繁假突破，乱而无序，此时成功率会很低；剩余的1/3是趋势行情，但即便趋势行情，大部分趋势呈现震荡式上涨或震荡式下跌的轨迹，反抽大，进三退二，上下波动，容易触及设定的点位止损，被清洗出局，即使做对了方向，也可能亏损收场。因此，在实战中，当执行止损后，成功率是比较难做高的，国际上常见的优秀趋势交易系统，成功率在35%~40%，再往上提高，比较困难，面临天花板。

顺势交易的核心思想是"截断亏损，让利润自由奔跑"，截断亏损需要设置止损，注定成功率难以做高，但放飞利润可以提高盈亏比，而且盈亏比没有天花板的限制，从这个角度而言，盈亏比更为重要。

## 2.具体到某一笔交易，无法提前预判盈亏比

根据凯利公式，当盈亏比为3∶1，成功率只需要超过25%，便可以获得盈利，所以交易者经常说"判断某一笔交易是否值得做，需要预估一下这笔交易的盈亏比是否大于3∶1，如果满足则做，不满足则不做"，这意味着我们似乎能提前预判某一笔交易的盈亏比。点位止损是人工设置的，某一笔交易的损失可以预估，只需要知道这笔交易的盈利目标位，便可以预估这笔交易的盈亏比，那么我们能否提前预判某一笔交易的盈利目标呢？这取决于我们的能力圈，分别来看。

**（1）根据基本面，能粗略判断某一笔交易的盈利目标位。**

前文讲过，基本面具有前瞻性，大行情爆发的动力必然来自基本面，如果上市公司的产品供不应求，新产品或新技术不断涌现，缺乏竞争对手，则股价的上涨空间很大，可以结合业绩增长速度和估值PE等股价估值工具，粗略估算股价的上涨目标区域，但并不能清晰和明确地得出一个具体的价格目标，不过可以肯定的是，上涨空间比较大，盈亏比肯定会大于3∶1，可能大于10∶1，甚至大于20∶1，这就足够了，这笔单子肯定值得做。对于商品期货，同样如此，大行情爆发的动力是商品的供需矛盾，如果商品供不应求，产能受限，但需求不断增长，商品的上涨空间自然比较大，虽不能明确判断出价格具体的上涨目标位，但可以确定盈亏比大于3∶1，可能大于5∶1，这就可以了。

不过绝大部分上市公司都没有深深的护城河，在市场的竞争之下，利润慢慢都会平均化，公司的优势和劣势要不都比较平淡，要不都比较显著，判断股价的未来空间就比较困难；商品在大部分时间内都处于供需平衡，矛盾冲突并不大，难以爆发出大行情，意味着大部分时间内，对于商品的价格空间同样难以做出判断。所以在大部分时间内，矛盾冲突都不大，未来都处于判断模糊区，我们难以判断价格未来的空间大小，也就无法预判某笔交易的盈亏比，单子是否值得做，便也模糊不清。当然，基本面最大的难点不是这个，而是错综复杂，很难能捋清其中的线条和逻辑，对个人投资者而言，连第一手的信息和数据都无法获得，更不要说去伪存真、逻辑框架和推理演绎等复杂要求了，因此，个人投资者基本上不能用基本面判断行情的盈利目标位，也就无法预估某一笔交易的盈亏比。

**（2）根据技术分析，难以预估某笔交易的盈亏比。**

许多交易者认为可以预估某笔交易的盈亏比，具体方法是"将前面一个波峰作为盈利目标位，点位止损是自己设定的，然后将盈利幅度除以止损幅度，便是盈亏比。"这个方法是否可行呢？我在交易早期也用这种方法来预估盈亏比，时间长了，发现这种方法的缺陷很大，有以下缺陷：

第一，在当前价格的上方，如图5-14所示，前面有多个波峰，以哪个波峰作为这笔交易的盈利目标位？以最低的波峰作为盈利目标，则预期的盈利幅度比较小，可能无法满足3∶1的盈亏比；以最高的波峰作为盈利目

标，则盈利幅度很大，又担心价格达不到最高波峰，心里没底。最终根据
自己的主观意愿和猜测，选择其中一个波峰作为自己的盈利目标，既能满
足盈亏比为3∶1的要求，又不至于目标价格太高，为自己的入仓提供了充
足的理由。

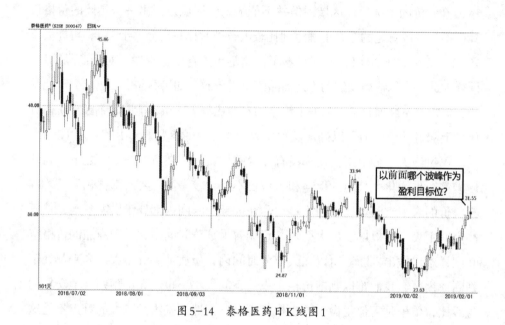

图5-14　泰格医药日K线图1

你有没有发现，这种对于盈利目标的预估，带有很强烈的主观色彩，无
论什么时候，只要你想入场，便可以随意拿出一个满足要求的波峰，作为盈
利目标位，诱导自己入场，只要你想买入，轻松就可以找到入仓的理由，甚
至都不需要波峰，可以凭空想象出一个价格，作为盈利目标位，完全主观和
情绪化了，导致频繁交易和频繁止损。不考虑价格是否可能会上涨到那里，
当然由于技术分析的本质不是预测，也不可能知道价格是否会涨到那里，如
果想交易，渴望入场，便可以搬出一个想象出的盈利目标，轻松让自己不断
地入仓。

第二，把前面波峰作为盈利目标位，有什么依据证明价格会上涨到这
个位置呢？如图5-15所示，价格可能会涨到前面波峰，也可能会涨破波峰，
比波峰还要高出去很远，还可能涨不到波峰便见顶回落，价格上涨的区域范

围很大，随机性很强，根本不清楚价格最终能涨到哪里。

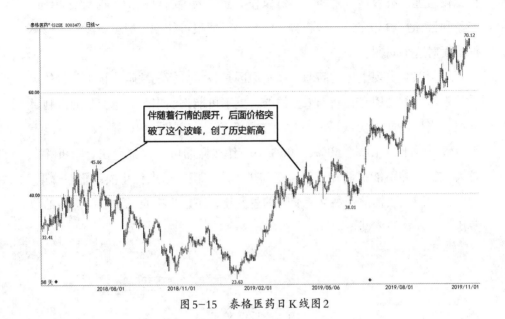

伴随着行情的展开，后面价格突破了这个波峰，创了历史新高

图 5-15　泰格医药日 K 线图 2

　　许多交易者说价格遇到压力便可能见顶，当涨到前波峰，遇压力而回落，所以波峰有理由作为我们的盈利目标位。不过顺势交易的思想是"让利润自由奔跑"，因为趋势行情可以突破任何的压力位，换句常说的话，在趋势行情下，压力位就是用来攻破的，一个波峰根本挡不住趋势前行的动力。如果波峰真的可以构成压力，价格涨到压力便见顶回落，构成短期顶部，那么盘面上应该到处是双重顶的形态，实际上，盘面上的双重顶形态比较稀少，这说明在价格上涨过程中，不是没涨到前波峰，就是攻破前波峰，小概率能够恰好涨到前波峰而见顶，所以从概率角度上讲，将前期波峰作为盈利目标位，并没有数据支撑。因此，将前期波峰作为某笔交易的盈利目标位，纯属我们个人的主观意愿，没有成功率的支撑，主观化色彩浓厚，只要我们想参与交易，便可以轻松找到一个目标波峰，吸引我们入场，控制不住做单的冲动，亏损是自然的结局。

　　第三，当价格创了历史新高后，上方便没有波峰作为某笔交易的盈利目标位，我们该如何设定盈利目标呢？或者，前两年行情一直低迷震荡，现在价格突破了前两年的高位，虽然没有创出历史新高，但是前期的波峰距离现在比较遥远，有效性非常弱，也难以作为我们的盈利目标位，我们该如何设定盈利目标？顺势交易是做趋势，而趋势行情很可能创出历史新高，我们不得不面对这个问题。

之所以会出现上述的问题，根本原因是技术分析的缺陷，技术分析的本质是跟随，不是用来判断未来行情的，更不可能判断出某一笔交易的盈利目标位，当价格向上突破后，行情可能是假突破，如图5-16所示，也可能上涨30%，或上涨40%、50%、100%……什么样的可能性都存在，随机性比较大，我们并不能提前知道行情能前进多少，仅知道点位止损设置在哪里，因此，我们无法提前预估某笔交易的盈亏比，不能根据自己主观臆想出的盈亏比作为入仓的依据。

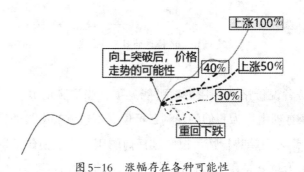

图5-16　涨幅存在各种可能性

## 3.计算交易系统的盈亏比

博彩行业中的盈亏比容易计算，游戏规则是事先就明确规定好的。例如赌硬币的正反，押注1元，输一次亏1元，赢一次赚2元，盈亏比为2∶1；足球赌彩押错一次亏1元，押对一次赚3元，盈亏比为3∶1；赛马押注，押错亏1元，押对赚10元，盈亏比为10∶1。相比而言，计算交易系统的盈亏比是比较复杂的，虽然每笔单子的止损额可以固定，但每笔单子的盈利是不固定的，可能赚10%，也可能赚20%，或50%、100%，每笔单子的盈亏比都不相同，那么如何得出交易系统的盈亏比呢？只能根据大数定律，统计较长时间内的盈利额、亏损额和交易笔数等数据，来求盈亏比，得出的盈亏比数据就会趋近交易系统的盈亏比，当知道了交易系统的盈亏比之后，我们便能大致估算出交易系统的最佳仓位是多少。计算交易系统的盈亏比，有两种常见的计算方式：

第一种：按照平均每笔盈利与平均每笔亏损的比值。

盈亏比＝平均每笔盈利/平均每笔亏损

第二种：按照总盈利与总亏损的比值。

盈亏比＝总盈利/总亏损

第二种盈亏比的计算方法，直接可以知道交易系统是盈利还是亏损，按照这种计算方法，当盈亏比大于1，总盈利就大于总亏损，交易系统是盈利的，当盈亏比小于1，总盈利就会小于总亏损，交易系统是亏损的，是否盈利或亏损，似乎与成功率无关，只与盈亏比有关。另外，只有一段时间的交易笔数完成后，才能根据总盈利和总亏损，来计算盈亏比，并不能提前知道盈亏比，同时按照这种方法计算的盈亏比数值，会不断变化，因为在不同的时间段，总盈利和总亏损是不同的，盈亏比很可能不断变化，不具有稳定性，不能根据这种不断变化的盈亏比数值，来判断一个交易系统的优劣或一个人的交易水平。如果在博彩行业，也按照总盈利与总亏损的比值当作盈亏比数值，那么在赌注游戏结束前，我们尚不知道自己的盈利与亏损，便不知道盈亏比是多少，自然无法计算最佳仓位，凯利公式便也失去意义，所以这种计算盈亏比的方法有问题。判断一个投资人的交易水平或一个交易系统的优劣，是根据成功率和盈亏比两个指标，两个指标应该是相互独立的变量，互不干涉，而第二种盈亏比的计算方法，其实已经将成功率包含在内了，盈亏比与成功率不再是独立和并列关系，而是包含和混杂关系，即便不知道成功率，也能知道盈利情况，成功率指标显得多余。

按照第一种方法计算的盈亏比，符合凯利公式中的盈亏比的含义，即每笔单子成功时赚多少钱，每笔单子失败时亏多少钱，两者相除便是盈亏比，按照这种计算的盈亏比并不能决定最终的盈亏，还需要结合成功率，同时，这种盈亏比能够代表交易系统的一个变量，交易系统一旦固定，这种盈亏比数值的变化便比较小，稳定性比较强，所以计算交易系统的盈亏比，应该采用第一种方法，将平均每笔盈利与平均每笔亏损相除。我们统计一段时间内交易的盈利金额、盈利笔数、亏损金额、亏损笔数等，平均每笔盈利=盈利金额/盈利笔数，平均每笔亏损=亏损金额/亏损笔数，计算盈亏比的公式：

盈亏比=（盈利金额/盈利笔数）/（亏损金额/亏损笔数）

举例，某金融投资公司对两名交易员的操作盈利水平进行测试，经过一个月的统计，小明有5笔盈利，盈利金额为21000元，有10笔亏损，亏损金额为7000元，实际盈利金额为21000-7000=14000（元）。小红有4笔盈利，盈利金额为25600元，有8笔亏损，亏损金额为9600元，实际盈利金额为25600-9600=16000（元）。求小明和小红的盈亏比分别是多少？

小明的盈亏比：（21000/5）/（7000/10）=6；

小红的盈亏比：（25600/4）/（9600/8）=5.3。

某一笔交易的盈亏比是不确定的，要等行情走完后才能知道。我们要得出交易系统的盈亏比，需要通过长期的交易获得大样本数据，样本越多越好，得出的盈亏比数据便趋近交易系统的盈亏比，交易次数太少，说明不了问题，交易次数至少要达到100次，这种统计才有意义。不过对于顺势交易而言，入仓机会比较少，要想获得100笔交易的数据，需要五六年甚至更长的时间，时间成本比较高，而且在实战中，真金白银的盈亏会影响主观情绪和实际操作，我们未必会严格根据交易系统的信号进行交易。例如不该止盈却提前止盈，不该止损却提前离场，这些都会导致交易数据失真，得出的盈亏比数据可能与交易系统真实的盈亏比相差比较大，不仅如此，根据失真数据得出的成功率，可能也与交易系统的真实成功率相差比较大，那么根据失真的盈亏比和成功率两个数据来决定最佳仓位，容易让我们误入歧途。

如何快速得出真实的盈亏比呢？前文讲过，可以用双盲测试，一方面，按照实战的方法测试交易系统，不需要承担真金白银的盈亏波动，情绪不容易受到影响，便可以严格执行交易系统，得出的盈亏比会接近交易系统的真实数值；另一方面，双盲测试速度很快，一周之内便可以获得100笔交易的数据，短期内可以获得几百笔甚至上千笔的数据，样本非常充分，得出的盈亏比具有统计学意义，可以代表交易系统的真实盈亏比。其实通过大量的测试，不仅可以获得盈亏比的重要数据，也可以获得成功率的数据，成功率和盈亏比都要自行测量,在此过程中一定不要自欺欺人,因为我们以后的投资决策将主要依靠它们。

## 4.如何提高交易系统的盈亏比

根据凯利公式来看,在最佳仓位下,如果成功率为30%,赔率大于2.5倍,成功率为35%,则赔率必须大于1.9倍,交易规则才能盈利。如果不是最佳仓位,即便"赔率为3倍,成功率为35%"的交易规则,也未必能盈利,考虑到我们未必知道交易系统的最佳仓位,也不可能知道每笔交易的最佳仓位,以及控制最大回撤的需要,我们的仓位很可能不是最佳仓位,无法获得最大收益,因此,要想实现稳定盈利,盈亏比需要一个安全边际,比成功率所对应的最低盈亏比要高一些。例如成功率为35%,最低的赔率为1.9倍(赔率即为盈亏比),在最佳仓位下,交易规则才能盈利,而我们的入仓很可能不是最佳仓位,所以赔率要显著高于1.9倍才行,再考虑到手续费和每年对于收益率的需求,通常来讲,3倍的赔率是一个最低的门槛,才能确保每年基本上能获得稳定的利润,即盈亏比至少为3:1。如表5-6所示,不同成功率和盈亏比下的最佳仓位不一样。

表5-6　　　　　　　不同成功率和盈亏比下的最佳仓位

|  | 1 | 1.5 | 2 | 3 | 5 | 10 |
|---|---|---|---|---|---|---|
| 30% | -40.0% | -16.7% | -5.0% | 6.7% | 16.0% | 23.0% |
| 35% | -30.0% | -8.3% | 2.5% | 13.3% | 22.0% | 28.5% |
| 40% | -20.0% | 0.0% | 10.0% | 20.0% | 28.0% | 34.0% |
| 45% | -10.0% | 8.3% | 17.5% | 26.7% | 34.0% | 39.5% |
| 50% | 0.0% | 16.7% | 25.0% | 33.3% | 40.0% | 45.0% |
| 55% | 10.0% | 25.0% | 32.5% | 40.0% | 46.0% | 50.5% |
| 60% | 20.0% | 33.3% | 40.0% | 46.7% | 52.0% | 56.0% |
| 65% | 30.0% | 41.7% | 47.5% | 53.3% | 58.0% | 61.5% |
| 70% | 40.0% | 50.0% | 55.0% | 60.0% | 64.0% | 67.0% |

| | 1 | 1.5 | 2 | 3 | 5 | 10 |
|---|---|---|---|---|---|---|
| 75% | 50.0% | 58.3% | 62.5% | 66.7% | 70.0% | 72.5% |
| 80% | 60.0% | 66.7% | 70.0% | 73.3% | 76.0% | 78.0% |
| 85% | 70.0% | 75.0% | 77.5% | 80.0% | 82.0% | 83.5% |
| 90% | 80.0% | 83.3% | 85.0% | 86.7% | 88.0% | 89.0% |

盈亏比如此重要，该如何提高交易的盈亏比呢？我们完全可以控制每笔单子的止损额，只需要增大每笔单子的利润，便可以提高交易的盈亏比。顺势交易的思想是"截断亏损，让利润自由奔跑"，牢固地拿住盈利单，不限制利润的奔跑，任凭利润像野马一样在自由广阔的草原上飞奔，伴随着大行情的展开、爆发和结束，便可以获得高额利润，盈亏比自然会比较高。不过"让利润自由奔跑"只是一种战略性的指导思想，或者是一种比较粗糙模糊的概念，在实战中，如果行情不大，"利润自由奔跑"的结果就是"坐过山车"，行情涨了上去，又跌了回来，空等着利润奔跑，结果利润跑没了，即便是大行情，大行情也得有个尽头，如果一直让利润自由奔跑，则利润必然跑没。因此，交易中必须设置止盈信号，既尽可能地让利润奔跑，也尽可能地防止"坐过山车"，不过后两者本身存在相互矛盾的问题，不可能同时解决，在技术分析的范畴里，无论止盈信号如何修正，"利润自由奔跑"和"防止坐过山车"的矛盾是无解的，如果让"利润自由奔跑"，必然会"坐过山车"，如果"防止坐过山车"，利润便难以"自由奔跑"。鱼和熊掌不可兼得，为了增大交易的盈亏比，止盈信号的设置要侧重于"让利润自由奔跑"，同时兼顾"防止坐过山车"，止盈离场的条件需要略苛刻一些，不能轻易被止盈出去，能够容纳行情正常的调整，不过对于这种尺度的把握比较难，这就需要不断的双盲测试和调整，从中测试哪种止盈条件才能获得最大利润，最终才能固定止盈信号。前文讲过，交易遵循"严进宽出"的原则，入仓条件比较苛刻，离场条件相对宽松，虽然为了让利润奔跑，离场条件可以设置略苛刻一些，但苛刻程度仍然低于入仓条件。

之所以无法圆满解决"利润自由奔跑"和"防止坐过山车"的矛盾问题，根本原因是技术分析的缺陷，不能够判断未来，不能提前知道哪只股票或品种的行情有多大，提高盈亏比便面临天花板。如果引入基本面的话，问题有望迎刃而解，基本面分析可以弥补技术分析的缺陷，在许多只股票或多个商品期货中，利用基本面分析的深厚功底和研究结论，大致判断出哪只股票或商品的行情最大，然后只做行情最大的几只股票或商品期货，利润奔跑的路程就会比较远，每笔单子赚的利润便很大，盈亏比自然大幅提高，能够超过 5：1，甚至 10：1，有一个指数级的跃升。不仅如此，大行情的走势比较流畅，通常反抽小，不容易扫到移动止损位，做单的成功率也能够显著提升，当盈亏比大幅提高，成功率也显著提升后，根据凯利公式，最佳仓位便会从 30% 附近提升到 60% 左右，各项指标全面提高，那么盈利将呈现指数级的增长模式，利润会多出十倍以上，这就是为什么擅长基本面分析的投资者容易获得高收益率。因此，想要大幅提高盈亏比，引入基本面分析是最好的方法，积累基本面分析的研究逻辑和经验，利用基本面分析做大行情，成功率和收益率都会出现质的跃升。当然，前文讲过，基本面分析的缺陷是太难，个人投资者难以研究透，研究不明白，对操作不仅不能带来益处，反遭其害，还不如纯粹用技术分析来做单，虽然难以实现高收益率，但可以实现稳定盈利。

## 5.4　操作品种越多，盈利是否越多

许多交易者认为：只要有一个能盈利的交易系统，同时按照交易系统做，那么做得多赚得多，做的品种越多，赚得也越多，无论什么品种出现入仓信号，都要入场，才能抓住一切尽可能的机会，不放过任何一个机会，自然赚得越多。在交易市场，如果只操作少数几个品种，例如三四个品种，若在较长的一段期间内，这三四个品种一直没行情，而剩余的品种由于基础数量庞大，像期货有四十多个商品，股票有几千只，不是这个品种有行情，就是那个品种有行情，而由于自己的投资范围太小，只能傻瞪眼，干着急，错

过了绝大部分品种的机会，账户在较长的一段期间内始终不见利润，甚至还不断亏损，资金躺在账户里休息，没有利用起来。因此，许多交易者认为"为了不漏掉机会，要盯着大部分品种，这个品种上没有机会，那个品种上就会出现机会，我们就去做那个品种，等到那个品种的行情结束，再换另一个有行情的品种，这样会使账户中的资金永不停息，充分利用每一分钱，始终处于赚钱之中，利润就会比较多"，机会无限，盈利无限，所以他们得出结论：同一套交易系统，操作品种越多，能抓到的盈利机会越多，最终的盈利也越多。

在踏入交易较长的一段时间内，我也有过类似的直觉认识，而且深信不疑，虽然投资强调聚焦的重要性，可总怕聚焦让我错过其他品种的行情，所以当时整日忙于各个品种的操作之中，这个品种的行情不管有没有做完，只要账户里有剩余资金，马上再去做另外一个品种，不让自己停息，不让资金休息，生怕休息了一下，就错过资金翻倍的盈利机会。忙忙碌碌，一刻不得闲，可回头看，不仅盈利不多，甚至不断亏损，在这个品种上好不容易赚了一点钱，马上就在另外一个品种上亏掉，赢钱总是很难，亏钱却很容易，始终无法破解。

为了定量说明问题，假设一个趋势交易系统，盈亏比是3∶1，成功率是40%，应该说，这个交易系统的各方面指标还不错，属于常见的能够盈利的趋势交易系统。如何获取一个交易系统的成功率和盈亏比两个指标？前文讲过，实战中可以获得这些数据，但是受到样本数量的限制和实战中未必会严格执行交易规则的缺陷，实战中获得的这两个数值可能与交易系统的真实数值差别较大。现实中，机构或个人测试的交易系统，通常采用统计或编程测试等方法，本书在前文建议的方法是双盲测试，这种方法更接近实战，数据更真实，样本数量也足够多。其实无论是双盲测试，还是统计或编程测试等方法，测试交易系统的成功率和盈亏比等指标，通常是测试完一个品种后，再测试另外一个品种，一个品种接着一个品种地测试，放在交易实战中，相当于交易市场中刚开始只有一个品种A，没有可选品种，我们只能操作该品种，后来A退市、B上市，此时投机市场中只有一个品种B，只能操作品种B，紧接着B退市、C上市，只能操作品种C，接着按照这种形式操作D、E、

F等品种，每一时期投机市场中只有一个品种，没有可选品种，只能操作一个品种，不牵涉品种分散和多品种操作的问题，最终获取了大量样本数据，计算出交易系统的成功率和盈亏比等指标，本篇开头提到的交易系统"成功率是40%，盈亏比是3:1"，也是基于这种方法所获得的数据。但是这种数据的获取方法也有缺陷，在实战中，投机市场中同时有多个品种，我们有多个选项，可以同时持有多个品种，也可以做完A品种，去做B品种，接着做C品种，牵涉到品种分散和多品种操作的问题，会让交易更复杂一些，也更困难一些，如果品种分散不当，实战中做单的成功率会显著低于40%，盈利结果会与交易系统的期望值差别较大。

为了清楚说明问题，假设账户本金10万元，利用"成功率是40%，盈亏比是3:1"的交易系统来做交易，根据凯利公式，最佳仓位是20%，点位止损是3%，每笔止损控制在6%之内，当行情陷入震荡之时，会连续止损三次，震荡行情结束，步入趋势行情，会连续盈利两次，满足成功率为40%的条件，每次的盈利目标是9%，满足盈亏比3:1。实际中，震荡行情期间不一定会连续止损，例如第一笔单子止损，第二笔单子保本或微薄利润（基本上等于保本），第三笔单子止损，为了简化问题，我们称其连续止损两笔，中间一笔等于没有做单，震荡行情中做顺势交易，即便有利润，通常也比较微薄。理论上讲，这个交易系统能够盈利，但如果品种过于分散，操作品种过多，即便我们能够严格执行交易系统，最终依然很可能以亏损结束，我们定量分析（暂不考虑手续费）：

## 1. 操作品种多，当陷入系统性的震荡行情，止损次数会成倍放大

由于受到宏观经济、资金面等因素的影响，无论股票还是期货，一个市场中各个品种的走势都具有相关性，同向性比较强。在大盘下跌的时候，90%左右的股票都会下跌，在大盘上涨的时候，80%的股票都会一起上涨，大部分股票同时处于下跌，或同时处于震荡，或同时处于上涨之中；同理，期货中大部分商品都会在一段时间内同时上涨，或同时下跌，或同时陷入震荡，看似没相关性的农产品期货和工业品期货，走势也具有一定程度的同向性，例如当资金撤离期货市场时，农产品期货和工业品期货都会步入

无序的震荡行情。对于单个品种而言，趋势行情比较少，震荡的时间占多数，其实对于一个市场而言，同样也是震荡行情占多数，趋势行情占少数，无论股票还是期货，一年之中，平均约2/3的时间都属于震荡行情，在一个市场陷入系统性震荡的这段时间内，绝大部分品种都会同时步入震荡之中。在震荡行情之中，交易信号的成功率大幅降低，降到了20%左右，浮盈还没捂热就转为亏损，即便有盈利，也比较微薄，远远无法覆盖止损。

如果我们只操作一个期货品种，杠杆为十倍，当陷入震荡行情之中时，上述的交易系统在一个品种上会遭遇连续止损三次，第四次便能迎来该品种的趋势机会，从而抓住赚回本金的盈利机会。当连续止损三次，账户亏损的金额：

第一次止损，亏损额：$100000 \times 20\% \times 3\% \times 10 = 6000$（元）；

账户资金余额：$100000 - 6000 = 94000$（元）。

第二次止损，亏损额：$94000 \times 20\% \times 3\% \times 10 = 5640$（元）；

账户资金余额：$94000 - 5640 = 88360$（元）。

第三次止损，亏损额：$88360 \times 20\% \times 3\% \times 10 = 5302$（元）；

账户资金余额：$88360 - 5302 = 83058$（元）。

经过三次累积止损，账户资金剩余83058元，亏损16942元，亏损率为16.9%，亏损尚不算太大，在可控范围，只要抓到趋势行情，就足以把此前的三次亏损赚回来，扣掉止损，还能获得一部分盈利。震荡行情结束后，趋势行情来临，连续两次盈利，账户的盈利金额：

第一次盈利，盈利额：$83058 \times 20\% \times 9\% \times 10 = 14951$（元）；

账户资金余额：$83058 + 14951 = 98009$（元）。

第二次盈利，盈利额：$98009 \times 20\% \times 9\% \times 10 = 17642$（元）；

账户资金余额：$98009 + 17642 = 115651$（元）。

经过两次盈利止盈后账户资金是115651元，盈利15651元，盈利率15.7%，实现盈利。这就是顺势交易的核心理念，用几次止损博回趋势行情的盈利机会，止损不可怕，只要后面的盈利能够覆盖止损，同时剩余一些盈利，便能稳定获利。

　　如果我们操作的品种比较多，操作了A、B、C、D、E、F等十个品种，当期货陷入震荡行情之中时，大部分品种几乎都处在震荡之中，当A品种出现了入仓信号，入场，三五天后止损离场，B、C、D、E、F等品种相继出现了入仓信号，也都相继入场，随后三五天都止损离场。当然，也可能在A品种上连错三次，转做B品种，再止损三次，C止损三次，D连错三次，也可能中间穿插做，穿插止损，A止损了一次，转做B，B止损了一次，再转做A止损，也可能同时做A、B、C、D，C、D先止损，再去做E、F，最终都止损……总之，不管什么样的操作方式，十个品种的止损累积起来，就会连续止损三十次，也就是说，十个品种所遭遇的止损，我们都要经历一遍，累积损失非常大。考虑到震荡行情期间，部分入仓时机可能会冲突，账户资金受限，部分机会没有入场，三十次可能的止损机会，实际上可能发生了2/3，即连续触发了二十次止损，每个品种是20%的仓位，账户最多只能同时持仓四个品种（五个品种会满仓，忍受不了一点点的回撤），为了方便计算，假设每次是持有四个品种，80%仓位，全部止损，这是第一轮止损；四个品种止损后，又入仓四个品种，这是第二轮止损；前四个品种止损，又入场四个品种，全部止损，这是第三轮止损……经过了五轮止损，达到连续止损二十次的要求，最终账户的资金数据：

　　第一轮止损，亏损额：$100000 \times 20\% \times 3\% \times 10 \times 4 = 24000$（元）；

　　账户资金余额：$100000 - 24000 = 76000$（元）。

　　第二轮止损，亏损额：$76000 \times 20\% \times 3\% \times 10 \times 4 = 18240$（元）；

　　账户资金余额：$76000 - 18240 = 57760$（元）。

　　第三轮止损，亏损额：$57760 \times 20\% \times 3\% \times 10 \times 4 = 13862$（元）；

　　账户资金余额：$57760 - 13862 = 43898$（元）。

　　第四轮止损，亏损额：$43898 \times 20\% \times 3\% \times 10 \times 4 = 10536$（元）；

　　账户资金余额：$43898 - 10536 = 33362$（元）。

　　第五轮止损，亏损额：$33362 \times 20\% \times 3\% \times 10 \times 4 = 8007$（元）；

　　账户资金余额：$33362 - 8007 = 25355$（元）。

　　经过二十次连续止损后，账户资金剩余25355元，亏损74645元，亏损率达到74.6%，对于本金的侵蚀巨大，想赚回本金，需要盈利294%，非常困难。更何况市场上不是只有十个品种，如果操作二十个品种，连续止损的理论次数是六十次，扣掉入场冲突的次数，也得有四十次，回撤率将超过90%，想要赚回本金，需要盈利接近十倍，变得几乎不可能。期货有五十个左右的品种数量，股市有几千只股票，如果都要去做，那么连续止损的次数将更多，不计其数，想要回本，将变得比登天还难。

## 2. 当系统性的趋势行情走出来后，盈利难以覆盖前面的连续止损

假设投资机会不是重叠的，A品种爆发行情后，我们入场，抓住了A品种的行情，等A品种行情结束后，B品种爆发行情，同样我们抓住了B品种，B品种行情结束，C品种行情爆发，我们又抓住了C品种的行情，依次抓住了D、E、F等品种的行情，在这种情况下，做的品种越多，自然赚得越多。但投资机会具有叠加性和冲突性，当A品种爆发行情之后，我们入了仓，A品种行情刚开始展开，远没结束，几日前后，B、C、D、E、F等品种相继爆发出行情，而账户的资金有限，没有无穷的资金，不可能同时抓住这么多品种的趋势行情，如果每个品种的仓位是20%，我们最多只能同时持有四个品种（五个品种会满仓，忍受不了一点点的回撤），其他大部分品种的行情和盈利机会，都与我们无关。

依然延续上面的交易进程，当操作十个品种，震荡行情经过二十次连续止损后，账户资金剩余25355元，当系统性的震荡行情结束，终于迎来了系统性的趋势行情，大部分品种都步入了趋势之中，每个品种都有两次的盈利机会。由于资金受限，我们只能同时持有四个品种，直到第一阶段趋势结束，四个品种都止盈离场，然后又入场了四个品种，直到第二阶段趋势结束，每个品种完成了两次盈利机会，也满足了测试单个品种时成功率是40%的要求，盈亏比是3:1。其他六个品种的趋势和盈利机会都与我们无关，经过两轮止盈后，账户的盈利数据：

第一轮盈利，盈利额：$25355 \times 20\% \times 9\% \times 10 \times 4 = 18256$（元）；

账户资金余额：$25355 + 18256 = 43611$（元）。

第二轮盈利，盈利额：$43611 \times 20\% \times 9\% \times 10 \times 4 = 31400$（元）；

账户资金余额：$43611 + 31400 = 75011$（元）。

经过两轮盈利后，账户资金是75011元，还亏损24989元，相对于10万元本金，亏损率为25%，终究未能盈利，如果步入下一轮交易的循环周期，将亏得越来越多，最终是爆仓。虽然操作十个品种，但当行情步入系统性的趋势之中时，我们只能操作四个，其他六个品种的趋势和盈利机会，都与我们没关系，品尝不到十个品种的收益。实际上，做单成功率已经不是40%了，二十次止损，八次盈利，成功率只有28.6%，由于操作品种过多，无形中导致成功率已经显著低于交易系统的成功率了，根据凯利公式，盈亏比为3∶1，成功率是28.6%，这种交易规则基本上无法盈利。

简单来讲，当行情陷入震荡之中，我们会经历一遍每个品种的止损，累积止损次数较多，资金回撤极大，但当行情步入系统性趋势的时候，由于资金受限，却无法尝到每个品种所带来的收益，只能享受到其中部分品种的甜头，盈利机会和止损机会严重不对称，导致交易系统的成功率显著下降，最终无法实现盈利，而且亏损不少。

### 3. 操作品种多，反而容易错失盈利机会

之所以操作多个品种，目的是不想放弃任何一个盈利机会，但因为操作品种多，很容易导致连续止损，不仅对账户资金的侵蚀很大，更重要的是，对我们心态的冲击更大，反而容易抓不住后面的盈利机会。从前文可知，当行情陷入系统性的震荡之中，止损次数成倍放大，必然连续多次止损，其实即便当行情处于系统性趋势之中，由于流畅式的趋势较少出现，大部分趋势呈现震荡式上涨或震荡式下跌的状态，趋势行情中也可能会出现止损，不过趋势行情中单个品种连续止损的次数较少，例如只出现一次止损，然后就可以抓住剩余的趋势行情。但要操作多个品种，就需要在不同的品种之间疲于奔命，趋势行情中，A品种止损一次，接着B品种又止损一次，然后C、D、E等品种止损了一次，累积止损五次以上，会打击我们对趋势行情和交易的信心，内心笼罩阴影，害怕再止损，便会抵触入仓，可能产生下面的情况：第一，如果价格恢复上涨，我们可能不敢再次"上车"，错失后面的趋势行情；第二，如果其他的品种爆发行情，出现了入仓信号，我们便会质疑该入

仓信号是不是陷阱，害怕止损，瞻前顾后，犹豫不决，前期连续止损引发了心理阴影，让我们对该品种能否走出大行情，产生严重的怀疑和不信任，因此，我们很可能不敢入仓，错过大盈利的机会；第三，即便某个品种爆发出行情，我们也入了仓，当出现了一些浮盈时，由于我们太需要一次盈利来恢复我们对交易的信心，消除前期的心理障碍，此时就会特别害怕利润回吐，好不容易赚了点，能够弥补前期的一些损失，不能再吐回去，此时首先想到的是止盈离场，或者技术上出现了一些不利信号，都会让我们草木皆兵，战战兢兢，立马止盈离场，拿不住盈利单子，抓不住大行情，错失了扳回损失的盈利机会。无论上述哪种结果，都可能让我们错失大盈利的机会，无法扳回损失。

在一个时间段内，能走出大行情的品种是极少数，大部分品种的走势是平庸的，即便是趋势，也属于震荡式趋势，涨三退二，意味着操作多个品种的话，必然在大部分品种上止损或保本，或小幅盈利离场，都会消磨掉我们对于盈利单的持有信念，容易拿不住盈利单；同时，操作品种多，让自己精力过于分散，没时间集中精力研究，不能聚焦于最有行情的品种上，那么在我们的视野中，这个最有行情的品种和其他品种并没什么区别，对这个拥有大行情的品种缺乏足够的专注和信任，要不然与之擦肩而过，不入场，要不然入了仓，没信心，抱不住盈利单，仅赚了个皮毛，都会让我们错失一次大盈利的机会。因此，操作多个品种，虽然目的是不想错过每一次盈利机会，但事后来看，恰好很难能抓住每一次大机会。

除此之外，趋势之中，如果顺势入仓，不止损，便能扛到趋势恢复，获得大利润，但是多品种带来的多次止损，会让我们严重质疑止损的正确性和必要性，讨厌止损，不愿意再执行止损，这又为以后的灭顶之灾埋下伏笔。

## 4.遭遇持续时间较长的震荡，过于分散品种会让资金损耗殆尽

上述交易系统的成功率是40%，一个品种平均在震荡行情期间的连续止损是三次，趋势行情中平均盈利两次，即平均止损三次，等来两次盈利，这是根据几百个甚至上千个大样本数据得出的平均指标，属于平均数，但是样本是分布不均匀的，一个品种可能先遭遇六次止损，才能等到四次盈利，

甚至先遭遇九次止损，才能等到六次盈利，同样都满足成功率为40%的条件。如果连续止损次数过多，中间的回撤会比较大，想赚回本金会有更大的难度，甚至可能把本金折损完毕，连东山再起的资金都没有了。在我们的交易生涯中，必然也会经常遭遇时间较长的震荡时间，期货市场中有时会出现连续七八个月的震荡，股市有时会出现持续两年的震荡和下跌，此时一个品种可能会遭遇六七次止损，才能迎来趋势性的机会，假设一个品种连续出现六次止损，操作十个品种，理论上会出现连续六十次止损，扣掉入仓机会冲突和资金限制，潜在的六十次止损有2/3发生，即出现四十次止损，每次入仓是四个品种，一轮止损四次，需要十轮止损，本篇前面经过了五轮止损后，账户资金剩余25355元，那么延续上面的止损规则，在25355元的基础上，再经过五轮止损，便达到了四十次止损，十万元的本金最终剩余6429元（计算省略），亏损率高达93.6%，基本上亏损殆尽，和爆仓已差不多了，仅剩的资金量太小，连稍微贵一点的品种都做不了，更不要提翻身的机会了。如果将点位止损幅度从3%提高到4%，只需要七轮止损，账户就剩余资金6000元，已无翻身的希望，如果将点位止损幅度提高到5%，只需要五轮止损，账户资金仅剩7000元，也无翻身的希望。

由于样本分布的不均匀，一旦遇到持续时间较长的震荡行情，操作品种过多，我们的账户资金便会损失殆尽，接近爆仓，靠剩余资金已无赚回本金的希望，而且我们必然也经常会遇到持续时间较长的震荡行情，不得不面临这样的残酷问题。

综上来讲，即便建立了一个能盈利的交易系统，我们也未必能盈利，如果操作品种比较多，哪个品种都不愿意放弃，做完这个品种，马上做那个品种，不断地在多个品种之间疲于奔命，震荡期间每个品种的止损都会经历一遍，连续止损次数过多，资金回撤很大，即便等到趋势行情来临，由于账户资金有限，也只有少部分品种能获得盈利，最终无法扳回损失，何况前期连续止损容易打击我们对交易和交易系统的信心，很可能在趋势来临的时候让我们不敢入仓，更不可能扳回损失。如果震荡行情的持续时间较长，还没等到趋势行情来临，过多品种的操作已经让账户资金损失殆尽，便无翻身的希望。因此，在投资领域，聚焦是很重要的，我们不能过于分散品种，需要长期聚焦在少数品种上。

不要小看操作品种过多的问题，其实这个问题是很突出的，也很严重，绝大部分交易者都存在这个问题，但又都忽视了这个问题，并没有意识到这个问题的严重性，许多交易者本来有一套能盈利的交易系统，但因为操作品种过多，最终依然深陷在亏损的泥潭。千万不要认为这个问题容易解决，实践中发现这个问题很难克服，因为我带过一些操盘手，他们的交易系统是可以盈利的，我也反复告诫他们"要聚焦少数品种，不能过于分散"，一定要聚焦，每次看到某个操盘手所操作的品种过多，我就会批评，但无论批评多少次，总有操盘手依然无法改掉这个毛病，而且还不是少数，可是等到他们一旦解决了这个问题，通常便能实现盈利。在我的监督下，他们解决这个问题都比较费劲，更何况普通交易者，之所以不容易解决这个问题，一方面，因为贪婪，看到别的品种不断地上涨，行情冲天，而自己聚焦的品种却始终没有行情，心里难受，感觉浑身像被蚂蚁乱咬，控制不住追上去的冲动；另一方面，不知道该聚焦到哪些品种，不知道聚焦几个品种才是最佳策略，导致自己摇摆不定。对于第一个原因，需要通过实战，多经历几次教训，才能意识到这个问题，对于第二个原因，下一篇重点来讲解。

# 5.5 操作多少品种才是最优策略

上一篇文章讲过，在一个交易市场之中，大部分品种的走势具有较强的相关性，要不共同陷入震荡行情，要不共同步入趋势行情，当大部分品种走出趋势行情时，我们只能抓住少数品种的趋势机会，但当大部分品种陷入震荡之时，我们却可能遭遇每一个品种的止损，一个都不少，账户资金回撤很大，盈利机会和止损机会严重不对称，即便有能盈利的交易系统，最终很可能是亏损的结局，所以操作品种不能过多，需要聚焦在少数的品种上。但如果只聚焦于少数品种，甚至一个品种，那么如果这几个品种一直没有行情，而其他的品种不断地爆发出行情，我们该怎么办？聚焦少数品种，具体几个才是少数？期货有五十个左右的商品，十个是少数，还是五个是少数？股市有几千只股票，几个才是少数？从最大利润考虑，应该聚焦多少个品种才是最佳策略呢？应该给出一个具体的数量标准，不能模糊，才具有可执行性，同时有效地解决多品种操作的恶习。

为了说清楚问题，我们进行定量分析，做个实验，账户本金10万元，假设有一个能盈利的交易系统，成功率是50%，盈亏比是3∶1，而且一个品种陷入震荡行情时，交易系统只连续止损两次，便迎来趋势行情，无论成功率和盈亏比，还是连续止损次数，该交易系统都是一个优秀的交易系统，理论上讲，长期严格执行该交易系统，肯定可以获得盈利。假设每个品种的走势情况一样，意味着如果每次只单独测试一个品种，测出的成功率是50%，盈亏比是3∶1，交易系统很优秀。上文提过，震荡行情期间不一定会连续止损，有可能保本或微薄利润离场，为了简化问题，例如第一笔单子止损，第二笔单子保本或微薄利润，第三笔单子止损，那我们就叫做连续止损两笔，中间那一笔交易当作没做。单个品种的盈亏顺序如下：第一次盈利，第二次亏损，第三次亏损，第四次盈利。只操作一个品种的话，满足成功率为50%的条件，每笔单子的止损幅度是3%，盈利目标是9%，满足盈亏比为3∶1的条件，根据凯利公式，最佳仓位是33.3%，为了方便计算，按照30%的仓位入场，利润差别不大，暂不考虑手续费。对于如此出色的交易系统，操作品种的数量不同，盈亏结果会如何呢？分别来看：

## 1.操作十个品种

交易市场中有许多品种，例如期货有五十个左右的商品，我们只操作十个品种，其他的商品与我们无关，十倍杠杆，十个品种刚开始都处于趋势行情，然后都步入震荡之中，最后又都步入趋势，分三个阶段来计算账户的盈亏。

（1）第一阶段，趋势行情。

上文所讲，当十个品种都处于趋势行情之中时，由于资金有限，我们不可能都做这些品种，每个品种30%的仓位，只能同时持有最多三个品种，直到趋势行情结束，每个品种的盈利目标是9%，那么在这个阶段，账户资金的数据：

　　盈利额：100000 × 30% × 9% × 10 × 3 = 81000（元）；

　　账户资金余额：100000 + 81000 = 181000（元）。

### （2）第二阶段，震荡行情。

　　十个品种都陷入震荡行情，每个品种入场，三五天后止损离场，如果每个品种止损两次，十个品种总共止损二十次，考虑到多个品种的入仓机会冲突和账户资金限制，部分入仓机会可能被错过，假设我们抓住了2/3的入仓机会，发生了2/3的止损次数，震荡行情中总共止损十三次。每次同时最多持有三个品种，为计算方便，假设先同时持有三个品种，第一轮止损；又接着入仓三个品种，第二轮止损结束；再入仓三个品种……经过四轮止损，再加上一笔单品种止损，总共止损十三次。

　　第一轮止损后，亏损额：181000 × 30% × 3% × 10 × 3 = 48870（元）；

　　账户资金余额：181000 – 48870 = 132130（元）。

　　第二轮止损后，亏损额：132130 × 30% × 3% × 10 × 3 = 35675.1（元）；

　　账户资金余额：132130 – 35675.1 = 96454.9（元）。

　　第三轮止损后，亏损额：96454.9 × 30% × 3% × 10 × 3 = 26042.8（元）；

　　账户资金余额：96454.9 – 26042.8 = 70412.1（元）。

　　第四轮止损后，亏损额：70412.1 × 30% × 3% × 10 × 3 = 19011.3（元）；

　　账户资金余额：70412.1 – 19011.3 = 51400.8（元）。

　　第十三笔单品种止损后，亏损额：51400.8 × 30% × 3% × 10 = 4626.1（元）；

　　账户资金余额：51400.8 – 4626.1 = 46774.7（元）。

### （3）第三阶段，趋势行情。

　　震荡行情结束，十个品种都步入趋势之中，由于资金有限，我们不可能同时都做这些品种，每个品种30%的仓位，只能同时持有三个品种，直到趋势行情结束，每个品种的盈利目标是9%，那么账户资金的数据：

　　盈利额：46774.7 × 30% × 9% × 10 × 3 = 37887.5（元）；

　　账户资金余额：46774.7 + 37887.5 = 84662.2（元）。

　　交易结束后，账户资金为84662.2元，亏损15.3%，中间最大回撤是74%，当步入震荡行情时，连续遭遇13笔止损，导致回撤很大，再想赚回本金就很难，而且也使实战中的成功率下降许多，只有31.6%的成功率。对于一个如此出色的交易系统，如果操作品种多，结局依然是亏损。

## 2. 操作五个品种

当操作的品种数量由十个降为五个时，其他情况不变，当行情陷入震荡之时，每个品种止损两次，理论上总共会止损十次，和前文一样，由于资金限制，假设我们错过了1/3的入仓机会，会少止损1/3，止损2/3的次数，那么总共止损七次，整体上看，成功率接近50%。其他情况和前文一样，依然分为三个阶段进行计算，计算省略，交易结束后，盈亏数据如下：

账户资金为158871元，盈利58.9%，中间最大回撤51.5%。

当操作品种从十个下降到五个后，中间止损7笔，连续止损次数大幅下降，中间最大回撤显著下降，熬过震荡行情后，趋势行情便相对容易赚回本金，最终获得盈利。

## 3. 操作四个品种

操作品种的数量降为四个时，其他情况不变，当行情陷入震荡之时，每个品种止损两次，理论上总共止损八次，考虑到不同品种入仓冲突的情况变少，假设止损六次，两轮止损，每轮是入仓三个品种，成功率符合50%，过程省略，盈亏数据如下：

账户资金174583元，盈利率74.6%，中间最大回撤46.7%。

## 4. 操作三个品种

当行情陷入震荡的时候，总共止损六次，止损次数相对较少，入仓次数较少，而且可以同时入仓三个品种，所以不会错过一个止损，意味着震荡期间，账户连续止损六次，整体上成功率正好是50%。与上文的计算过程一样，经过三个阶段，最终账户的盈亏数据如下（具体过程省略）：

账户资金174583元，盈利率74.6%，中间最大回撤46.7%。

我们会发现操作三个品种的结果和操作四个品种的结果是一样的，因为他们的连续止损笔数一样，盈利笔数也相同，盈利结果自然一致。

## 5. 操作两个品种

行情陷入震荡的时候，总共止损两次，第一轮入仓两个品种，第一轮止损，第二轮入仓两个品种，第二轮止损，成功率符合50%。计算方法同上，过程省略，账户的盈亏数据如下：

账户资金159466元，盈利率59.5%，中间最大回撤32.8%。

## 6. 操作一个品种

当处于趋势的时候，只能持有一个品种，陷入震荡的时候，止损两次，成功率符合50%，计算方法同上，过程省略，账户的盈亏数据如下：

账户资金133564元，盈利率33.6%，中间最大回撤17%。

如表5-7所示，将操作不同数量品种的盈利结果汇总，我们可以得出一些结论：第一，并非操作品种越多，收益率越高，综合对比来看，操作三个品种和操作四个品种的收益率最高，因为在趋势行情的时候，操作三个品种没有浪费任何一个品种的盈利机会，同时成功率符合50%，成功率并未下降；操作四个品种和操作三个品种是一样的，都是抓住了三个品种的六次盈利机会，也遭遇了六次止损，成功率为50%，盈利机会和止损机会对等。第二，操作十个品种，结果是亏损的，因为连续止损笔数过多，成功率下降到32%，震荡期间的回撤高达74.2%，不容易扳回损失，同时只能抓到三个品种的盈利机会，盈利机会和止损机会严重不对等。第三，操作五个品种和操作两个品种的收益率接近，但操作五个品种的回撤率较大，而且成功率为47%，有所下降，相比五个品种，操作两个品种虽然少了一个品种的盈利机会，但也少了一个品种的亏损机会，成功率符合50%，中间回撤小，整体上看，操作两个品种的优势略大于操作五个品种。第四，操作三个品种、两个品种和一个品种，虽然成功率都为50%，盈亏比都为3：1，符合交易系统的指标，但后两者没有充分利用资金，操作两个品种虽然错过了一个品种的两次止损，但同样错过了一个品种的两次盈利机会，操作一个品种只能抓住一个品种的盈利机会，但少了许多盈利机会。

表5-7　　　　　　　　　　　操作不同数量品种的盈利结果

| 操作数量品种（个） | 盈利率 | 成功率 | 最大回撤率 |
|---|---|---|---|
| 1 | 17.2% | 50% | 17.2% |
| 2 | 59.0% | 50% | 32.8% |
| 3 | 74.6% | 50% | 46.7% |
| 4 | 74.6% | 50% | 46.7% |
| 5 | 58.9% | 47% | 51.5% |
| 10 | −15.3% | 32% | 74.2% |

顺势交易的盈利原则是"震荡中少交易，趋势中多交易"，大部分行情都是震荡行情，趋势行情占比1/3，一个交易系统要想盈利，核心是两点：第一，震荡行情中，要尽可能减少交易，才会少止损，账户资金回撤比较小，将来容易赚回来，相反，交易次数越多，止损次数越多，累积损失大，资金回撤大，将来难以扳回损失；第二，趋势行情中，尽可能充分地利用资金，抓住账户资金允许的趋势机会，盈利才会越大。简单来讲，震荡行情中少交易，趋势行情中多持单，相比而言，最困难的是前者，因此，能够在震荡行情中控制交易次数和止损次数，控制账户资金回撤，这是趋势交易者要解决的头等大事。

如果将单品种仓位降为20%，那么最佳策略是操作四个品种，因为此时成功率满足50%，盈亏比满足3：1，而且在趋势行情来临的时候，可以充分利用账户资金，抓住资金允许的盈利机会。

## 7.实战中，应该操作多少品种

做期货的话，每次的仓位是20%~35%，结合上文的理论模型，最佳的品种数量约在3~5个，不过每个品种在震荡时期的止损次数不一定是两次，可能是三次或更多次，交易系统的成功率不一定是50%，盈亏比也不一定是3：1，操作多少品种最佳，受到多个因素的影响。第一，根据前文来看，震荡行情中的连续止损次数直接影响到交易的盈亏，如果单个品种的连续止损次数少，则多个品种的连续止损次数便相对不多，回撤相对不大，操作品种的数量相对可以多一点，相反，操作品种数量要少。第二，如果单品种的点位止损小，每笔损失小，连续止损后的回撤不大，则最佳的操作品种数量可以多一点，相反，单笔的点位止损大，连续回撤大，那么品种数量要少。第三，受每个品种仓位的影响，单品种的仓位低，操作品种的数量便会增加，根据前文的模型来看，如果单品种仓位是30%，最多只能同时持仓三个品种，抓到的品种盈利机会少，导致最佳的操作数量只有三四个，如果单品种仓位是20%，最多可以同时持四个品种，抓到的品种盈利机会多，最佳的操作品种数量是四个左右。第四，如果成功率高，盈亏比大，意味着止损次数少，盈利时赚的利润多，最佳的品种数量会相对增多。第五，步入趋势行情时，大部分品种的趋势行情不一定会同时出现，也不一定会同时结束，可能会出现一两个月的时间差，例如A、B品种先走出了趋势行情，一两个月后结束，C、D品种又走出了趋势行情，那么在一波趋势行情中，交易系统不仅只抓住了三个品种的盈利机会，还可能抓住了四五个品种的盈利机会，使得在系统性的趋势行情中，不止盈利了三笔，还可能盈利了四五笔，盈利大增，此时操作品种的最佳数量可以增加。由于影响因素比较多，也比较复杂，我们不可能得出一个最佳的操作品种数量，但可以知道"如果操作的品种数量过多，过于分散，即便有能够盈利的交易系统，结局也是亏损；相反，如果操作的品种数量过少，例如只聚焦于一个品种，虽然可以盈利，但不能充分利用资金，抓到的盈利机会少，不能实现利润最大化，也不是最佳策略。"

操作品种不能过于分散，也不能过于单一，根据长期的投资经验来看，对于个人投资者而言，期货由于有杠杆，连续止损会导致回撤过大，可以挑选相关性弱、技术走势较好的五个品种，只做其中三个左右的品种就行。例如在一段期间，判断出三个品种最可能有行情，只做三个品种，其他品种不做，即便行情都陷入震荡之中，我们也只是遭遇三个品种的止损，止损次数相对少，回撤相对小，将来容易赚回来。股票没有杠杆，但最佳仓位要比期货明显高不少，单笔止损并不小，可以根据基本面挖掘出十只最可能有行情的股票，组成股票池，在一段期间内，只做其中的三只左右，即便行情都步入震荡或熊市下跌，我们只遭遇三只股票的止损，止损次数相对少一些。

可以在此基础上进行扩展，将相关性强的品种放在一组，例如A品种和B品种的相关性强，放在一组，根据多强空弱，如果处于涨势中，从A和B中选择最强的品种，入多，一段期间只做其中一组中的一个品种，例如关注五组品种，只做三组左右的品种，虽然每组品种至少有两个品种，其实一段时期内，只从三组中选择三个品种来做，其他都不做，所以虽然好像关注了十几个品种，其实只做三个品种，当行情陷入震荡之中，我们也只是遭遇三个品种的止损。从期货中举个例子，螺纹钢、热卷和铁矿石是一组中走势相关性强的品种组合，菜粕和豆粕是一组中相关性强的品种组合，豆油和棕榈油是一组中相关性强的品种组合，在一段期间内，发现螺纹钢强于热卷和铁矿石，菜粕强于豆粕，豆油强于棕榈油，那么在涨势中，我们只做螺纹钢、菜粕和豆油，即便不幸行情陷入了震荡之中，我们也只是遭遇了这三个品种的止损，止损次数相对七个品种的止损次数少了一半多。这种方法既可以在震荡行情之中控制止损次数，还可以扩大品种范围，做强空弱，抓住行情最大的品种，提高做单的收益率，在我作为个人投资者的时候，采用的品种分散便是这种方法。

## 8.如果想操作多个品种，该怎么做

为了控制震荡行情期间的连续止损次数，不能过于分散品种，需要长期聚焦于少数品种，但如果在一段较长的时期内，我们聚焦的少数品种始终没有行情，而其他的品种频繁爆发趋势机会，我们只能干瞪眼，干着急，账户始终不见利润，心里面痒得难受，可能导致自己乱入仓。如果想操作多个品种，不想错过每个品种的入仓机会，但又要控制震荡行情期间的连续止损次数，这两个问题是一对矛盾体，难以解决，如果只有一个交易账户的话，无法解决这种矛盾问题，但如果我们进行分仓，采用多个交易账户的办法，这个矛盾问题便能迎刃而解。我在私募基金工作的时候，便采用账户分仓的办法来解决这个矛盾问题，当然账户分仓不仅是为了解决这个问题，更是为了避免被资金追踪和影响市场价格等问题。

举例来说明，账户本金十万元，依然采用本篇开始所讲的交易系统，成功率是50%，盈亏比为3:1，单品种的仓位是30%，操作品种的最佳数量是三四个品种，收益率可以达到74.6%，但如果我们想做三十个品种，单账户做三十个品种，交易的结局肯定是亏损。如果将十万元本金分成十个账户，每个账户有1万元本金，每个账户只操作三个品种，十个账户操作的品种都不重复，总共操作了三十个品种。假设每个品种的行情走势一致，那么每个账户的收益率是一样的，行情阶段依然分为趋势、震荡和趋势三个阶段，以其中一个账户来计算收益率，本金1万元：

（1）第一阶段，趋势行情。

盈利额：$10000 × 30\% × 9\% × 10 × 3 = 8100$（元）；

账户资金余额：$10000 + 8100 = 18100$（元）。

（2）第二阶段，震荡行情。

第一轮止损，亏损额：$18100 × 30\% × 3\% × 10 × 3 = 4887$（元）；

账户资金余额：$18100 – 4887 = 13213$（元）。

第二轮止损，亏损额：$13213 × 30\% × 3\% × 10 × 3 = 3567.5$（元）；

账户资金余额：$13213 – 3567.5 = 9645.5$（元）。

（3）第三阶段，趋势行情。

盈利额：$9645.5 × 30\% × 9\% × 10 × 3 = 7812.9$（元）；

账户资金余额：$9645.5 + 7812.9 = 17458.4$（元）。

每个小账户的资金是17458.4元左右，那么十个账户的总资金是174584元，盈利率74.6%，中间最大回撤46.7%，和上文提到的一个大账户只操作三个品种的收益率是一样的，盈利指标都一样，每个品种占总资金十万的比例是3%左右。这种方法既能避免单账户操作多品种的亏损结局，也能避免聚焦品种带来的缺陷。当然，对于个人投资者而言，这个方法不适用，一方面，个人投资者的资金有限，分成多个账户，单个小账户的资金太小，买不了多少品种，另一方面，操作品种多了，分散精力，对每一个品种跟踪和研究的质量便下降，导致做单的成功率降低。我们都有过这种感受，当账户中同时持仓多个品种，会头皮发麻，如果大部分品种处在浮亏中，会让我们不知所措，不知从哪个品种入手，手忙脚乱，显著影响交易的质量和交易者的心态。因此，对于个人投资者而言，由于时间和精力有限，少而精是最优策略，追着猎物跑不如守株待兔，以逸待劳，长期聚焦于少数的几个品种，少便是多，长期才能保持稳定盈利。

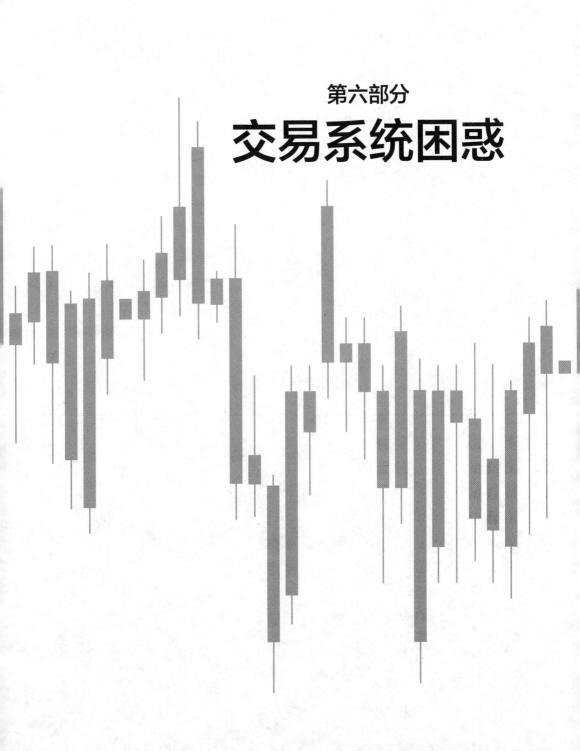

第六部分
# 交易系统困惑

# 6.1 交易是否存在一招鲜

绝大部分人刚进入交易市场，认为这里有"圣杯、摇钱树、聚宝盆、屠龙刀"，有"一招鲜，吃遍天"，如果能找到这个"一招鲜"，便可以一辈子从投机市场中获得源源不断的利润，满足生活所需，所以无数交易者前仆后继，去寻找传说中的"一招鲜"，包括当初的我，也不能免俗。为了迎合交易者的这种心理期望，市场上有好多煽动交易者、让人热血沸腾的书籍，像"稳赚不赔的绝招""必胜一技""炒股一招鲜"等。

## 1.怎么定义交易中的"一招鲜"

中国文学中的"一招鲜，吃遍天"，是指拥有某一特长，有绝招，即可到处谋生，不愁生计。例如厨师有一道招牌的菜肴，走到哪里都会有人来吃；医生有一个有效的治病方法，走到哪里都有人过来看病。具体到投资领域，"一招鲜"又是什么含义呢？如果对"一招鲜"没有具体和统一的定义，那么讨论"交易是否存在一招鲜"，便仁者见仁，智者见智。"一招鲜"需要满足两个基本条件：简单和可重复。具体来讲：

（1）简单、清晰和明确，智商正常的人容易学会。

"一招鲜"意味着这是"术"，是一个具体的技能，不是方法论、方法体系、战略布局或指导思想，突出中间的"一招"，既然是"一招"，意味着这个技能具有简单、清晰和明确的特征，没有含糊或模棱两可，不复杂，随便让一个智商正常的交易者来学，便容易学会，才能体现出简单的特征。如果交易者学习某个技能，需要反复地学习，最终依然只是少数交易者能掌握，那么这个技能肯定不简单，比较复杂，应该是由许多技能组成的一套体系，根本不符合"一招鲜"的内涵，即便能够盈利，也不能叫"一招鲜"。另外，"清晰、明确"的意思是指不同的交易者来学习和运用这个交易规则，得出的结论应该是大体一致的，如果同样一个信号，一部分人得出"可以入仓"的结论，另一部分人得出了"不能入仓"的结论，这样理解也行，那样理解也可，那么这个交易规则一定不是清晰和明确的，不符合"一招鲜"的含义，便不能叫"一招鲜"。根据对"一招鲜"的阐述，我们纠正一些可能的理解偏差：

①低买高卖，不是"一招鲜"。

"低买高卖"是交易中永恒的法则，是正确的，但不属于某个技能，而是一个指导思想，因为何时价格才是低？哪个价格可以买进？不同的交易者肯定会得出不同的结论，并非"清晰、明确"的。"低买"之后，价格可以继续下跌，结果是"低买之后，以更低的价格卖出"，要想实现"低买高卖"，绝对不是简单的，而是很复杂的，一个交易者很难学习和掌握。

②价值投资，不是"一招鲜"。

价值投资是做股票的一个思想，是一个方法体系，需要判断哪个上市公司有持续性的增长潜力？公司的合理价值是多少？是否有安全边际？不同的投资者肯定会得出不同的结论，并非"清晰、明确"的，而且这种方法体系对投资者的能力圈和综合素质要求很高，绝对不是一个简单的技能，想要学习和掌握价值投资，是一件困难的事情。

③商品供需分析，不是"一招鲜"。

供需是分析大宗商品的核心框架，是一个方法体系，具体到供给多于需求，还是供给少于需求，以及缺口有多大，不同的交易者肯定会得出不同的结论，所以并非"清晰、明确"的，而且这种方法体系对交易者的数据搜集能力、信息辨别能力、逻辑演绎和经验积累都要求很高，绝对不是一个简单的技能，不是那么容易就能学会的。

④顺势交易，不是"一招鲜"。

顺势交易是做交易的主要思想，但如何判断当前行情处于什么趋势？何时入仓？哪个点位止损？什么点位止盈？无论哪一个，都比较困难，不同的交易者会得出不同的结论，并非"清晰、明确"的，另外，顺势交易不是一个技能，而是一个思想体系，不容易学会和掌握，不属于"一招鲜"。

**（2）可重复，能适用于大部分品种和大部分行情走势。**

既然是"一招鲜，吃遍天"，意味着该技能具有强大的适用性，无论走到哪里，都可以营生，回到交易中，"一招鲜，吃遍天"，意味着该交易方法具有强大的普适性，如果适用这个品种，但不适用其他品种，则不能叫"一招鲜"，只适合走势流畅的趋势行情，不适合"震荡式上涨或震荡式下跌"为主流的趋势行情，不能叫"一招鲜"，只适合有规则的震荡行情，不适合"无规则走势"为主流的震荡行情，也不能叫"一招鲜"，只适合少部分特征的行情走势，不适合大部分特征的行情走势，不能叫"一招鲜"。

由上来看，交易中的"一招鲜"，是指简单的交易规则，这种规则是清晰和明确的，无论是入仓信号，还是止损设置或者止盈信号，都是简单和清晰的，根据"一招鲜"，不同的交易者会得出大致相同的结论，差不多在同一时刻入仓，在同一时刻止损，或者同一时刻离场，智商正常的人容易学会和掌握，就像一种傻瓜式的简单操作，同时这种技能具有强大的普适性，在大部分品种或大部分行情走势，都可以获得盈利。由于才疏学浅，我从未见过符合我们定义的"一招鲜"，也从未听说过谁掌握了交易的"一招鲜"，也就无法按照"一招鲜"的标准来举例了。

## 2.交易中是否存在"一招鲜"

当对"一招鲜"的内涵达成一致意见后，讨论才有了共同的理论基础，基于上述所讲的内涵基础，我们来探讨一下交易中是否存在"一招鲜"，具体来看：

**（1）既然是简单的交易规则，必然容易被众人发现，"一招鲜"就会失灵。**

股票有四百多年的历史，期货也有近200年的历史了，百年来，玩投资的人没有几十亿，也得有几亿人了，每个人都开通大脑，不断地寻找"一招鲜"，特别是20世纪70年代以来，伴随着计算机的普及，各种投资机构和个人不停地用计算机去测试各种可能的"一招鲜"，"一招鲜"既然是简单、清晰和明确的，便可以被编写入程序，能被计算机捕捉到，即便不能编写成程序，那也应该会被无数的投资者发现和运用，毕竟大部分人的智商都不差，无数的投资者将用自己发现的"一招鲜"，为自己赚取源源不断的利润，同时，由于"一招鲜"容易学会和掌握，那么他们必然会将这个"一招鲜"传给子孙后代，让后代永享财富盛宴。由于交易市场存在手续费，期货市场、外汇市场都是负和游戏，股市在短期内也是负和游戏，意味着交易市场永远是少数人赚钱，多数人亏钱。既然"一招鲜"如此简单和清晰，已被无数的投资者发现，并且传给后代，那么投资者们普遍赚钱了，便违背了"少数人赚钱，多数人亏钱"的游戏规则，这是悖论，交易市场必然会失效。另外，将财富传给后代，不如将"一招鲜"传给后代，财富可以挥霍完，但"一招鲜"可以永获财富，可是，你听过谁从父亲那里继承过"一招鲜"吗？另外，当无数的投资者利用"一招鲜"获利时，大资金或主力机构肯定也知道这个"一招鲜"的交易规则，便会逆着"一招鲜"的交易规则吃掉庞大的散户资金，例如故意打"一招鲜"的点位止损，故意诱多或诱空，在这种情况下，"一招鲜"也就赚不到钱了，会慢慢失灵，"一招鲜"便不复存在了。

（2）不可能有简单的交易规则，适用大部分品种和大部分特征的行情走势。

如何定义"适用"呢？我们知道，交易的核心是概率和盈亏比，不可能每笔都赚钱，连50%的成功率都很难做到，如果对"适用"的苛求是每笔都赚，那对"适用"的要求太高了，也不现实，所以我们需要对"适用"做一个定义，既然是"一招鲜"，具有普适性，意味着如果"一招"在大部分时间都亏钱，少部分时间才赚钱，则这个"一招"不能叫适用，适用的定义应该是"大部分时间都赚钱，少部分时间亏钱，同时长期内都赚钱"，适用大部分的品种和大部分行情走势，才能符合交易中"一招鲜"的内涵。

根据这个"适用"的定义，趋势交易系统肯定不能叫"一招鲜"，因为震荡行情占2/3，大部分时间都会亏钱，有时还会遭遇持续七八个月的震荡，操作异常艰难，账户资金回撤较大，有些年份是不盈利的，显然这些都不符合"一招鲜"的本来面目。至于震荡交易系统，好似遇到震荡行情就一定能获利，实际上，震荡行情中价格的走势比较随机，各种假突破比较多，容易打掉我们设置的点位止损，成功率并不高，盈利同样艰难，所谓"震荡行情中，用震荡交易系统的成功率高"，是不设置点位止损，或者点位止损很大，通过扛单的方式，可以扛回盈利，成功率高，但如前文所讲，一旦步入趋势，不设置点位止损便会让我们爆仓。如果震荡行情是有规则的震荡，例如呈现矩形、三角形等形态，震荡交易系统容易获利，但如果是无规则的震荡，价格的走势很随机，上突下跌，超出意外是常态，总令我们防不胜防，只要我们设置了止损点位，就容易打到止损，导致成功率并不高，震荡交易系统很可能产生亏损的结果，而且大部分震荡都是无序震荡行情，如图6-1所示，有规则的震荡是少数，所以即便遇到了震荡行情，大部分时间内，震荡交易系统也是会亏损的，何况步入到趋势行情，震荡交易系统更容易亏损。现实中我们常见的交易系统是趋势交易系统，震荡交易系统比较少，从一个侧面证明震荡交易系统并不容易盈利，震荡交易系统难以被称为"一招鲜"。现实中，机构建立的量化交易系统，或程序化交易系统，每隔一段时间，都要根据波动率或主观经验等，不断地调整其中的参数，否则就会上半年赚钱，下半年亏钱，或者刚赚了一点钱，后面又亏大钱，由此可见，量化交易系统或程序化交易不能被称为"一招鲜"。

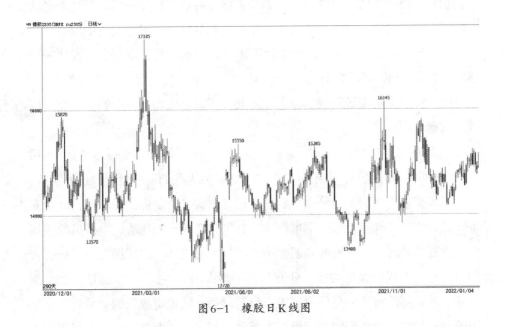

图6-1　橡胶日K线图

能否有简单的交易规则，适合大部分品种呢？不同的品种，走势秉性差异较大，商品期货中，有些品种控盘严重，操纵性强，假信号多，盘中上下毛刺多，影线长，而且当出现行情，一步到位，不给我们"上车"的机会，错过本可以扳回损失的机会，很难赚到钱，除此之外，商品期货中还有一半的品种不活跃，持仓量少，容易被操纵，技术分析的有效性低，依然很难盈利。至于股市，A股有五千只左右的股票，1000亿元以上市值的上市公司数量，仅占3%左右，500亿~1000亿元市值的公司数量，仅占3.5%左右，300亿~500亿元市值的公司数量约占5%，100亿~300亿元的数量占到20%左右，100亿元以下市值的上市公司数量占比68%，近70%，即约70%的股票都是小市值股票，容易被操纵，技术分析的有效性弱，一套交易系统不调整参数的话，很难能适用大部分股票。因此，难以存在一种简单的交易规则，适用大部分品种，"一招鲜"不存在。

综上来讲，交易中根本不存在"一招鲜，吃遍天"，那是毒鸡汤，抱有这种不切实际幻想的投资者，本质上是想偷懒，走捷径，最终不是被市场消灭，就是被骗财。学做交易，是一场马拉松运动，需要长期的学习、训练和经验积累，需要练就深厚的功底，如果说捷径的话，可能遇到一个高水平的老前辈，带你交易，可以少走几年弯路，这便是捷径，但是交易中没有"一招鲜"，该做的功底和训练，一个都不能少，该吃的苦头也不少。我比较反感"一招鲜，吃遍天"，好像交易就是这么简单，一个可重复的简单规则，就可以纵横于投机市场，便可以无往不胜，不需要太多的付出和努力就可以收割财富。

如果有"一招鲜"，那也是一个人的"一招鲜"，不是大家的"一招鲜"，即便他告诉我们，也不容易很快学会，因为我们需要通过大量的实战，去了解该交易规则的各种秉性，熟练运用和掌握，需要借助深厚的投资功底来驾驭，比葫芦画瓢是根本不可行的。如果把交易规则比喻成看得见的应用层，投资功底就是看不见的底层架构，没有底层支持，应用层无法运行，我们没有与之匹配的投资功底，即便拿到了别人的"一招鲜"，也是无法驾驭和获利的。何况简单的交易规则很难稳定盈利，能稳定盈利的交易规则一定不简单，包含的内容比较多，想要掌握和驾驭，需要大量的学习和积累，不断地反复训练，显然这种交易规则不符合"一招鲜"的内涵，不能叫"一招鲜"。之所以可以被称为一个人的"一招鲜"，是因为主人经过多年的实战，积累了深厚的功底，树立了正确的交易理念，通过无数次的浴血奋战，熟能生巧，如庖丁解牛一般，已经完全能够融会贯通地运用他所建立的交易规则，对这种交易规则可以说是轻车熟路，"无他，唯手熟尔"。

# 6.2　读了许多投资书籍，为什么依旧亏损

　　为了从资本市场中获得利润，许多交易者都会阅读大量关于投资或交易的书籍，少则五六本，多则几十本，在阅读书籍的过程中，好像被打了鸡血，认为书中道出了"圣杯"，讲出了赚钱的法则，只要按照书中所讲进行操作，那应该就像书上写的一样，可以逮住每只大牛股，抓住各个大行情，于是自信心爆棚，相信自己已经掌握了制胜法则。可是一到实战中，发现根本不是这个样子，按照书上所讲的方法做了，结果接连被打脸，连续亏损，账户依然无法盈利，无论读了多少本关于投资的书籍，最终依然亏损。有些交易者的悟性高一些，书读得多了，觉得书上所讲的内容好像对，也好像不对，不能照葫芦画瓢，但又说不明白哪里不对，糊里糊涂，始终弄不清楚，好似就差临门一脚。

　　国内外讲解关于投资或交易的书籍，主要有两种，第一种是讲解交易理念的书籍，能够流传下来的经典书籍基本上都是这个类型，例如《股票大作手回忆录》《证券分析》，但是这类书籍基本上是讲交易之道、交易思想或交易心理，好当然是好，但对于尚没有交易之术的投资者而言，帮助并不大，因为理念需要有术作为基础，思想需要具体方法来实现，心理需要规则来约束，没有规则方法的支撑，再好的理念或思想也是空中楼阁，大而空，好看但不实用。第二种是讲解交易之术，即讲具体的交易方法，这类书琳琅满目，书店里关于投资的书籍主要是这类，而且书名起得比较神，例如《买后即涨停》《制胜法则》《必杀招》《股市圣经》《短线战神》等。

　　由于没有具体方法的支撑，第一种讲解理念的书籍无法让我们盈利，但是第二种书籍是讲解具体的交易方法，正好可以弥补第一种书籍的缺陷，那么为什么阅读了大量的这类投资书籍，依然无法盈利呢？其实这类讲解交易之术的书籍，通常以偏概全，举个例来说明问题，道行不是很深的交易者难

以看清其中的门道，容易被误导，迷信书中所讲的方法，然后不假思索，盲目地将其应用于实战中，从而带来不断的亏损。交易的核心是成功率和盈亏比，根据凯利公式，当成功率和盈亏比同时满足一定的条件，交易才能实现盈利。根据交易的核心两点，我们来看为什么讲解交易之术的书籍，基本上很难让我们获得盈利，因为这类书存在下面的缺陷：

### 1. 只举成功的案例，不提操作的成功率

　　第二种书籍讲完了操作法则后，需要列举一些案例，来验证所讲方法的正确性，在举例子时，专门挑选符合信号的成功案例。例如讲解均线金叉的书籍，写着"当出现均线金叉时，价格会上涨，买入后便能获利"，然后书中会列举不少的成功案例，如图6-2所示，每个例子都是一样的情形，当均线金叉后，后面价格都上涨了，如果当时买入，便都能获利。当看到的成功例子多了，交易者无意中就会认为这种信号的成功率高，要不然怎么会有那么多的成功案例呢？如同一个交易者只亮自己盈利时的单子，却不亮亏损时的单子，常说"三人成虎"，亮的次数多了，旁人就会觉得这个交易者是高手，成功率几乎是百分之百，自然大家也就信以为真了。因此，当看到书中列举了那么多的成功案例后，我们便会毫无怀疑，除了感谢作者道出了绝招之外，也认为自己找到了制胜法宝，比葫芦画瓢，将书中所讲的方法应用到实战中，应该也会像书上写的那样，抓到一个个盈利的机会，源源不断地获取利润。但是书中很少会列举失败的例子，即便列举了，也是简单列一两个失败的例子，与前面那么多成功的案例相比，数量显得微不足道，让读者们产生成功率高、失败率很低的错觉，其实这种成功率很可能被严重虚高了，让投资者形成过高的期望。

　　为什么列举了那么多成功的案例，还不能说明该交易方法的成功率高呢？其实，你随便编出任何一种交易方法，无论多差，放到历史的行情数据里检验，我都可以找到符合该交易方法的盈利时间段，然后将这些案例放到书本里，无论该交易方法是什么，我都可以找到千万个成功的例子，来验证该交易方法的获利性，因为行情的走势多种多样，每天都不重样，想要什么样的行情走势，都可以找到，想找到符合该交易方法的成功案例，简直易如反掌。

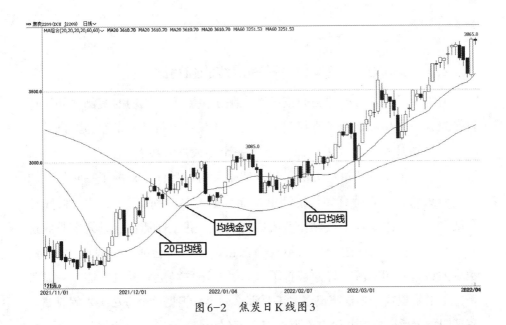

图6-2　焦炭日K线图3

　　另外，少部分书的作者在列举失败的案例后，后面会辅助讲解"当信号失败后，该如何处置止损，截断亏损"，而且告诉读者"失败了就止损，损失比较小，但成功的话，就可以抓到大利润，坚持下去，便能获利"，感觉书中说得很有道理，"截断亏损，让利润自由奔跑"不就是我们交易者的座右铭嘛。可是，你想过没有，如果成功率很低，连续止损次数过多，账户资金回撤较大，即便抓到了后面的盈利机会，让利润奔跑，那么后面的盈利是否能够弥补此前累积的亏损呢？未必，根据前文所讲，止损次数多了，后面的盈利不一定会覆盖掉前面的累积止损，账户依然亏损。另外，单笔止损是多大？账户能否经受住几次连续止损？如果震荡行情的持续时间稍微长一点，账户资金是否已经损耗殆尽，如何能抓住后面的盈利机会？

　　书中不会告诉我们这些，不会告诉我们信号的成功率，不会告诉我们连续止损的次数、最大的回撤率，只告诉我们许多成功的案例。通过这么多的案例展现，我们自然认为该信号的成功率高，止损次数少，产生不切实际的期望，一旦将该方法运用到实战中，基本上必然遭殃。客观来讲，受到这类书籍作者的投资水平限制，妄想通过书中所讲的方法来实现稳定盈利，本身就不切实际。

## 2.只列举收益多的案例，不提操作的盈亏比

书中为了检验所讲方法的正确性，除了主要列举成功的案例之外，还直接先找一个牛股，或者直接找一段走势流畅的大行情，来作为案例的样本，例如讲述均线金叉的书籍，贴上一个牛股的K线图，如图6-3所示，告诉我们"依据我所讲的方法，当均线金叉时，后面价格翻了一两倍，如果当时买入，一直持有到行情结束，能赚取许多的利润"。当我们读完这个案例后，心想"如果按照作者所讲的方法，我就能抓住这只大牛股或这波大行情了"，发现这个方法不仅会赚钱，而且还会抓住牛股或大行情，赚取大钱，心潮澎湃，好像被打了鸡血，禁不住马上去投机市场上一显身手，结果发现这个方法不灵了，不是那么回事，根据这个方法买入的股票或商品期货，后面价格并没有涨那么多，不仅如此，还不断地亏损，不禁会想"怎么回事，是不是我不会运用这个方法？还是我的运气比较差？或者作者还藏了一手？"

图6-3　恒瑞医药日K线图4

为什么书中所讲的方法，一到实战中就不灵了呢？其实，作者是先找大行情，然后装上自己的信号，无论趋势交易系统是什么，无论这个趋势系统有多差，有多不堪，在任何的大行情中，趋势系统都会发出入仓信号，然后抓住后面的大行情，所以无论作者的操作方法是什么，只要是顺势交易，都可以将入仓信号安装在任何的大行情上，自然在一段大行情中，根据他的信号入仓，能够抓住后面的大行情，显得盈利时能获取许多的利润，盈亏比特别大，从而带给读者们无限的遐想。例如，在牛市中，无论用什么方法，无论用什么交易系统，只要我们买入股票，持有时间比较长，都能赚到大钱，也就是说，在牛市中，任何的趋势系统都会抓到大行情，这说明赚大钱的原因并非我们的方法或交易系统有多厉害，而是大牛市所致，是以大牛市为背景和前提，我们的方法或交易系统只是巧合偶遇了大牛市，仅此而已。因此，为了说明操作方法的正确性，书籍作者只需要列举牛市中层出不穷的股票案例，就可以让读者们信心倍增。

在实战中，行情未来的大涨很可能与书中所讲的入仓信号没有任何的关系，当作者的入仓信号出现后，价格可能只上涨5%、10%，也可能上涨50%、100%，甚至可能上涨200%、300%才结束，还可能压根就没上涨，行情直接下跌10%、20%，甚至50%、80%。行情未来的大涨，取决于该品种的基本面，和他当时的入仓信号没任何关系，他只是选择性过滤，挑选出那些后面涨幅比较大的案例，放入书中，让读者们看看，那些涨幅比较小或失败的案例，不被选入，使盈亏比显得虚高，如果计入这些涨幅小的案例样本，平均起来，则这种操作方法的盈亏比很可能比较小。类似于买彩票一样，门户网站彩票版专门讲中彩票的案例，贴的案例都是谁中了500万元、一亿元等，那些没有抽中奖或只抽中小奖的彩民们不会被选入，当我们看到这些案例后，都会津津乐道，无形中认为买彩票中大奖的概率并不低，刺激我们积极参与彩票的买卖。无论中大奖的概率有多低，只要彩民基数大，总有人会中大奖，彩票宣传也就不缺成功的案例，同理，无论大行情的占比有多低，由于历史上行情的基数大，总会找出许多成功的大案例，让读者们热血沸腾。

但是书籍作者不会告诉我们这些，不告诉我们书中操作方法的盈亏比是多大，当然，很可能连他自己都不知道该方法的盈亏比是多大，也不知道如何测算盈亏比，甚至都没意识到还有盈亏比这个重要指标。前面也讲过，受作者投资水平的限制，在思想高度和交易之术上具有局限性，不告诉我们盈亏比，也不足为奇。

判断操作方法是否能盈利，是否优劣，绝不是在大行情中去检验它是否能赚大钱，那是以偏概全，先入为主，带有误导性。判断交易方法的优劣，应该是在不适合它的行情中，例如，在震荡行情中检验该操作方法是否能够有效地回避震荡和控制账户资金回撤，能否熬过漫长的震荡行情，等到趋势行情的来临。

从指标上看，判断交易系统的盈利能力，核心就是成功率和盈亏比，根据凯利公式，成功率和盈亏比需要同时满足一定的条件，交易系统才能产生正期望值，如果成功率高、盈亏比很低，或者成功率很低、盈亏比高，交易系统都无法盈利。书籍作者不告诉我们交易系统的成功率和盈亏比，而是列举大量的成功案例和极少数的失败案例，让我们感觉所讲方法的成功率高，同时主要列举大行情的案例，让我们感觉这种操作手法的盈亏比高，从而产生了一种虚假的幻觉，误认为书中所讲方法的成功率和盈亏比都很优秀，是一种简单有效的盈利方法。因此，虽然我们在各种讲解交易的书籍中寻找赚钱的方法，如同武林人士寻找屠龙刀一样，求知若渴，秉烛夜读，上学时都没这么用功过，双眼充满期望，仿佛财富近在矩尺，唾手可得，急不可耐地将各种书中所介绍的操作方法，都进行实战尝试，结果亏损的结局依然没有改变。所以尽信书不如无书，我们需要对书中所讲的方法，带有怀疑的态度去审视，用交易逻辑和辩证思维去思考该方法的可行性，亲自用双盲测试去检验该方法的营利性，或者用小资金在实战中检验该方法的盈亏情况，切不可盲目地照搬。每次我去书店，看到金融系列的书架上，摆放着许多讲股票、期货等交易的书籍，琳琅满目，看到那么多热情高涨的读者沉浸在投资世界的美梦中，满眼充满对知识的渴望，一步也不挪动，我都担心他们被带入歧路，希望他们不要照搬书中的操作方法，能够有自己的独立思考，可以辨别真假和发现潜在危险。

那么是不是关于投资或交易的书籍就无用呢？如果你妄想通过照搬书

中的操作方法，实现稳定盈利，那这些书籍确实无用，因为假设你有一个聚宝盆，你会轻易给别人吗？自然不会，子孙除外，一个方法如果可以稳定盈利，那肯定是我们通过浴血奋战，用无数金钱和时间换来的，怎么可能轻易示人？所以这个行业的潜规则是"轻易示人，难以盈利"。当然，能够示人、又有价值的内容，往往是思想体系，例如价值投资和顺势交易，就是我们所说的第一种书籍，讲解交易之道、交易理念和交易思维，由于没有具体方法的支撑，读者们看完这些书后，仍然难以盈利，所以书籍作者会毫不吝啬，愿意示人。第二种讲解具体方法的书籍是否无用呢？也不完全是，闭门造车是万万不行的，我们需要站在前辈们的肩膀上看世界，虽然有些问题，前辈们未能很好地解决，但是他们的思路或方法可以拓展我们的思维和视野，打通关节，有可能让我们灵机一动，想到解决问题的办法，虽然他们的操作方法未必能盈利，但是经过我们的改善修正之后，或许可以实现盈利。一本书中，哪怕所有的页都是无用的，只要有一页开启了我们的新思路，那这本书就有用，另外，少部分书籍是很有价值的，是很好的投资参考，有助于我们及早摆脱亏损，走向盈利，只不过需要我们擦亮眼睛，从众多的书籍中筛选出来，这本身就需要有一定的投资基本功和交易思维。

## 6.3　如何判断一个操作方法是否能盈利

为了能在交易市场中获利，我们渴望学习和掌握具备盈利水平的操作方法，于是我们孜孜不倦，求知若渴，通过一些书籍，或者论坛、自媒体，了解一些操作手法，有些交易者也会讲授一些方法，但是这些操作方法是否能够盈利呢？如果压根不能盈利，我们盲目拿来直接用，会让自己陷入亏损的泥潭。在投资领域，忽悠者比较多，如果没有自己的判断标准，就会缺乏辨别能力，在寻找操作方法的道路上，我们可能会连遭忽悠。同时，在构造操作方法的过程中，如果有一个科学合理的判断标准，那么我们便会根据这个判断标准的要素来检查自己的操作方法还缺少什么元素，还有什么不足，哪里可以改进和完善，怎么才能盈利，从而让自己的操作方法成为一个完善、具备盈利能力的工具，不至于在未来遭遇重击，从而实现稳定盈利。

我们需要一个判断操作方法是否可用的合理标准，让自己躲过大部分陷阱，找到真正具备盈利能力的操作方法，早日实现稳定盈利，可以从以下几个标准来判断：

## 1.直观上看，操作方法应该是完整的闭环，形成交易系统

一个完整的操作方法，至少包括入仓、止损、止盈、仓位管理，形成完整的闭环，如图6-4所示，构成交易系统，还可以加上加减仓，具体包括：行情出现什么信号，可以入仓；准备入仓时，要知道以多大的仓位入场；入仓后，什么情况下，表明自己判断错误或行情异常，需要止损出局；有了浮盈后，明白何时可以止盈离场；当离场之后，完成一个循环，就可以耐心地等待下一次的入仓信号，从而步入下一个循环，形成闭环。加减仓信号属于附加的，能够完善交易系统的细节，这里就不展开细讲。

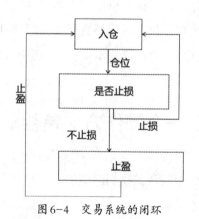

图6-4　交易系统的闭环

如果缺少一环，例如没有与入仓信号相匹配的止损信号，入了仓之后，不知道何时需要砍仓出局，便无法形成闭环，那么遇到极端行情，一次做错，就会陷入巨亏，即便这种入仓信号的成功率高，又有何意义？现实中，这种情况比较常见，网络上经常有一些自称"老师"带盘的人，只告诉了你入仓位，不告诉你何时止损，如果中间价格下跌很大，但最终行情又涨了回来，他会说"听我的，没错吧，你赚了呀。"可是如果行情没涨回来，下跌

了很大，跟着入仓的投资者亏损巨大，这位"老师"就会沉默不语，如果你去问他该怎么办，他会说"我早离场了啊，你没早离场吗？"这种操作方法是没意义的，谁也不知道他的实际操作是什么样，可能没等价格涨回来，他就止损离场了，也可能价格下跌很大了，他还在那里深套着，更可能是，他压根就没做单，涨和跌都与他没关系，他只是"过嘴瘾"，赚个指导费或者佣金。这样的"老师"，我在现实中也遇到过，他只是有着粗浅的交易知识和经验，只知道何时入仓，但对于止损和止盈等其他环节，他都没细想过，主要是靠感觉，那么这种操作手法是严重缺少环节的，构不成闭环，无法检验它的营利性，至少不会让别人盈利。同样，如果没有止盈信号，当账户出现浮盈后，何时离场就成了"全凭感觉"的事情，会严重影响到操作的盈亏比，在没有规则的约束下，人性弱点便会占据主导，有了一点盈利，就想跑，拿不住盈利单，操作的盈亏比较小，小盈利无法弥补止损，操作无法盈利。操作手法缺少一环，没有与入仓信号相匹配的止盈信号，即使当初的入仓信号是成功的，也没意义，因为仍然无法盈利。

一个能盈利的操作方法应该是完整的闭环，不会缺少任何一环，如果只给我们讲入仓信号，反复去讲如何入仓，然后找一大堆精心挑选的案例，去证明他的入仓信号是多么成功，其实压根无法证明他的入仓是否成功，前文讲过，成功的案例再多，也不能说明入仓信号的成功率高，很可能还有更多的失败案例，只是被他过滤掉了，高收益的案例再多，也不能说明他操作的盈亏比大，因为更多的小行情被他筛掉了。除此之外，没有与入仓信号相匹配的离场信号，单独论证一次入仓是否盈利，本身就是伪命题，因为根本不知道在那段行情中，会在哪个位置离场，如何知道这次入仓信号是否成功？大部分书籍或一些交易者都是打模糊眼，将离场信号进行模糊化处理，知道入仓点，但不知道具体的离场点，这样便会带来虚高的成功率和收益率。例如，一段行情上涨幅度比较大，但中间出现了许多次的回撤，有些回撤比较大，如果他将离场信号做一个清晰和明确的规定，那么行情中多次的回撤可能早已让他止损或止盈离场了，至少不会在价格顶部来计算这笔单子的收益，但因为离场信号模糊化，我们眼里看到的只是：从他的入仓信号出现后，价格上涨的幅度很大，如果当时入场，到价格顶部的这段大行情就可以大获全胜，利润惊人，他的操作手法真厉害，如图6-5所示。

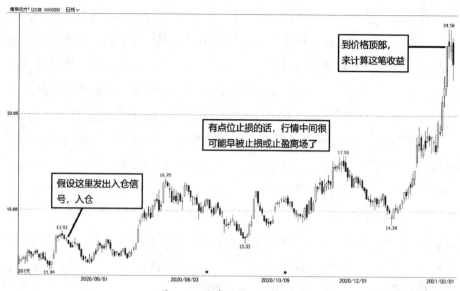

图6-5　潍柴动力日K线图4

当然，由于大部分书籍的作者和自称"老师"的交易者，本身尚无法盈利，他们如果将止损信号和止盈信号进行清晰化和明确化处理，则他们的操作方法到底是盈利还是亏损，便不容易被检验，于是为了防止被人揭穿，就有意识地模糊化离场信号，让读者不知道最终在哪个地方离场，无法证实营利性，反而会根据书上所讲的假象，错误地认为：从入仓信号发出，到价格的最高点，中间一大段行情都是可以盈利的。实际上，可能书上的入仓信号刚发出，价格便回撤较大，早该止损离场了。他们可能尝试过制定明确和清晰的离场信号，但发现始终无法获得稳定盈利，于是也就不方便讲述了。

由上来看，没有与入仓信号相匹配的止损信号、止盈信号和仓位管理，那么这种操作方法无法构成闭环，不能形成交易系统，便无法知晓某一次的入仓信号是否算成功，于是无法证实这种操作方法是否可以获利，也无法证伪，不能在双盲测试中去检测该操作方法的营利性，则这种操作方法是不可用的，不能应用于实战。所以当我们看到一种操作方法时，首先要看这种操作方法是否包含入仓、止损和止盈等，是否能形成闭环结构，这是前提条件，如果不能形成闭环，缺少一环，那么这种操作方法不能用作实战，基本上无法盈利。

另外，交易者普遍存在一个问题，在构建自己的交易系统时，总是把精力和焦点放在入仓信号的构建上面，似乎只要把入仓信号搭建好了，盈利便水到渠成了，忽视了其他环节的构建。因此，我们不仅要考虑到入仓信号的构建，还需要考虑到止损信号和止盈信号的设置，再加上资金管理，形成一个闭环结构，不能缺少一环，除了必不可少的环节之外，可以再补充加减仓信号、品种选择等，完善交易系统。

## 2.关键能够证实可以稳定盈利

交易理论不是宗教，不是用来崇拜和提高灵魂修养的，而是真枪实弹用于实战，不能搞半点虚假，有个别的交易理论被抬上了宗教的地位，别人质疑不得，也反驳不得，要去讲信仰，讲立场，这是不行的，毕竟我们需要上"战场"，盈亏都是真金白银，关系身家性命，容不得含糊。当一个操作方法具备入仓、止损、止盈、仓位管理等环节，能够形成闭环时，这个操作方法就属于交易系统了，但是这个交易系统是否可以稳定盈利呢？不一定，需要检验，如果能够稳定盈利，自然可以应用于实战，如果检验后，发现不能盈利，那就趁早舍弃。

交易要想稳定盈利，需要一套交易系统，交易系统的逻辑需要符合科学，同时他的营利性必须能够证实，也能证伪，是马是骡，拉出来遛遛，许多看起来很厉害的交易系统，一遛就出问题，一实战就亏钱，所以无论说得有多厉害的交易系统，如果没有经过自己的亲身检验，它的盈利能力都是不可信的，实战中大概率会亏钱。前文讲过，许多关于交易或投资的书籍，或者一些自称"大师"的投资者，在讲解他的操作方法时，往往会列举许多精心挑选的例子，试图用许多成功的案例来证明他的交易系统的营利性，如果我们没有亲身去检验，拿来直接用于实战，基本上是亏钱的。想要证实交易系统是否能盈利，有如下几个方法：

第一，不仅要找无数的成功案例，也要找无数的失败案例，来看交易系统的成功率和盈亏比，大致判断其营利性，但这种方法有致命问题，可以找五十个成功的案例和五十个失败的案例，也可以找五十个成功的案例和一百个失败的案例，或者找五十个成功的案例和十个失败的案例，成功率取决于我们对成功案例和失败案例数量的主动选择，不具客观性，这种方法不可行。

第二，可以对过去的历史行情做静态复盘，找到一个品种，打开它的历史K线走势图，根据交易系统的入仓信号、止损信号和止盈信号，分别在走势图中标上所有的入仓信号，以及与其对应的止损信号或止盈信号，统计每一笔入仓信号的盈利额或亏损额，最后将盈利额和亏损额进行加总，算出这个品种最终的盈亏数据，按照同样的方法，再统计其他一些品种的盈亏，最终计算出盈亏额、成功率和盈亏比，如果统计的结果显示盈利，便说明该交易系统具备盈利能力。

不过前文讲过，这种方法具有显著的缺陷，容易受到后面价格走势的影响，带有未来函数。例如，如果后面价格涨势较好，一路上涨，我们便会把一些似是而非、模糊不清的信号，当成自己的入仓信号，其实这些信号根本不满足交易系统的入仓条件，如果看不到后面的行情走势，我们不会在这些地方标上交易系统的入仓信号，导致交易系统的收益率大幅虚高；当价格出现回撤，触及了交易系统的点位止损，本应该按照损失处理，但看到后面如此大的上涨，我们不愿意让自己的盈利统计不包含这部分利润，于是找一些不止损的理由，按照未亏损处理，导致交易系统的成功率大幅虚高。因此，这种方法会导致不客观，交易系统的成功率和盈亏比都会大幅虚高，严重失真。

第三，把交易系统编写成程序化语言，用计算机程序进行测试，简单快捷，可以快速地测试所有品种的盈亏情况。如果交易系统的信号主要是依据盘面指标，那么将交易系统编写成程序化语言，是比较容易的，用程序测试盈亏情况，自然也是最佳的方法。这种方法存在一些缺陷，如果交易系统的信号不是依据盘面指标，那么将交易系统编写成程序化语言，就会面临困难，例如三角形、头肩顶、三重顶等图形，想编写成程序化语言，是比较困难的，程序化不是万能的，能够盈利的交易信号，至少有一部分交易信号无法被编写成程序化语言。所以对于一个具备盈利能力的交易系统，我们难以将这个交易系统完整地编写成程序化语言，测出的结果并非这个交易系统的结果，而是交易系统的部分组件的盈亏结果，可能和交易系统的真实结果差别较大。

第四，在实战中检验交易系统的营利性，通过日常在实时行情中的交易，获得大量的数据样本，不仅可以得出交易系统的成功率和盈亏比等重要指标，还可以直接看到交易的盈亏结果，这个方法是最有说服力的。不过实战方法的缺陷依然比较大，其一，根据概率论，需要通过大样本数据得出的数值，才接近交易系统的期望值，但要获得上百笔交易数据，至少需要两三年的实战，其实即便两三年的样本数据也不能说明问题，因为可能在这两三年内，行情正好处于牛市之中，获得了非常好的盈利数据，但这不能说明交易系统的盈利能力；其二，在实战中，如果对于交易系统的了解和信任不够，交易便容易受到情绪的影响，执行力不强，根据交易系统的信号，该入仓的单子未能入仓，该止损的单子未能止损，那么实战中获得的这些数据，可能与交易系统的期望值相差甚远，并不能说明交易系统的营利性。

第五，有没有一种既快又有效的方法，来检验交易系统的营利性？前文讲过，双盲测试是最有效的方法，大规模地进行双盲测试，把许多的股票或商品都按照实战的方式模拟一遍，可以在一个月内获得几百笔甚至上千笔交易数据，样本非常充足，同时经过多次的牛熊周期，样本数据就会包含千种万种的行情走势，也会包含无数的成功和失败案例，样本非常有代表性。另外，双盲测试没有真金白银的损失，对心态的影响比较小，根据交易系统执行的效率比较高，更贴近交易系统的自身情况。所以双盲测试兼顾了静态复盘和实战的双重优点，又能避免两者的缺点，样本数据既多又快，而且还真实，此时得出的数据就会趋近交易系统的期望值，能够充分说明交易系统的特征，例如收益率、成功率、盈亏比、连续止损次数、最大回撤等。

大规模地双盲测试，是判断交易系统是否能盈利的核心标准，无论说得多厉害的交易系统，都不要相信，必须经过亲身的双盲测试才行。双盲测试完后，再经过一些实战，便可以全面性地评估交易系统的盈利能力了。

## 3.双盲测试时，需要在多个品种上都能实现稳定盈利

一个交易系统的核心是交易逻辑，一个优秀的交易逻辑应该具有普适性，不仅适合这个品种，也适合另外一个品种，适合多个品种，能够应对多个品种的走势规律和秉性。当一个交易系统在大多数品种上都能稳定获利时，说明这个交易系统的交易逻辑具有普适性，不仅在某个特殊的行情走势中可以获利，在复杂多变的行情走势中也可以获利，才能说明这个交易系统具备稳定盈利的能力。相反，如果一个交易系统只在少数的一两个品种上能盈利，而在其他的品种上会亏损，不适应多品种，那就说明这个交易系统的交易逻辑不具有普适性，逻辑有问题，不具备稳定盈利的能力，这个交易系统不能用于实战。为什么只在个别品种上能盈利，不能说明该交易系统具备盈利能力呢？

第一，测试可以盈利的一两个品种，可能是刚上市没多久的品种，上市后整体一直保持上涨的趋势，尚没有呈现复杂多变的走势，走势特征比较单一，所以在这一两个品种上，用趋势系统进行测试时，便能获得不错的盈利数据。

还有个别的特殊品种，上市十多年，时间比较长了，但是过去的十年恰好是超级大牛市，2010年年初的最低价格是0.1美元，在2011年年初，涨到0.5美元左右，涨了4倍，到了2021年，涨到惊人的5000美元左右，以2011年为基数，十年间价格上涨了近1万倍，无论说牛市有多大，都不夸张。虽然中间有过震荡行情，但整体保持超级大牛市的走势，而且相对于如此巨大的收益，震荡行情显得微不足道。在这种超级大牛市中，无论用什么趋势交易系统，或者用什么其他方法，只要不加杠杆，都可以获得巨大的收益。因此，如果我们用常见的趋势系统来测试这一段超级大行情，肯定都可以获得巨大的收益率。如图6-6所示，近十年的历史走势呈超级大牛市。

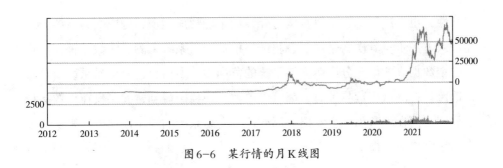

图6-6　某行情的月K线图

　　那么当我们用某个趋势系统来测试上述特殊的品种时，是否能说明该交易系统具备盈利能力呢？不能，因为行情走势单一，相当于我们用趋势系统去测试趋势行情的盈利情况，结果自然是可以获利的。走势样本不充分，震荡行情比较少，在牛市中测试，显然不具有说服力，不能说明该交易系统具备盈利能力。如果用同样的交易系统去测试其他品种时，普遍出现亏损，那就说明这个趋势系统只适合趋势行情，不适合复杂多变的行情走势，不具备稳定盈利的能力，不能用于实战。

　　第二，如果是程序化交易的话，只在个别品种上的测试盈利业绩表现好，而在其他品种上表现比较差，那很可能是参数优化的结果。参数优化是程序化交易者的陷阱，对于一个不能盈利的程序化交易系统，如果在一两个品种上进行参数优化，那么测试的结果通常是收益率比较高的数据，但用同样参数的交易系统去测试其他品种时，表现便比较差，普遍亏损。一个程序化交易系统的优劣，核心是交易逻辑，而不是参数，如果只靠参数优化，才能在个别品种上获利，那么这种交易系统不具有普适性，在未来必然失真，会亏损，这种程序化交易系统不能用于实战。参数起到的作用应该是锦上添花，而不是雪中送炭，在参数不变的情况下，一个程序化系统如果测试多数品种，都可以获利，才能说明这个交易系统具备稳定盈利的能力，此时调整参数，才有意义。

　　综上来讲，当我们看到一个操作方法，不确定它是否具备盈利能力时，不能直接拿来用，必须经过亲身的检验，首先，看这个操作方法是否至少包含入仓、止损、止盈等，能否形成闭环，如果不能形成闭环，则无法证实其营利性，也无法证伪，可以直接抛弃，如果能形成闭环，构成交易系统，才能进入下一步；其次，采用双盲测试，根据交易系统来测试多数品种，获得大样本数据，才能充分说明交易系统的营利性；最后，这个交易系统要具有普适性，在测试多数品种时，都可以单独实现稳定盈利，如果只在少数品种上盈利，而在多数品种上亏损，那么这个交易系统的稳定性很差，未来会失真，很可能会亏损，不能用于实战。

# 6.4　如何构建自己的交易系统

投资行业是即使付出心血、辛劳和汗水，也未必能成功的几个行业之一，在这个行业，回报和付出不一定成正比，能够形成交易系统和实现盈利的交易者，永远是那些勤奋努力、有天赋和有运气的少数。从建立趋势交易理念，到形成交易规则，再到融合成交易系统，最终付诸实施，同时逐步约束自己的人性，这是一个不断完善系统规则的过程，也是一个不断重塑自我的过程，在这个过程中，我们的交易观和性格都会得到蜕变，最终实现稳定盈利。不过刚踏入交易的初学者，尚是一张白纸，对交易路程没有什么意识或概念，根本不清楚如何完成从白纸到实现盈利的过程，为此，我们需要广泛涉猎关于投资或交易的书籍，但要明白，任何一本书都不可能让我们看完后就能盈利，千万不要对书籍抱有"圣杯"的念头，因此，我们需要自己独立思考和独立判断，思考书中哪些内容点是正确的，哪些内容点是错误的，哪些方法需要验证，哪些方法可以直接抛弃，一定要亲自对书中所讲方法或思想进行验证、统计，辩证地去看，不能照搬。虽然大部分书籍都是无用的，我们刚开始也不知道哪本书有用，哪本书无用，也不知道判断有用无用的标准，只能囫囵吞枣，奠定知识基础，为后面的"薄发"准备"厚积"。

通过一段时间的大量阅读，加上看盘和小资金实战，对交易逐步有了一点朦胧的轮廓感，此时就可以开始构造自己的交易系统了。从构造的过程来看，分为如下三步：

## 1. 构造一个判断趋势方向的工具

交易的核心理念是"顺势"，需要先确定趋势的方向是涨势，还是跌势，才能做到顺势。可是想判断清楚趋势的方向，并不是一件容易的事情，许多时候都说不清楚价格的方向，例如，行情前期下跌了一段时间，刚开始启动上涨时，我们容易认为此时的上涨属于反弹，应该逢高入空，可事后来看，行情上涨幅度很大，前期不是反弹，而是涨势的开始，我们本来想顺势，事后看却属于逆势；前面行情上涨了一年，但近期价格下跌了半年，或者下跌幅度已经超过50%，那么现在的趋势到底应该是持续涨势，还是转为跌势？总之，即便我们想顺势而为，但经常弄不清楚价格的方向，不清楚当下是入多才叫顺势，还是入空才叫顺势，等到价格上涨了很大幅度后，才发现行情是涨势，后悔当初没买入，此时又开始担心涨势到了末尾，害怕趋势马上反转，不敢追多。虽然我们知道"顺势而为"的重要性，不能逆势，但由于经常说不清楚价格未来的方向，我们总是左右为难，想顺势，弄不好就变成了逆势。

前文讲过，在不懂基本面的情况下，我们需要构造一个判断趋势方向的工具，根据这个工具，就可以清楚判断方向为涨势还是跌势。如图6-7所示，假设以60日均线作为判断趋势方向的工具，当60日均线向上弯曲，认定行情处于涨势；此时只入多，不入空，入多才属于顺势；当60日均线向下弯曲，认定行情处于跌势，此时只入空，入空属于顺势。但是60日均线向上弯曲，就一定表明行情处于涨势吗？不一定，行情反弹幅度比较大，带着60日均线向上弯曲，很快价格又步入下跌之势，那么前面的"60日均线向上弯曲"属于假信号。技术分析的本质不是预测，而是跟随，技术分析的本质也是概率，没有确定性，所以无论用什么趋势工具来判断价格方向，都存在概率问题，没有一定正确的。因此，在构造判断趋势方向的工具时，只要成功率在70%左右就行，至于失败的那30%，并没关系，毕竟趋势判断工具只是用来辅助判断价格方向，是否入仓还需要等待交易系统的入仓信号，不一定会入单，而且还有止损信号来做风控。

图6-7　白糖加权日K线图

另外，前文讲过，每个投资者的趋势判断工具并不相同，导致有时在同一时刻，你认定的趋势方向和他人认定的趋势方向并不一样，你认为入多是顺势，他人认为入空是顺势，都是自己所理解的趋势，直到行情继续上涨，上涨较大幅度，大家的趋势工具所显示的价格方向趋于一致，此时市场对于行情方向的观点便一致。例如在牛市中，大家无论根据什么趋势判断工具，甚至没有任何的趋势判断工具，都普遍判断行情处于涨势，入多是顺势，入空必是逆势。

总之，顺势交易需要先判断价格的趋势方向，我们需要寻找客观、简单的趋势判断工具，用来协助判断价格方向，当判断行情为涨势后，此后便一根筋只考虑入多，不入空，直到趋势工具发出反转信号。

## 2.构建交易环节中必不可少的入仓、止损、止盈和仓位等信号

有了简单的趋势判断工具，只能粗糙地判断出价格的方向，但在哪个点位或哪个时机入多呢？入多了，如果趋势方向判断错误，行情大幅下跌，而我们还持有多单，造成亏损巨大；或者当出现浮盈，不知道何时要止盈离场，要不有一点浮盈，就赶快撤离，导致错失大行情，要不一直持单，结果

利润回吐，坐了趟"过山车"。只有趋势判断工具，没有交易规则，依然做不好交易，根据前文所讲的闭环结构，一个交易系统至少包括入仓、止损、止盈和仓位管理，我们需要把规则具体化，细化入仓、止损、止盈和仓位管理，形成明确可执行的交易规则。

**（1）设计明确和清晰的开仓信号。**

开仓是做交易的第一步，也是最重要的一步。如果入仓信号的有效性高，入仓时机得当，我们一开始便占据了胜利的概率优势，赢在起点，但如果入仓信号选择不当，开仓不是过晚导致错过行情，就是过早导致止损离场，让做单的成功率比较低。

首先，我们需要明确入仓条件，细化到没有模糊的地方，执行力才会比较强。如果某笔单子，入仓似乎对，不入仓似乎也对，入场似乎错，不入场似乎也错，那表明我们构造的入仓信号模糊，不明确，范围大，缺乏可执行性，此时人性弱点便会占据主导，入场成为一种受情绪和主观影响的行为。我们需要设计明确和清晰的入仓信号，以突破信号为例，用一些指标把突破信号描述清楚，例如，被突破的价格是不是有效价格？突破时的形态是什么样子？突破幅度要求多大？是否需要量能支持？等等，能够量化的指标尽量进行量化，不能够量化的指标，要用语言描写清楚。让外人看一下，如果大致能明白我们的入仓条件是什么，并且根据我们的入仓设计，外人能够在盘面上标出入仓信号，大体上符合我们的真实想法，那么这种入仓条件便是清晰和明确的。当入仓条件明确后，信号清晰可见，该进就是该进，不该进就是不该进，没有模糊之地和回旋空间，入仓便不容易瞻前顾后、摇摆不定，自然容易执行。

其次，要完善入仓条件，提高入仓信号的成功率和盈亏比。虽然明确了入仓条件，但如果入仓条件不科学，不符合逻辑，入仓后不是被打止损，就是被套，成功率比较低，表明这个入仓条件是有问题的，不能用于实战，必须改进。根据凯利公式，成功率和盈亏比需要同时满足一定的条件，交易才可能实现盈利，所以在设计入仓条件时，我们不能单独追求成功率，不能把成功率作为考察交易系统的唯一标准，而应该综合考虑成功率和盈亏比两个指标，成功率能够在40%左右，盈亏比在3∶1左右，这种入仓条件便是优秀可用的。

**（2）设计清晰的止损条件。**

交易者普遍犯的毛病是没有清晰的止损点位，先入了仓再说，至于在哪个点位止损，或者出现什么情况止损，都没事先考虑清楚，甚至对这些问题都还没概念，等到持仓出现浮亏，是否要止损离场，主要靠感觉，感觉不好就离场，浮亏比较大，就当鸵鸟，不止损，止损充满随意、随机，想止损就止损，不想止损就不止损。虽然明明知道"止损能够保命，不止损终会巨亏"，但由于没有明确的止损设置，不清楚什么时候该止损离场，什么时候不用止损，是否止损就变得完全主观化，不该离场的时候离场，导致踩对了方向也亏钱，该离场的时候不离场，导致爆仓。

因此，我们需要设计清晰和明确的止损条件，止损设置不是孤立的，是与入仓条件相匹配的，有什么样的入仓条件，就会有对应的止损设置。例如将价格突破与盘面指标作为入仓信号，他们的止损设置便不相同，同时止损设置也会受风险控制的要求，每笔止损不能超过一定的金额。止损设置，是以止损幅度为准，还是以止损点位为准？前者是要求当价格比入仓价低一定的比例，便止损离场。例如当入仓后，股价下跌超过15%，便止损离场，或者当持仓浮亏超过账户资金一定的比例，便止损离场，这种止损方式通常是仓位固定不变，通过下跌幅度的限制来控制每笔止损额；以止损点位作为止损标准，是找到一个合理、有效的价格，作为止损价格，当价格跌破止损价格时，便止损离场，这种止损方式通常是仓位不断变化，为了控制每笔止损的大小，根据有效的止损价格来计算仓位，即前文提到的"以损定仓"。这两种止损方法各有优劣，前者止损方式适合价格走势混乱、容易产生假突破的"妖"品种，对于"妖"品种，如果以某个价格作为止损，容易被洗出去；以止损点位作为止损标准，适合走势规整、假突破不多的品种，可以提高止损的有效性，减少许多无效止损，从而提高做单的成功率。

无论是哪种止损方法，都要求止损设置必须是清晰和明确的，触及什么条件，必须止损离场，没有触及什么条件，浮亏可以继续持单，同时止损设置要符合统计和科学，能够容纳行情正常的调整，减少许多不必要的止损，提高成功率，当止损离场后，大概率上能够以更低的价格或充分的时间接回原单子，这种止损设置便是有效的。当然，即便止损设置已经比较科学了，但止损和无效止损仍然是不可避免的，毕竟行情的走势是错综复杂的，也没有百分之百成功的入仓信号，要想盈利，只有靠"盈利时赚得多，亏损时赔得少"的方法来提高盈亏比，同时如果遭遇极端行情，要有应对的止损手段，控制风险。

为了明确和清晰每笔交易的止损条件，在下单前就要想好止损设置。例如，当价格跌破哪个价格，或者当价格下跌多少幅度时，就要止损离场，如果没想好本笔单子的止损设置，就不要下单。

**（3）设计明确的止盈条件。**

如果说止损只是防止账户在短期内爆仓，并不能让我们盈利，入仓也只是万里长征的第一步，那最终决定我们是否获利，以及获利多少的，那便是止盈。前文讲过，"会买的是徒弟，会卖的才是师傅"，止盈之所以比入仓难，是因为无论如何止盈，都会让我们感觉不满意，止盈早了，错过了后面的行情，止盈晚了，利润大幅回撤，除非在价格的顶部止盈，把所有的利润都放入腰包，此时才感觉没有悔意，但是我们不可能知道价格的顶部在哪里，也做不到恰好在顶部止盈。

对止盈不满意，本质上是因为没有明确和清晰的止盈条件，不知道哪些利润是自己的，哪些利润不是自己的，把账户中出现过的浮动利润，或者后面行情上涨的利润，都看成自己潜在的利润，一旦利润回撤，或者错失后面的利润，都会让我们耿耿于怀，所以我们需要设计清晰的止盈条件。止盈分为主动止盈和被动止盈。主动止盈的意思是在没有确认行情转势或走势异常的情况下，为了防止利润回吐，主动离场，落袋为安。例如，规定当行情上涨10%，或者持仓浮盈超过账户总资金的20%，便止盈离场，或者当价格上涨到前期压力位，便止盈离场。主动止盈属于波段交易的盈利方式，虽然可以防止利润回吐，但容易丢失后面的行情。被动止盈的意思是等到交易系统发出离场信号，或者趋势反转信号，才被动离场。例如价格跌破了某个重要价格或某个有效支撑位，趋势出现异常，选择离场，这种止盈方式属于趋势跟随的盈利方式，虽然可以抓住大行情，但经常不可避免地要面对利润回吐。趋势交易的核心是"截断亏损，让利润自由奔跑"，主动止盈会截断利润，限制盈亏比，所以被动止盈应该是趋势交易的核心止盈方式。不过如同前文所讲，被动止盈要经常面对利润回吐或浮盈变浮亏的心理压力，挑战难度大，因此，对于大部分交易者而言，适合做减仓式的趋势交易，主动止盈和被动止盈相结合。为了说明减仓式的趋势交易，举个例子，入仓30%，当期货价格上涨了10%，底仓减仓15%，锁住部分利润，剩余15%仓位去博趋势，如果价格出现了下跌调整，满足入仓信号，可以接回原来的15%仓位；如果价格没有下跌调整，而是不断上涨，在上涨中出现加仓信号，可以继续加仓；如果上涨中没有入仓信号，直到趋势结束，那也没关系，毕竟还有15%的仓位为我们赢得了趋势的利润。

顺势交易，无论选择纯粹的趋势交易，还是减仓式的趋势交易，都应该把止盈条件进行清晰和明确化。例如，对于纯粹的趋势交易，止盈条件是跌破某个重要价格，或者跌破某个形态，可以附加跌破幅度、力度等指标；对于减仓式的趋势交易，除了前面的被动止盈条件之外，还需要增设加减仓信号，可以将主动止盈的信号作为减仓信号，例如上涨多大幅度或到达压力位，进行减仓。

### （4）计算仓位。

前文讲过，一套能盈利的交易系统，并非仓位越大，盈利越多，相反，期货如果重仓入场的话，反而带来亏损的结局。根据凯利公式，交易规则都有一个最佳仓位，不过现实中行情的走势比较复杂，每笔单子的成功率和盈亏比也不相同，我们难以计算出每笔单子的最佳仓位，也无法计算出交易系统的最佳仓位，所以坚持满意原则，每笔单子的仓位在20%~35%。具体每笔单子仓位是多少呢？仓位不是孤立的，与入仓点位和止损点位都有关，也与风险控制有关，一个单子在确定止损点位后，每笔止损幅度便是确定的，然后根据每笔损失要控制在预期的额度内，最后计算出仓位，仓位在20%~35%就行。例如止损点位比入仓点位低5%，止损幅度是5%，每笔损失要控制在账户总资金的7%之内，期货是十倍杠杆，仓位 × 止损幅度 × 10 ≤ 7%，计算出仓位。

当然一个交易系统不仅包括入仓、止损、止盈和仓位，还可能包括加仓信号、减仓信号、品种选择和时机选择等，可以在上面的必备环节上进行补充和完善，形成一个丰富、有效的交易系统。

### 3. 形成明确、可执行的交易系统

上面的每个信号都不是孤立的，而是相互影响、相互掣肘，一环扣一环，入仓的时机和点位不同，决定了止损点位会有不同，在需要控制每笔损失的情况下，仓位也会有所不同，如果在第一时间入仓，点位止损幅度会比较小，止损的设置会比较主动，计算的仓位会稍大一些，相反，入仓时机滞后的话，点位止损幅度比较大，为了控制损失，可能还需要对止损点位进行调整，计算的仓位会稍小一些。同时，交易系统中还需要融入趋势判断工具，当工具判断趋势为涨势后，只考虑入多，等待交易系统的入多信号，当发出入仓信号后，才入多，如果此时交易系统发出了入空信号，则不能做空。不同的趋势判断工具，也会影响到其他交易环节，如果趋势工具发出的趋势信号比较早，那么对于入仓的条件要求就会比较高。总之，每个信号不是孤立的，牵一发而动全身，当我们调整了一个交易环节，可能其他交易环节都要跟着做调整，不断地做尝试。同时需要根据交易逻辑和交易理念，将这些信号进行合理的组装，就像车链子一样，把每个交易环节连接在一起，就形成了明确、可执行的交易系统。

图6-8展示了交易系统的构成，将每个交易环节组装成一套交易系统后，未必能盈利，还需要做大量的双盲测试，在测试的过程中，每个交易环节会不断进行调整，甚至某个交易环节会被改得面目全非，和当初的设计一点都不相同，最终是否能够调试成功，需要高度的视角、严密的逻辑和大量数据样本的支持。当双盲测试可以获得稳定盈利，检验具备盈利能力之后，还需要放到实战中去检验，有些经得起双盲测试的交易系统，放在实战中，不一定能有好的效果，或者实战中还有一些需要解决的问题，双盲中并未考虑到，需要对交易系统作细微的调整。总之，这一步是最关键，也是最困难的，花费的时间最长，可能还会付出比较多的金钱。

上述内容是讲解交易系统的构造过程，首先要设计清晰的入仓条件、止损条件、止盈条件和仓位管理，然后将每个交易环节组装成一套能稳定盈利的交易系统，绝对不是一件简单的事情。大部分交易者穷其一生，都无法形

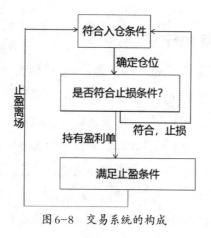

图6-8　交易系统的构成

成能盈利的交易系统，依然在充满荆棘和陷阱的交易道路上挣扎。交易看起来确实简单，只需要我们在键盘上，敲动几个买卖按钮，一笔交易马上就达成，钱迅速到账，还不欠账，利润到手，多轻松，可是等做了一段时间后，会渐渐发现"它是一个深得没底、苦得无边的行业；是一个错综复杂、盘根错节、始终无法走出迷宫的行业"，我们始终很难搭建好具备盈利能力的交易系统，之所以如此，有三大原因：

第一，交易中正确的操作方法不一定都会赚钱，还可能较长时间内不断亏钱。例如每笔单子都设置止损点位，同时每笔都执行止损，当遭遇震荡行情，我们便会连续不断地止损，事后来看，如果当初不止损离场，便能扛回单子，令我们不得不怀疑止损的正确性。相反，错误的操作手法可能会让我们经常赚到钱，甚至赚到大钱。例如不止损，扛单到盈利，经常可以赚到钱，遇到牛市，不止损便能赚到大钱。盲目地追涨杀跌，有时会让我们赚到钱，甚至较长的一段时间内可以不断地赚钱；按照交易系统的信号入仓，有时会让我们亏钱，甚至较长的一段时间内都会亏钱。从一段时间的盈亏结果来看，我们始终搞不清楚某个操作到底是正确的，还是错误的，导致我们的操作手法不断地变来变去，无法固化。

第二，表面上看，交易的很多问题都是前后矛盾的。例如，刚懂得顺势而为的重要性，又被劝导"不能追涨杀跌"，刚对物极必反懵懵懂懂，又被告诫"不能抄底摸顶"，刚发誓"一定要止损"，结果在震荡行情中不断来回难以止损，刚明白"让利润自由奔跑"，结果利润不断回吐为零，刚学会加仓，结果一加仓，行情稍微调整，浮盈就变成"泡汤"，严格控制仓位，结果一波大行情只持有少数几手等。交易中经常出现两个矛盾体，例如顺势而为与物极必反，追涨杀跌与抄底摸顶，胜率与盈亏比，长线与短线，重仓与轻仓，机械与灵活，宽止损与窄止损，止损与坚持，许多问题既矛盾又胶着，似乎矛盾的双方都有道理，但无论采用矛盾的哪一方，又都经常亏钱，找不到解决矛盾的突破口，始终困难重重。

第三，任何一个操作方法都不是绝对正确的或绝对错误的，都有着自己的适用条件，我们认为的正确方法，如果换一个环境，就可能变成错误的方法，同样，我们认为的错误方法，如果换一个环境，就可能变成正确的方法。例如，技术分析中的顺势交易者认为"抄底是错误的，不应该抄底，应该右侧交易，顺势追单"，但是股市中的价值投资者却认为"当价格比价值低一定比例的时候，便可以抄底入仓"，巴菲特经常在大家恐惧的时候抄底。再举例，技术分析者认为要止损，坚持执行止损，但是价值投资者认为"当判断一家上市公司具有长期投资的价值时，那么股价下跌越多，反而越应该买入，如果此前有了持仓，不用止损，价格下跌许多，反而应该要加仓，越跌越买"，没有跌破某个价格或者跌幅超过多少就要止损的概念。因此，一会儿我们在这里看到"抄底摸顶是错误的"，可是在其他地方，又看到"抄底摸顶是正确的"，同样的操作方法，一会儿正确，再换一个地方，又变成错误，我们搞不清楚，到底应该坚持什么操作方法，又应该放弃什么操作方法。

交易中充满各种矛盾，又搞不清楚到底哪个方法是正确的，哪个方法是错误的，混沌一片，晕晕乎乎，剪不断，理还乱，就像陷入迷宫之中。要想梳理交易中的逻辑链条，捋清每个操作手法的适用条件，领会亏损时的操作方法是否错误，我们需要高瞻远瞩，站在哲学的高度上来看待交易，形成交易的辩证法思维，拿到"迷宫的地图"，否则只能像只小老鼠一样，一直在迷宫中四处奔跑，始终逃不出迷宫。要想形成这种思想高度和洞察力，就需要"厚积"，本篇开头讲过，要阅读大量关于交易或投资的书籍，除此之外，还可以浏览网络上有价值的交易文章，逛交易论坛，向投资前辈们请教，与投资朋友们促膝长谈，总之，要尽一切办法积累素材，同时在阅读或交流的时候，要带有怀疑精神，不能人云亦云，怀疑一切读过的内容，用我们的逻辑思维去重新诠释，思考哪些内容是正确的，哪些内容存在漏洞，哪些内容隐含适用条件，哪些内容可能是陷阱，毕竟大部分作者的投资水平是有限的。其次，素材的积累只是线性的过程，要想获得认知上的蜕变，我们需要大量复盘历史行情和测试所能想到的操作方法，采用推理、综合归纳、联想、检测和顿悟，对素材做集中的消化吸收，融会贯通，把大量素材浓缩成几页纸，将千头万绪、纷繁杂乱的交易知识咀嚼为一种灵性的东西，浸入我们的血液中，变成我们的思想和认知，最终发生蜕变。此时在我们面前，交易不再错综复杂，而是逻辑清晰、简单易懂，仿佛拿到了迷宫的地图，每个地点的位置、方向、距离和周围布局等，都清楚可见，知道哪条路是死路，哪条路是陷阱，一眼就能找到迷宫的出口。

因此，想要形成能盈利的交易系统，看似只要设计出每个交易环节，然后组装在一起，便能盈利，其实远非如此，有形的问题容易解决，无形的问题却万分艰难，而想解决有形的问题，又需要解决无形的问题作为支撑。因此，形成交易系统的背后，需要长期的积累，捋顺交易中各个因素的复杂关系，通过不断试错、时刻反思和顿悟，形成正确的交易逻辑和辩证关系，无论是时间和血汗的付出，还是金钱的付出，都是巨大的。在这个过程中，我们有来自家庭的压力、生活的压力和同龄人比较的压力，最大的痛苦来源于希望、失望、绝望和再希望的无限轮回，每次悟到一点东西，以为找到了方法，接下去便在实战中被吊打，不知道这种日子什么时候是个头，也不知道最终能不能成功。通常而言，要想走出交易的迷宫，实现稳定盈利，至少需要七年左右，当然，我见过的大部分交易者，十年甚至二十年，都未能形成明确的交易规则，投资方法依然漂浮不定，无规则可依，更不要谈盈利了。

## 6.5　如何判断交易者是否可以稳定盈利

　　每个交易者都有盈利的时候，一些交易者在一两年内获得较大利润后，便匆匆下结论，认为自己具备了稳定盈利的能力，不想再看工作单位里他人的脸色，于是匆忙辞职，成为职业投资者，或者成立工作室，管理从亲朋好友那里汇集来的资金。但没多久，他们纷纷陷入困境，明明在过去可以盈利的操作方法，怎么现在就一直亏损呢？怎么做怎么亏，使尽了浑身解数，就是无法摆脱亏损的局面，最终被扫出投机市场，甚至还可能欠下一屁股债务，此时再想回到原来的工作单位或者工作岗位，已经不可能了，吃饭都成问题。另外，现实中，我们有时会看到一个投资者说自己的投资水平多么厉害，一两年内赚了多少的利润，可能还会亮单，觉得他好厉害，于是把自己的资金让他管理，结果一百八十度大转弯，好像你是他水平的转折点，自从给了他资金后，他的操作便一塌糊涂，一路亏损。交易之难，难在真假难辨，我们看到的许多东西，都可能只是表面，而不是实质，在尚不能看透实质之前，我们很容易被表面上的东西所迷惑，从而执行了错误的操作，遗恨终生，判断是否可以盈利，便是这种难题。

　　一两年内获利不少，能否证明自己具备稳定盈利的能力？通过投资获利的原因有多个，有可能是自己的能力，也可能是运气好，遇到了牛市或踩对了风口，大部分交易者没有判断是非的标准，特别是在急于证明自己水平的情况下，容易把获利原因归为自己的能力，所以他们认为"一两年内获利，应该可以证明自己具备稳定盈利的能力了。"可是，他们获利的真正原因，却有可能是其他原因，例如，在2006—2007年和2014年—2015年6月，A股恰好处于牛市之中，无论是新手还是老手，无论是大妈还是小孩，无论买哪只股票，都能获利颇丰，就像从地上捡钱，赚钱特别容易，难道可以说明他们具备稳定盈利的能力吗？当然不行，不过几乎所有处于牛市期间的投资者都不这么认为，他们觉得自己已掌握了赚钱的法宝，沾沾自喜，扬扬得意，并且认为盈利会永远像这样延续下去，自比股神，甚至开始看不起巴菲特、索罗斯了，觉得自己生晚了，要不然肯定是中国的巴菲特。好景不长，牛市结束，熊市来临，例如2015年7月股灾爆发及之后的两年内，股市处于熊市下跌之中，此时先前的盈利方法，好像全失灵了，无论怎么做都亏钱，绝大部分投资者不仅回吐掉所有的利润，而且本金还折损较大，此时他们才醒悟，原来自己的投资水平不行，此前的盈利是因为巧遇牛市。个别交易者在最近半年或最近一年挣钱了，然后选择自己单干，有的成立工作室，有的还注册了公司，但实际情况都不理想，都在苦苦挣扎着，有在期货公司的朋友讲"有个客户之前是个老师，后来辞职来期货公司大户室炒期货，代客理财，最后欠了银行很多钱，好几家银行的人找他，后来失联了，警察也来找他。"其实，他们当时盈利的主因是遇到了好行情，运气好而已，却不自知，过于高估自己了，导致悲惨的结局。

将时间拉长，四五年内盈利，并且盈利较大，是否可以证明自己具备稳定盈利的能力呢？考察的时间较长，肯定比短时间更能检验一个交易者的真实水平，不过同样也可能存在上面的问题，因为如果牛市的持续时间超过四五年，则四五年内盈利的原因很可能是赶上了好行情。例如美国最近的一次牛市开始于2008年，一直涨到2018年，才出现较大的回撤，那么投资者光靠运气，也能盈利六七年。图6-9展示了2009—2017年美国道琼斯指数。2010—2017年，比特币一直处于大牛市之中，2017年之后才出现时间较长的震荡，那么在牛市的那七八年内，无论懂不懂交易，无论新手还是老手，投资者都会盈利巨大。不过从2018年开始，比特币步入了两年半的震荡行情，当年许多盈利巨大的交易者，变成了巨亏，付出了惨痛的代价。

因此，一两年甚至三四年内的盈利，都不能表明一个交易者具备稳定盈利的能力，很可能是巧遇了大行情而已，或者这段时间内的行情走势，正好与我们的交易系统相匹配。为了避免过于高估自己，也防止被他人所迷惑，我们需要合理、客观地评价一个交易者的投资水平和盈利能力，有以下三种方法：

## 1. 根据在震荡行情中的操作表现，判断交易者的投资水平

任何一笔交易，无论盈利，还是亏损，都包含运气和交易能力两种成分，但说不清楚两者之中哪个成分的权重大，哪个成分的权重小；同理，任

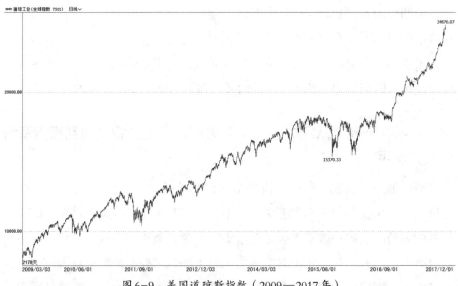

图6-9　美国道琼斯指数（2009—2017年）

何一段时间内的盈亏都存在运气和交易能力两种成分，同样说不清楚盈利的时候，哪种成分起了主要作用，在亏损的时候，哪种成分是主因。我们总希望肯定自己，不想让自尊受到伤害，于是在盈利的时候，容易把盈利的主因归到自己的交易能力，高估了交易能力的权重，而在亏损时，却把亏损的主因归到运气差，高估了运气的影响，最终我们容易过于高估自己的交易能力，误认为自己具备了稳定盈利的能力，而对自己的低水平视而不见。

巴菲特说，只有当潮水退去，才知道谁在裸泳。只有牛市结束，熊市来临，才能判断一个人真实的投资水平，在行情好做的时候，每个投资者都容易盈利，此时区分不清楚每个投资者交易水平的高低，那么什么行情能够区分交易者的投资水平呢？是行情不好做的时候。对于顺势交易者而言，震荡行情是最难做的，各种假突破频繁发生，行情走势随机，显得毫无规律，而且持续时间较长，是否能熬过，以及如何熬过这段艰难的行情，能够判断出一个投资者的交易能力和心态素质。如果在时间较长的震荡行情之中，一个投资者的交易频率低，账户资金回撤低，一方面，说明他的交易系统比较优秀，对入仓信号的过滤比较好，能够有效地过滤掉大部分震荡行情，或者发现陷入震荡行情了，他能够主动减少交易次数，风控能力比较好；另一方面，说明他的心态过硬，情绪控制能力强，有较强的忍力和耐心，能够控制住自己的手，不会盲目做交易。相反，如果他的交易频率高，账户资金回撤大，说明他的交易能力和心态素质都有问题，达不到能稳定盈利的水平。当熬过艰难的时期，等到趋势来临的时候，盈利自然是相对容易的事情了。

## 2.至少历经七八年的一个牛熊周期，根据资金曲线判断投资者的交易水平

虽然通过在震荡行情中的操作情况，可以说明一个投资者的交易水平、心理素质和风控能力，不过有缺陷，不全面，有可能存在一种情况，即在行情不好做的时期内，投资者因为有家事，或者资金暂缺，或者其他影响，恰巧没有做单，并不是由于他对交易的认知水平。另外，一个交易者虽然可以控制在震荡行情中的账户资金回撤，但当趋势行情来临的时候，他可能拿不住盈利单，在大行情之中，获利不多，扣掉在震荡行情中的亏损，整体上赚得不多，这种情况不能表明他的交易水平高，只是风控能力比较强。

因此，想要考察一个交易者整体的盈利能力，需要较长的一段时间，至少经过一轮牛熊周期，在一轮周期中，行情包含牛市、震荡和大幅下跌等各种纷繁复杂的走势，会经历行情好做的时候和不好做的时候，样本具有多样性和代表性，从统计学的角度上，能够代表交易者的真实水平。A股的牛熊周期约为七八年，意味着至少历经七八年的时间，才能检验一个交易者的整体水平，在这七八年中，如果资金曲线整体稳步上涨，回撤的时候不大，例如最大回撤不超过30%，而在上涨的时候，能够跟随行情一起上涨，表明不仅在行情不好做的漫长时间内，交易者能够较好地控制账户资金回撤，交易系统的质量比较高，风控能力比较强，心态过关，同时在行情好做的时候，能够持有盈利单子，"让利润自由奔跑"，说明该交易者的投资水平是全面性的，具备稳定盈利的能力。相反，如果资金曲线回撤不大，但资金上涨也不大，说明该交易者虽然风控能力强，但盈利能力弱，或者如果资金曲线上涨大，但回撤也很大，例如回撤超过了40%，说明该交易者的交易系统和风控能力有薄弱环节，不具备稳定盈利的能力，因为如果在下一个牛熊周期，震荡行情的时间拉长，回撤会超过60%，想要回本便比较难。当然，如果在一

轮牛熊周期，交易者未能盈利，甚至亏损巨大，更表明交易者不具备盈利的能力。图6-10展示了一轮牛熊周期的资金曲线。

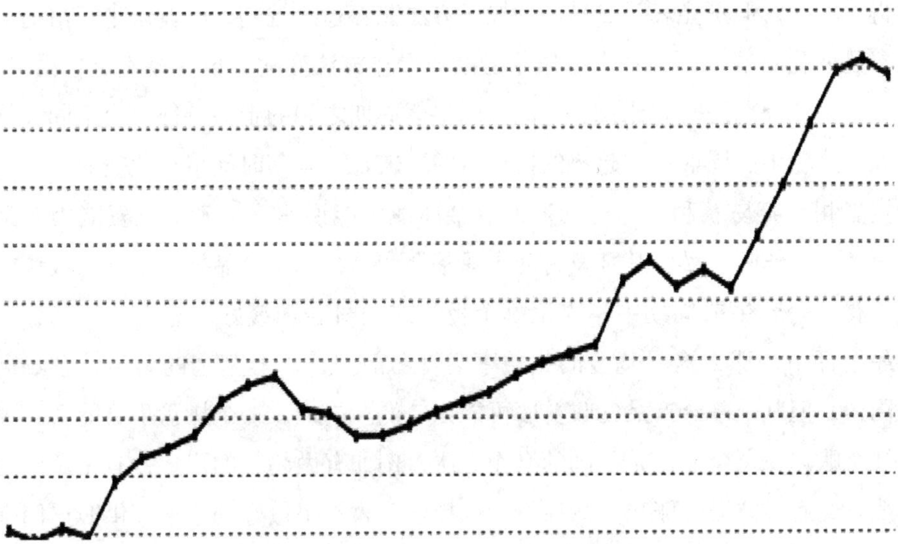

图 6-10　一轮牛熊周期的资金曲线

　　因此，我们在选择公募基金、私募基金的时候，或者选择操盘手的时候，需要看过去七八年的资金曲线，才能合理地选择出具有稳定盈利能力的基金或操盘手，过滤掉那些靠押注或踩上风口而获得惊人业绩，但其实不具备稳定盈利的基金和个人。同时，我们在评估自己交易水平的时候，也需要根据过去七八年的资金曲线，客观评价自己的盈利水平和风控水平，不能简单根据在行情好做、盈利比较大的时候的数据匆忙下结论，容易误导自己，从而做出错误的抉择，让自己掉入陷阱。

## 3.大规模的双盲测试＋三年实战水平

　　历经七八年的时间检验，可以全面考察投资人的真实水平，不过也存在缺陷：第一，在七八年的时间内，一个交易者的投资风格或操作方法可能会发生比较大的变化，未能保持前后的一致性。例如，趋势交易系统可能较长时间内未能盈利，连续亏损不少，导致交易者中途失去信念，不断修改交易系统，甚至不断更换交易系统，前面几年采用了趋势交易方法，后面几年采用抄底摸顶的方法，或者前面几年采用一套趋势交易系统，后面几年采用了另一种趋势交易系统，正好整体上吻合了行情的节奏，使资金曲线的走势显得比较好，但不能表明交易者的操盘方法能够稳定盈利，毕竟未来行情的节奏是变化不定的，交易者的风格变换或操作方法变化，也模糊不定。第二，一个牛熊周期的时间比较长，但不同牛熊周期之间的走势特征也会不同。例如在这轮牛熊周期中，趋势的持续时间比较长，震荡时间持续比较短，则投资者相对容易获利，这轮周期的资金曲线不能说明交易者的投资能力。第三，可以作弊，私募基金发行几十只基金产品，每个产品押在不同的板块或题材，一轮牛熊周期中，无论哪个板块或题材表现最好，总有一只基金产品会押中，那么这只基金的收益率会排名前列，私募基金的名声就会响彻国内，但其他基金产品的收益率可能比较低。同理，一个操盘手可能会管理几个账户，每个账户是不同的操作方法，例如有做趋势的账户，有做短线的账户，有做波段的账户，然后从中选择一个收益率最好的账户，供客户们查看。第四，七八年的时间比较漫长，选择公募基金或私募基金没有问题，可以事后来选，一些基金有比较长的历史业绩，可供我们挑选，但如果站在时间起始点，要检验自己或他人是否具有稳定盈利的能力，我们需要等七八年，时间过于漫长，人生能有几个七八年呢？等到考察清楚之后，我们的年龄就比较大了，"黄花菜"都凉了。

有没有一种时间相对较短，可以刨除掉运气，能够直接检验一个交易者的盈利水平的方法呢？判断一个交易者的盈利水平，可以细分为两部分：交易系统自身的盈利水平和交易者的心态素质。交易系统既是盈利的基础性条件，也是非常重要的条件，如果交易系统本身不能带来正期望值的盈利，那么无论心态素质有多高，执行力再坚决，结局也是亏损的；心态是驾驭该交易系统的能力，只有保持心态平衡，不自暴自弃，不意气用事，不赌气，理性客观，才能执行交易系统的信号，使操盘的业绩趋近于交易系统的期望值。

如何检验一个交易系统的盈利能力？前文讲过，任何一笔交易的盈亏，都包含交易者的盈利水平和运气，其中盈利水平又可以分为交易系统的盈利能力和交易者的心态素质，想要单独检验交易系统的盈利能力，我们需要刨除掉心态和运气两种成分，剩下的盈亏情况才代表交易系统的盈利能力。如上面所讲，一段时间内的盈亏不能代表交易系统的盈利能力，因为在这段时间内，盈利的主因可能是运气。例如行情的走势恰好和交易系统相匹配，另外，实战中的损失是真金白银，容易导致情绪失控，不能较好地执行交易系统，那么操盘的最终盈亏也不能代表交易系统的盈利能力。要扣掉心态和运气两种成分，最好的方法就是双盲测试，一方面，可以把大部分的品种都按照实战的方法，在短期内测试完一遍，由于在过去较长的历史行情中，这么多品种的走势都包含了各种各样的复杂走势，有震荡，有趋势，有震荡式趋势，有时间较长的震荡和时间较短的震荡，有流畅的大趋势和短暂的小趋势，各种走势应有尽有，样本有充分的多样性和代表性，可以完全扣掉运气的成分，代表交易系统的盈利能力；另一方面，双盲测试的盈亏不是真金白银，是虚拟数字，对心理的影响比较小，可以扣掉心态的成分，按照交易系统来执行信号，盈亏数字可以代表交易系统的期望值。当双盲测试了多个品种，有几百笔交易记录，测试的资金曲线呈现回撤不大、稳步上涨的特征，那就足够说明这个交易系统具备稳定盈利的能力，可以放心用于实战。相反，如果测试的结果是亏损的，或者虽然有盈利，但资金回撤过大，那表明这个交易系统不具备稳定盈利的能力，这个交易系统不能运用于实战，要不放弃，要不进行修正，直到可以稳定盈利，这样能够节省许多真金白银的损失。当然，大部分交易系统的测试结果很可能是亏损的。

当交易系统被检验出具备稳定盈利的能力，并不代表我们在实盘中就会获利，因为还有心态素质的影响，心态直接影响到驾驭该交易系统的能力，如果心态不稳，情绪容易失控，对交易系统没信心，动不动就着急，那么很难执行交易系统，即便拥有一个能够盈利的交易系统，最终也会亏损。如何考察一个交易者的心态呢？需要通过实战，通过真枪实战的拼杀和真金白银的盈亏，需要两三年的时间检验，如果在这两三年中，操盘的业绩和交易系统的期望值比较接近，资金回撤不大，且稳步上涨，则表明我们的心态经过了考验，具备了稳定盈利的交易能力。

当然，对于以基本面分析为主的投资而言，无法进行双盲测试，因为双盲测试是不知道正在做的品种是什么，便无法对该品种的基本面做研究复盘，不知道正在做的时间段是哪个时间段，也就不知道应该复盘哪个时间段的基本面，所以对于以基本面分析为主的投资而言，判断一个投资者的盈利水平，只能根据一个牛熊周期的资金曲线来判断。对于以技术分析为主的交易者而言，技术分析的核心是盘面和K线，无论测试什么品种和什么时间段，都可以通过盘面和K线来进行交易，满足双盲测试的条件。

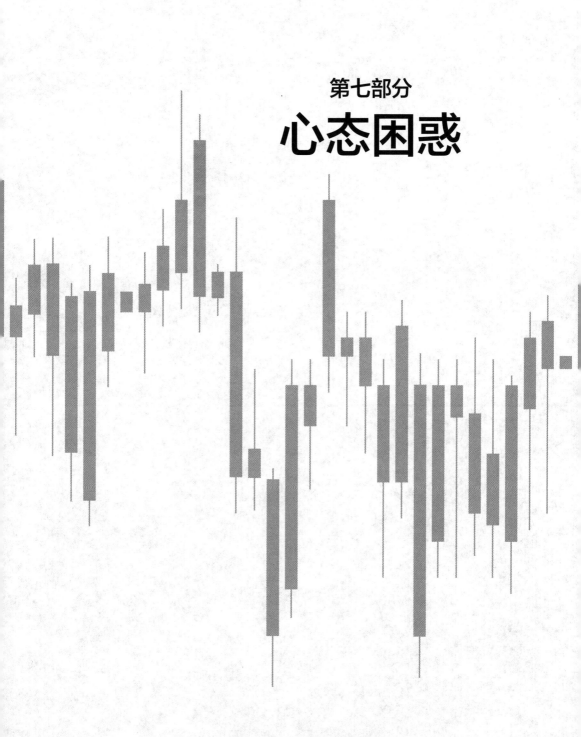

第七部分

# 心态困惑

# 7.1 为什么容易把亏损归因到心态上

实战中每笔交易，我们都会面临一系列需要解决的问题。例如，是否需要开仓？浮亏后，是否要止损离场？浮亏后是否加仓摊平成本？浮盈后，是应该继续持单，还是及时落袋为安？止损后，是应该休息观望，还是继续参与？等等。由于每笔交易都伴随着这些矛盾和冲突，伴随着向左还是向右，伴随着心理上的纠结与不安，伴随着情绪上的后悔和懊恼，所以每笔交易都与我们的心态不可分割。实战中是这样做，还是相反做，经常在一念之间，直接影响着某笔交易的盈亏，而一念之间又受当时心态的影响，此时心态就直接与盈亏挂钩了，所以我们就会感觉"心态直接影响着任何一笔交易的盈亏"，觉得心态太重要了。

由于每笔交易都伴随着心态，而交易者的心态又容易出现变化，例如愤怒、厌恶、自大自负、着急、焦虑不安、头昏脑涨，导致不能严格执行交易计划，出现盲目、冲动性的交易，造成亏损。因此，每当交易出现亏损时，我们通常不自觉地将本笔亏损，简单归结到心态方面，例如本笔单子，由于着急了，本不该入仓，或者自己太贪了，如果早点止盈，就不会坐过山车了，或者太恐惧了，本来该入仓，结果未入仓，错过了行情。具体来看，之所以容易把亏损归因到心态，而不是操作方法，有两大原因：

第一，交易存在三元模糊性，前文讲过，任何一笔交易的盈亏，都包含操作方法、心态和运气三种成分，说不清楚三者之中，谁的权重大，谁的权重小，这就是交易的三元模糊性。行情不是涨就是跌，闭着眼睛买，也会有约50%的成功率，无论是孩童，还是老大爷，无论采用什么交易方法，都会有一些盈利的单子。所以许多交易者认为他们的操作方法能够盈利，要不然怎么会有一些盈利的单子呢？有时候还能连续盈利，而且盈利还比较大，这还不足以说明他们的操作方法很厉害吗？因此，如果某笔交易亏损了，或者一段时间内出现亏损了，那自然不是他们的操作方法有问题，而是心态和运气方面的问题。

第二，我们的心灵比较脆弱，总希望自己的操作水平被肯定，不仅被他人肯定，也被自己肯定，希望获取自信，于是在盈利的时候，容易把获利的主因归到自己的操作方法，认为自己掌握了赚钱的法宝，但在亏损时，容易把亏损的主因归到心态，认为是当时的心态出现了问题，没能按照自己的计划去做，关键我们还容易找到对应的心态症状，为归因提供了证据。大部分交易者没有完整的投资体系，主要靠感觉或者粗浅的操作方法来做交易，没有明确清晰的入仓条件、止损条件和止盈条件，当入仓后出现了浮亏，不想止损，结果亏损比较大，他们就会埋怨自己当时心不够狠，砍仓不坚决，执行力不强，心态不好；当行情踩对时，又不自信，生怕行情反转，到手的利润没了，于是赶紧撤离，事后看，错过了后面的利润，他们会抱怨自己太小心眼，太小气，恐惧心理比较强，心态不好，本来可以多赚一些；当持有行情，出现不少浮盈时，他们想抓大利润，结果行情回调比较大，利润回吐，他们又会抱怨自己太贪婪，心态不好，等等。总之，无论他们怎么亏损，无论亏损的原因是什么，总能找到对应的心态症状，来匹配亏损的原因，所以当亏损时，自然容易把原因归到心态上。

交易中，我们一会儿把亏损的原因归给"恐惧"，一会儿又把亏损的原因归给"贪婪"，都是心态问题，交易者们经常畅谈人性的两大弱点：恐惧和贪婪，好像只要克服了这两个人性弱点，交易才能成功。其实恐惧和贪婪是人出生后就伴随而生的天性，恐惧是远离风险的本能，贪婪是创造力的原始冲动。"恐惧"有什么不好呢？当行情大幅下挫，我们本来想抄底，但是恐惧让我们不敢入仓，或者持有单子，恐惧让我们赶紧止损撤离，结果避免了更大的亏损，恐惧能够大幅减少我们的入仓次数，让我们更加谨慎，远离风险，当出现不利局面时果断砍仓离场。"贪婪"有什么不好？如果在大趋势行情中，我们贪婪的话，不会轻易离场，那么我们会赚得盆满钵满，短时间内获得巨大财富，相反，如果不贪婪，有点利润就会撤离，获利20%就可能止盈离场，不可能获得几倍甚至几十倍的利润。曾经有一个做期货的交易者爆仓了，与我交流，我问他为什么失败，他总结是心态问题，赚了还想赚，不止盈，比较贪，结果利润回吐不走，套住还加仓，最终爆仓，他把失败归结到贪婪，果真如此吗？如果在大行情中，贪婪会让他暴富。在趋势行情中需要贪婪，才能拿住盈利单；逆势中需要恐惧，才能避免亏损。贪婪和恐惧并没有什么不好，有利有弊，要看前提条件，如图7-1所示。当单子有了一些浮盈，害怕利润回吐，于是撤离了单子，结果事后看，行情又走了很远，少赚了许多利润，于是高呼"恐惧害了我，让我少赚了很多钱，人性的弱点是恐惧"；下一日，单子又有了浮盈，想赚更多的利润，结果行情回返，利润吐没了，此时又高呼"贪婪害了我，人性的弱点是贪婪"。由此来看，贪婪和恐惧是一对矛盾体，一会儿喊"贪婪"害了我，一会儿又喊"恐惧"害了我，就如同喊"我的矛是最尖利的，任何盾都无法抵挡"，一会儿又喊"我的盾是最硬的，任何矛都刺不穿"，这是自相矛盾的。

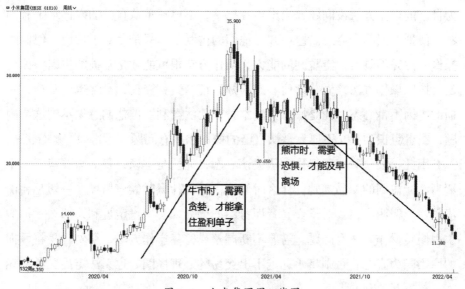

图7-1　小米集团周K线图

由上面来看，我们把亏损的原因简单归为心态问题，本身并不正确，任何一笔交易的盈亏都包含操作方法、心态和运气三种成分，当溯源时，只有刨除掉操作方法和运气两种成分后，才能说明是心态问题。因此，想要找到亏损的真正原因，我们需要做两件事：第一步，建立一个被检验过、具备稳定盈利的交易系统，可以刨除操作方法的原因。第二步，实战中，审查是否严格执行了交易系统，如果操作符合交易规则，亏损的原因就是运气，遇到了交易系统内正常的止损，或者遭遇震荡行情；如果操作方法不符合交易系统，而且根据交易系统的原本计划，这笔单子是可以盈利的，此时才能说明亏损的原因是心态。由此来看，这个亏损溯源的科学方法，需要基础条件，也是最重要的条件，那便是建立一个被检验过、具备稳定盈利的交易系统，如果没有这个前提条件，不仅无法剔除掉操作方法的原因，也不能进行第二步，无法扣除运气的原因，最后始终搞不清楚亏损的原因是什么，糊里糊涂，模模糊糊，而心态又时刻伴随在我们左右，自然容易归结到心态。

由于大部分交易者都没有能盈利的交易系统，连固定的操作方法都没有，方法变来变去，或者全凭感觉做交易，不可能找到盈利或亏损的原因是什么，无法归因，那么在上述两大原因的影响下，当一些单子盈利了，便认为自己的操作方法没问题，当出现亏损了，不愿意承认自己的操作水平有问题，便把原因归到心态。岂不知，他们的盈利单子只是蒙对了行情，他们的操作方法并不具有稳定盈利的能力，操作方法很可能才是亏损的主因，无论是否按照操作方法来做，即便心态很好，情绪一直受控，最终也会亏损，亏损的主因不是心态，而是操作方法本身就无法盈利。但他们意识不到这个问题，或者意识到，又不愿意承认自己的操作水平有问题。

因此，如果脱离了操作方法去谈心态，完全是空谈，我们需要建立一个清晰、能盈利的交易规则，什么时候该入场，什么时候该离场，一切都要清清楚楚、明明白白。对于交易者而言，如果尚未实现稳定盈利，那么亏损的主因便是操作方法有问题，需要不断调整或完善操作方法，切勿轻易将亏损的原因归为心态，否则将永远走不出交易的心理怪圈，也无法走出交易的迷宫，扣不开盈利的大门。

## 7.2　知行不一的根本原因是什么

许多交易者经常说"我常常能判断对，但看对的行情没有做，明明知道行情要下跌，该止损的时候却下不去手"，执行力不够，该出手时却犹犹豫豫，知行不一，于是去读《老子》《金刚经》等，修炼禅法，妄图通过这些方法来实现知行合一。在十多年前，我也认为，知行不一的关键是我的性格，或心态有问题，或者生活习惯不好，当时还担心自己是不是不适合做操盘手这个职业，等走完了多年的交易路程后，通过自己的亲身经历，才改变了当初的观点。

古语"知易行难"，意思是懂得事情的道理很容易，行动起来却很困难。有人认为，致良知无非是用良知去为人处世，有什么难的？王阳明却说，人人都明白，但很少有人能真做到，一件坏事在眼前，良知明明告诉你不要去做，可无数人还是违背了良知的教导，这就是"知行不一"。这里的"知行不一"是指社会中的生存或相处方式，是站在道德的角度上来考虑，但是如果以个人利益为考量标准，明知道这件事情是正确的，但做好事不一定会为个人带来利益，甚至反遭损失，例如刚正不阿、直言不讳可能会遭遇报复，相反，明知道这件事情是坏的，但做坏事可能为自己带来更大的利益，例如违法生产伪劣产品。个人利益与社会道德经常不一致，所以"知行不一"也就不奇怪了。

回到交易市场，事情就简单了，个人利益和正确的事情就合二为一了，做正确的事情可以让自己获得最大利益，做错误的事情会让自己遭受损失，按理讲，我们应该会坚持做正确的事情，能够实现知行合一了，可实战中我们依然无法做到知行合 ，这是为什么呢？如果正确的事情是清晰和明确的，那执行就容易。例如，在路上看到地上有100元现金，你捡不？当然捡，如果看到地上有狗屎，你踩不？肯定不踩，一边是万丈深渊，一边是康庄大道，是个正常人都知道该怎么走，怎么可能会不执行呢？可是在交易中，正确的事情没有那么简单了，前文讲过，交易中没有任何一个操作方法是绝对正确或绝对错误的，都有着自己的适用条件，换一个环境，一个正确的方法就可能会变成错误的方法。例如我们认为"让利润奔跑"是正确的，但换成短线或波段交易，那就是错误的，再例如，止损是正确的，但换成价值投资，那就未必正确；同时，正确的操作方法不一定都会赚钱，还可能较长时间内不断亏钱，错误的操作方法也会让我们经常赚到钱，甚至赚到大钱，交易中充满着各种矛盾，似是而非，哪有一定正确的事情和一定错误的事情？正确的事情一定是与自己的交易理念和投资方法相适应的，换一个交易者，这件正确的事情就不一定正确，所以交易中的正确与错误需要辩证来看，不是绝对的。想要看透正确的事情，需要拨开层层的迷雾，克服重重的困难，历经战场式的厮杀，还需要智慧和运气，绝对是不简单的。

因此，交易中的知行不一，很可能是"知"不行，不知道正确的事情到底应该是什么，或者"知"不深，知道一些，但比较粗糙，不精深，尚未从全局和长远角度看待正确的事情，这个更为常见，导致暂时遭遇一些挫折，便不再做正确的事情。例如，我们知道止损是正确的，每笔单子都应该设置止损，才能防止损失进一步扩大，这是"知"的内容，但是当我们连遭损失，不断割肉，越割越少，如果当时不割肉，大部分单子都可以扛回来，关键是不知道严格执行止损后，我们的操作方法最终是否真能盈利？这一切都是未知的，毕竟操作方法的营利性并没有被科学地检验过，不知道连遭几次止损后，便能抓住趋势，在这种背景下，自然便不执行止损，这就是"知"得不深。再例如，我们知道让"利润奔跑"是正确的，可以抓住大行情，做大盈亏比，这是"知"，但是可能连续七八个月都没遇到大一点的行情，每次出现浮动盈利，我们都抱着单子不动，等待利润进一步扩大，结果次次都"坐了过山车"，保本离场，连续多笔单子都如此，我们不知道何时是一个尽头，不知道这是操作方法的问题还是行情自身的问题，不知道从长期看，严格执行止盈信号，拿住盈利单，最终是否真能实现盈利？或者说，如果有了浮动利润就止盈，积少成多，是不是要比拿住趋势单能获得更多的利润？我们不能站在上帝的视角来观察这一切，禁不住怀疑当初认为正确的事情，一切都是未知，那么在连遭打击后，自然不愿意耐心持有盈利单，而是选择及早止盈离场，落袋为安。大部分交易者连固定的操作方法都没有，随心操作，更不要提交易系统了，他们道听途说，或者从某本书或论坛上得知正确的事情是什么，例如要止损、不能抄底摸顶、顺势、轻仓等，就认为自己掌握"知"了，就可以"行"了，岂不知这种"知"太粗浅，深度远不够，认知不全面，当遭遇一点挫折，便无法执行，因此可以说"知得不深"就等于"无知"，谈何知行合一？本质上讲，"知得不深"是由于技术不过关，或交易系统不完善，或对基本面分析的理解不透彻，一知半解，似懂非懂。

还有一种交易者们普遍所谈的"知行不一"，是从事后的角度来看当时的操作。例如，看好某只股票，觉得这只股票可能有行情，但迟迟没有买入，而买了其他股票，事后来看，这只股票真出现了不小的行情，然后埋怨自己"知行不一"，如图7-2所示，当初的判断多准，为何当时就没有买入呢？岂不知，当初他可能看好十只股票，只是这只股票恰好走出了大行情，而其他股票没有走出大行情，于是选择性过滤，只记住了这只股票，忘记了其他股票，形成了"知行不一"的虚假印象。其实他当时对这只股票的把握并不大，可能有60%左右的把握，还有40%的不确定，如果把握超过90%，他会买入这只股票，而不是其他股票，把握不大的原因是基本面分析不透彻、不全面、不深入，可能根据一个粗浅的看法或道听途说的消息做出了判断，本质上依然是"知得不深"，便无法执行。再例如，在股灾爆发初期，我们觉得不对劲，感觉行情要下跌，想止损出来，但一直没撤离，事后来看，股市下跌很大，于是抱怨自己"知行不一"，人性的弱点害了自己。可是如果当初我们非常相信股灾要爆发，把握很大，我们不可能不砍仓离场，无辜让自己承受这么大的损失，究其原因，当初我们的判断似是而非，把握不大，并没有充分的理由，不能够说服自己。另外，在前期牛市上涨的过程中，"觉得不对劲，感觉股市要下跌"的想法可能已经出现多次了，只是前面多次被证明想法错误，我们都忘记了，而这次行情凑巧真下跌了不少，我们选择性过滤，忘记了前面多次的失败判断，只记住了这次碰巧成功的判断，只怪自己没有执行，形成"知行不一"的虚假印象，如图7-3所示，本质上还是"未知"或"知得不深"。

由前文来看，交易中没有绝对正确或绝对错误的事情，错综复杂，"未知"，或者看似"已知"，却"知"得不够、不深、不透，本质上是对交易一知半解，没有深刻理解"知"的内涵，便无法左右大脑，这些都会导致我们不去执行，或者一遇到挫折，便不再执行，并非"行"的问题，而是"知"

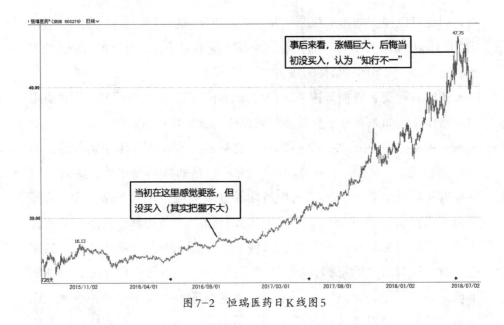

图7-2　恒瑞医药日K线图5

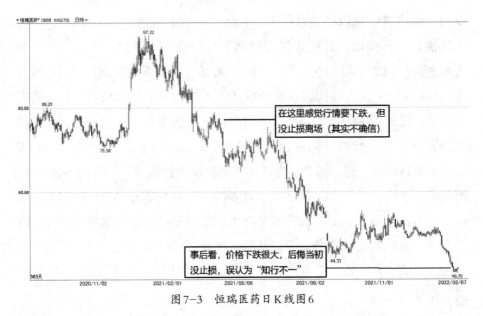

图7-3　恒瑞医药日K线图6

的问题，所以对于大多数交易者而言，暂不论"行"是否难，至少"知"很难，尚未摸到交易的命脉。其实，大多数的"知易行难""知行不一"，都是源自于对交易的认知比较肤浅，是我们都过于高估了自己的"知"，也让我们找错了发力的方向，总认为问题出现在"行"上，即执行力不足，总在"行"上想办法，不是修禅就是修炼心法，这些都是缘木求鱼，解决不了根本问题。我们需要重新认识自己薄弱的"知"，不断去提高"知"的深入和透彻，才能走出误区，只有"真知"了，"知"才会刻在我们的骨子中，流进我们的血液里，形成正确的交易观，左右我们的大脑，执行便变得容易。

除了需要不断提高"知"之外，我们还需要"行"，绝知此事须躬行，才能更深刻地理解"知"，知和行相辅相成，一定是在"行"的过程中不断地提高"知"，"知"又帮我们继续"行"下去。例如，许多交易者都知道止损的重要性，但是并不清楚在不止损的情况下，自己会产生什么样的后果，"知"依然不深，那么当有一次不执行止损，结果账户巨亏或爆仓，教训深刻、惨烈，此时毛骨悚然，对止损的认知又上升了一个台阶。再例如，不管别人如何劝诫"不要重仓"，可我们对重仓的危害性始终认识不足，浅"知"，总克服不了重仓的毛病，那么当有一次重仓遭遇爆仓，我们刻骨铭心，对重仓的"知"便升华，不敢再重仓了。我们经常听说"震荡行情要少做单"，可是为什么震荡行情就要少做单，多做单会产生什么样的后果？如果严格按照交易系统来做，是否也可以多做单呢？在震荡行情中做单时，发现我们无论如何努力，如何严格按照交易系统来做，都会发生连续多次的止损，账户资金回撤大，对情绪的冲击比较大，这种痛感便被深深地印在脑海中，对震荡行情的"知"也达到了一种新高度。

同理，想要提高对交易系统的执行力，首先，我们需要在"知"上下功夫，要充分地了解自己的交易系统，对它的收益率、连续止损次数、成功率、盈亏比、最大回撤、优点、缺陷等都要了如指掌，如同对自己的汽车了如指掌一样，当某个部件出现问题，我们便不会惊慌，知道是哪里出了问题，一切都在掌控之中。想要快速地提高对交易系统的"知"，前文讲过，双盲测试是最快速、样本最充足、说服力最强的方法，当测试了大量品种后，便可以获得这些数据，同时能够检验交易系统的盈利能力和稳定性，执行力可以大幅提高。例如，当遇到了连续止损后，便不会慌张，明白只要坚持下去，一定是可以获得盈利的，当面对重仓和轻仓两种选择，明白重仓必然亏损，不会选择重仓。其次，在"行"上下功夫，其实双盲测试本身也是

"行"的一种，实战中遇到的各种技术和心态问题，大部分都会在双盲测试中遇到，除了双盲测试之外，还需要通过实战真实感受行情的气息和各种方法的利弊，推动"知"走向深化、透彻和全面，最终实现"知行合一"。

# 7.3  交易中最先攻克的是控制情绪吗

交易市场类似于战场，我们做交易，类似于拿着刀枪与敌人真枪实弹地干，会出现真金白银的盈利和亏损，容易控制不了自己的情绪，产生一些心态问题，诸如愤怒、焦躁、着急、厌恶、恐惧、绝望和自大等，影响交易。例如，明明已经计划好该怎么做，但看到行情波动，盘中就反悔；怕错过行情，交易系统还没发出入仓信号，就提前入场；入了仓，价格正常调整，出现浮亏，就受不了，赶紧砍仓离场；亏了，急着捞本，不顾是否满足自己的入仓条件再开新单；持单出现浮盈，害怕利润回吐，赶紧撤离；告诉自己没必要盯盘，还一个劲看个不停……总之，一旦情绪失控，交易的各种大忌便会接踵而来，账户资金就会走下坡路，越做越亏，于是所有人都说情绪很重要，无一不强调情绪控制的重要性。因此许多交易者认为"不解决情绪问题，交易无法盈利"，认为交易最先攻克的是情绪，转而读心理学、哲学、宗教学、孔子、老子等书籍，修炼禅法，希望能够控制住自己的情绪。那么情绪真的是我们首先要解决的问题吗？

首先，逻辑颠倒了，不是情绪影响着交易的盈亏，而是交易的盈亏影响着情绪，好情绪是赚钱赚出来的，坏情绪是赔钱赔出来的。亏损最容易影响到自己的情绪，当一笔亏损或连续亏损几次，内心压力增大，喘不出气，可能会导致急躁，失去耐心，着急扳回损失，于是没有机会的时候，也要参与做单，失去大局观，陷入频繁操作或短线交易，越做越亏；连续亏损几次，也可能开始产生恐惧心理，毕竟不断打击信心，自己如惊弓之鸟，胆战心惊，不敢下单，即使出现了符合交易系统的行情，也不敢下单，"一朝被蛇咬，十年怕井绳"，或者即使入了仓，为了重获信心，有了一点浮盈，就想赶紧离场；连续止损几次，可能会对止损的正确性产生怀疑，开始和市场怄气，和自己较劲，不再执行止损，干脆当鸵鸟；连续止损也可能让自己逆势操作，想抓住一个大顶或一个大底，一把赌回所有的损失，而且不执行止损。例如，行情上涨的时候，持有空单，无论行情怎么涨，就是不止损，心想"你涨涨涨，我看能涨到哪里去，我就不离场，你能涨到天上去？"很多人总埋怨情绪失控，试着读读《孔子》《老子》以及哲学、心理学等书籍，觉得可以提高，但老亏钱，十多次甚至看不到头的亏损，也会让我们信心丧失，情绪失控。

其次，控制好情绪，就能盈利吗？计算机是冷血的，程序化交易由计算机执行，冷酷无情，完全可以实现理性、冷静，不掺杂任何的情绪，严格执行交易系统的命令，无论什么样的交易者，执行力都比不过计算机，那么是不是意味着程序化交易就能盈利？当然不是，绝大部分程序化交易系统都是亏损的，并不能盈利，所以即便完全控制情绪，严格执行交易系统，并不一定就能盈利，如果交易系统本身就是亏损的系统，情绪控制得再好，执行力再高，依旧照样亏损。一个偶尔能盈利，但长期亏损的交易系统，无论我们的情绪如何冷静，铁石心肠，也无法摆脱亏损的命运。因此，大部分交易者亏损，根本原因不是情绪控制不好，而是尚未形成一套能盈利的交易规则，甚至压根都没有交易规则，全凭感觉，即便我们淡泊明志、高雅脱俗，即便修成了得道高僧，成仙成佛，终究无法盈利。

前文讲过，任何一笔交易的盈亏，都包含操作方法、心态情绪和运气这三种成分。从长期的角度来看，运气好和运气差相互穿插，运气对利润的影响可以被扣掉，只剩下操作方法和情绪，情绪关系到执行操作方法的严格程度，如果操作方法可以获得稳定盈利，则控制情绪，严格执行，我们操作的结果便趋近于操作方法的期望值，实现稳定盈利，同理，如果操作方法是亏损的，则控制情绪，严格执行，我们操作的结果依然趋近于操作方法的期望值，即亏损。由此来看，我们盈利的前提和核心，是要有能盈利的操作方法，脱离了这个条件谈情绪控制，无疑等于水中捞月。现实中，大部分交易者亏损的主因是操作方法有问题，但是他们不愿意承认自己的操作水平不行，于是情绪就成了他们拿出来说的挡箭牌或遮羞布。因此，如果还没有一套能盈利的操作方法，当出现了亏损，千万不可轻易归咎于自己的情绪，类似于上学时的考试一样，每次考完试，肯定有一部分人说"某个题，我马虎，导致做错了"，实际上这个所谓的"马虎"，是你对这道题认知模糊，学得并不扎实，好似会，但只会个皮毛，便容易做错，当你学得深入、扎实，训练也够后，很难出现马虎做错的问题。再例如，一个不懂驾驶的人，没开过车，让他在道路上开车试试，无论此前他的情绪有多稳重，他都会发慌、冒汗、紧张、哆嗦，容易出现事故，但换一个普通人，只要让他学会了开车，锻炼两下，上路就会冷静，没有情绪问题，收放自如。事情也就清楚了，大部分交易者都无明确的交易规则，更不要谈能盈利的交易系统，所以交易者首先要解决的问题不是情绪控制，而是需要构建一个能盈利的交易系统，这才是当务之急。

我们可以修炼心态，控制情绪，但这并不是我们的重点，其实在构造交易系统的过程中，情绪会跟随交易系统的完善，而得到大幅改善。控制情绪是交易系统成熟后水到渠成的结果，而不是原因。例如，我们经常说"交易需要耐心和等待"，可是耐心地等待什么呢？不知道等待什么，看到盘中价格的涨涨跌跌、红红绿绿、上下波动，能够低买高卖，便认为这就是自己要等待的机会，控制不住冲进去的欲望和冲动，所以"等的东西"应该是一个明确的规则，如同在交通规则中等"路灯"，红灯、绿灯和黄灯都是明确清晰的，红灯亮时，我们需要等，而且也会耐心地等，当红灯变成绿灯了，我们自然应该穿越马路，一切有章可循。相反，如果路上没有路灯，都不知道自己要等什么，在抢时间、优先过的本能下，我们便会在道路上横冲直撞，最终不是造成交通堵塞，谁也过不了，就是酿成车祸。当明确了交易系统的入仓条件，也就知道我们要等的是入仓信号，没有出现入仓信号，不管盘中行情涨幅有多大，都与我们没有关系，情绪便可以得到控制。再例如，我们经常说"止损要果断坚决，不能优柔寡断"，可是什么时候止损呢？什么条件下止损呢？如果不知道止损离场的条件，或者没有清晰的止损信号，那么当持仓出现浮亏时，止损比较模糊，可止损，也可不止损，在不愿意承认损失的本能下，我们总会抱有幻想，想着"是不是再等一等，价格就会企稳上涨"，伴随着价格的不断下跌，幻想始终存在，当价格下跌比较大了，此时就想"价格都下跌这么大了，行情很可能将见底了，这个时候离场，就太傻了"，甚至情绪失控，干脆当鸵鸟，将命运完全交给市场了。相反，如果设置了清晰和明确的止损条件，当价格跌破止损点位，不存在模糊信号，便可以直接止损离场，包括不能重仓、拿住盈利单等这些情绪容易失控的交易环节，如果没有明确的规则，那么情绪的问题永远无解。入仓条件、止损条件、止盈条件和仓位等，构成了完整的交易规则，把一切交给规则，每个操作有章可循，有理有据，心无挂碍，就可以把情绪锁在"牢笼"里，处变不惊，相反，如果没有一套可遵循的交易规则，即便我们很懂心理学，很懂自我暗示，控制情绪也如同"空中楼阁"，亏损了一段时间后，就再坚持不下去了。

当我们经过千辛万苦，伴随着交易认知的提升和思想的蜕变，形成能盈利的交易系统后，80%左右的心态问题都能够迎刃而解。其实本书在前六个章节，对于交易存在的心态情绪问题，都做过深入的剖析，贯穿交易的趋势困惑篇、入仓困惑篇、止损困惑篇、止盈困惑篇和资管困惑篇，并且指出产生这些心态问题的主因，并非人自身的性格或单独的心理和情绪问题，而是行情自身的走势和交易者薄弱的基本功所造成的情绪困扰，交易者想要解决这些心态问题，提高自身的投资基本功才是根本之道。例如，在讲解交易系统发出入仓信号，我们为什么却不敢入仓时，本书提到"不能够判断行情上涨的价格目标，心理便没有底"，"没有清晰的点位止损，容易将历史低价当作下跌的目标价格，不敢入仓"，这些并不是单纯的心理因素，而是基本功不够。在讲解为什么不能坚决执行止损时，本书提到"没有科学合理的点位止损，大部分止损会成为无效止损，执行止损会让自己越割越损，不止损反而能扛回本金，自然不会执行止损""如果没有能盈利的操作方法，坚持执行止损，依然会慢慢割肉而亡，止损有什么意义"，这些也不是单纯的心理因素，而是属于投资基本功的范畴。在讲解为什么拿不住盈利单时，本书提到"大行情太少，大部分趋势行情都是震荡式趋势或小趋势行情，在这些趋势行情中，经常会坐过山车"，"如果能判断出大行情，自然会拿住盈利单"，这些也不是单纯的心理问题，属于基本功的问题。在讲解为什么总喜欢重仓时，本书提到"我们缺乏大样本的数据实验，如果在双盲测试中，采用重仓策略，无论怎么做，最终都会亏损惨重，或者盈利微薄，事实证明重仓不能获得大盈利"，"通过计算，仓位并非越大，赚得越多，算出最佳的仓位不是重仓，重仓反而会导致亏损"，交易者自然不会重仓，这些并非单纯的心理问题，属于投资功底的问题。因此，大部分情绪问题看似是心理问题，本质上是基本功薄弱造成的困扰，当提高了投资基本功，形成了能盈利的交易系统和成熟的交易理念后，约80%的心态问题都会得到化解。类似于走钢丝和攀岩这种危险的运动，对于未训练的普通人来说，风险极大，一上去会感觉头晕，心态不好，情绪容易失控，但经过长期训练后，技能提高了，同时心态也会得到磨炼，此时觉得风险小了，情绪也会变得冷静，所以情绪控制是技能提高后水到渠成的结果，我们要把重点放在技能的提高上。

通过我带过的一些操盘手来看，他们在跟着我学习之前，没有能盈利的交易系统和成熟的交易理念，交易主要靠感觉，所以每日甚至每时每刻都面临着心态情绪的折磨和考验，他们觉得交易亏损的根源是情绪问题。但在我的讲授和指导下，他们在几个月内完成了交易系统的构建，拥有判断趋势方向的工具之后，很少会逆势交易了；显著提高入仓信号的成功率后，对入仓信号的信心倍增，不敢入仓的情况大幅减少；学会设置清晰和有效的止损点位，并且将止损执行交给计算机后，不止损的问题出现更少了；当他们通过双盲测试，发现只要重仓，无论怎么做，最终收益率和资金曲线都不及格，大多数情况下还会亏损，坚持"以损定仓"后，重仓基本上不再出现；当他们学会做减仓式的顺势交易之后，一定程度上可以拿住盈利单了。在跟着我学习交易的几个月中，他们没有读孔子的书，以及哲学或心理学等提高心态素养的书籍，而且短短几个月内，他们的心态素质和修养尚不会有显著的提升，但是当完成了交易系统的构建之后，他们遇到的情绪问题大幅减少，虽然还会存在一些心态问题，例如有时拿不住单，但是相比之前，约80%的情绪问题已经化解。通过我跟踪过的一个个操盘手的案例，可以证明"大部分心态问题，都是基本功薄弱所造成的情绪困扰，控制情绪是交易系统成熟后水到渠成的结果"。后面随着他们实战的磨炼和情绪的自我调节，剩下20%的情绪问题也会逐步化解，类似体操、游泳和下棋一样，交易也是一项技能，需要接触、入门、大量练习、解决障碍、突破瓶颈和综合提高，最后技能达到较高的水平，同时心态也伴随着成长和成熟。

由于基本功薄弱造成的情绪问题，表面上看是心态问题，其实都属基本功问题，是虚假的心态，可以通过提高基本功和完善交易系统的方法来化解，在这个过程中，80%左右的情绪问题可以解决，不过还有20%左右的情绪问题是纯粹的心态问题，我们又该如何化解呢？其实在前六章，本书也从入仓、止损、止盈和资金管理等方面，阐述了对于纯粹心态问题的解决办法。例如，关于入仓，如果是有效的入仓信号，本书提到"重势不重价"。关于止损，本书提到"接受和拥抱止损，止损不是错误，将止损当作获得盈利的成本""下单后，将这笔单子直接记为损失，不盯着浮盈""对自己的交易系统要了如指掌，当连续止损时，便不会恐慌"；当连续止损三次时，"要停下来休息两周左右，不盯盘"，完全放松，情绪便会恢复冷静。关于止盈，本书提到"不奢望止盈在顶部，接受止盈的不完美""不盯浮动利润，直到止盈离场前，浮动利润都不是利润"；面对利润回吐，本书提到"把浮盈当成获得更大利润的成本""不把浮盈当利润""抱着大不了本笔单子白做的心态"。关于重仓，本书提到"降低盈利预期，把投资当成一项长期生意""不能养成重仓的习惯，强迫轻仓一段时间"。当然，这些方法有可能还无法让一些交易者解决全部的心态问题，但已经可以解决大部分纯粹的心态问题，至于剩余少数的纯粹心态问题，可能需要通过读心理学、哲学、修身养性等的相关书籍来解决，需要一个比较长的过程，不过这类心态问题占比很小，包括基本功薄弱造成的心态问题在内，这种需要通过修身养性才能解决的心态问题，只占到5%~10%。因此，大部分交易者都过于夸大控制情绪的艰难程度了，通过交易系统的完善，可以解决80%左右的心态问题，通过实战磨炼，以及本书所讲的一些心态方法的自我调整，可以解决10%~15%的心态问题，只有5%~10%的心态问题比较难以攻破，需要靠读书和长期修炼。

通过完善交易系统，我们已经能够解决80%的心态问题了，意味着大部分时间内，我们能够控制好情绪，但少部分时间可能控制不了情绪，不能够100%执行交易系统。例如，在执行的过程中，有时会因为犹豫不决，未能按照交易系统入仓，但只是多赚一点或少赚一点的问题，并不会影响整体的盈利；当价格跌破止损点位时，有时会想等一下，多亏损了一点，但只是多亏一点或少亏一点的问题，不影响整体的亏损结果；有时当出现浮盈时，想落袋为安，结果也只是少赚一点或多赚一点的问题。只要不犯大错，例如不犯重仓、逆势、不止损等原则性问题（这些原则性问题都是基本功问题，完善交易系统后，原则性问题不容易再触犯），有时候情绪不好，未能执行，交易只是少赚了一些，或某笔交易多亏了一点，并不会影响盈亏的结果，长期按照交易系统执行依然可以实现盈利。当然了，情绪控制越好，执行力越接近100%，理论上，可以获得更高的收益率和成就，不过在不违反原则的基础上，根据对于一些操盘手的跟踪和观察，只需要执行70%以上的交易信号，虽然收益率没那么高，也能实现稳定盈利。我也只是执行90%左右的交易信号，但不会影响到盈利本身，如同攀岩一样，虽然大部分人的心理素质都达不到专业攀岩赛选手的要求，但可以学会攀岩技能，而且经过训练，可以做得不错，这就足够了，毕竟我们不是计算机，不可能100%执行，如果一个交易系统必须100%执行才能盈利，那么这个交易系统的容错率太低了，是一个不容易盈利的交易系统，应该放弃。其实，情绪控制超好和超差的人都属于少数，大多数普通人情绪控制一般，呈现"正态分布"，我们就是普通人，不是机器，不可能100%执行。通过交易系统的完善和心态方法的自我调整，可以执行70%以上的交易信号，实现稳定盈利，所以不用担心自己的性格或心态情绪问题，我们无法稳定盈利的唯一原因是基本功薄弱。

因此，在交易中，我们最先攻克的不是情绪问题，而是基本功问题，我们需要先建立能盈利的交易系统，形成成熟的交易理念，当完成这些后，大部分情绪困扰便会自动解除，再经过实战磨炼和自我调整心态，不能解决的心态问题已经很少了，我们只需要执行70%以上的交易信号，虽然收益率达不到交易系统的期望值，但可以实现稳定盈利。虽然实战中，有时无法避免出现一些情绪问题，但我们有基本功作为底蕴，有交易系统作为坐标，便会注意自己的情绪变化，只要情绪一起，比如着急、暴躁、痛苦、愤怒，哪怕一点点，我们也会立刻警觉，然后自我调节，迅速化解。

# 7.4 如何才能严格地执行交易系统

当有了一套交易系统之后，为了执行交易系统的信号，交易者不断地告诉自己"遵守纪律""要像机器一样冷血""知行合一""无条件执行""要相信自己的交易系统"……这些都耳熟能详，可是当遇到时间较长的震荡行情时，连续亏损多次，五六个月都未能盈利，甚至一年都亏损，股市处于熊市时，两三年都无法盈利，账户始终停滞不前，我们不知道这种局面还能持续多久，还会亏损多少，何时是一个底，不得不令我们怀疑行情走势是不是从此就这样了？交易系统是不是失灵了？无论别人如何谆谆教导，无论我们发了多少誓言，看过多少心理学的书籍，此时我们对交易系统的盈利能力是质疑的，开始失去信任，对自己的信心也随之动摇，自然就不会严格执行了。这种短期内的损失和艰难，会影响到我们对交易系统长期的期望，不信任带来不执行，许多交易者提出"要相信我们的交易系统""对交易系统要产生信仰"等，即无条件地相信我们的交易系统，可是，凭什么相信自己的交易系统呢？一段时间内的亏损就摆在眼前，账户不盈利的事实就在面前，怎么会不对我们的信心产生冲击呢？"信任"二字不是无本之木、无源之水，不是凭空产生的，口头上喊的信任是最不可靠的，一旦风吹草动，遭遇挫折，这种空洞的信任便被撕得粉碎，何谈执行？那么怎么样才能从骨头里信任自己的交易系统，而不是停留在口头上的自我麻痹式的信任？

先讲身边的一件真事，有位亲人是一位虔诚的教徒，50岁之前根本不信什么宗教，一直经商，走南闯北，无论别人如何跟她说教，她都置之不理，压根不信，可为什么50岁后就信奉而且很虔诚呢？她说，有一次吃饭卡着嗓子了，喘不过气，很痛苦，于是她尝试一下，默念"如果嗓子好了，她就信教"，结果很快好了，她就开始有点信教了，但此时属于半信半疑，并不虔诚，只是类似于履行诺言。第二次是她生病了，怎么吃药也不好，后来她就祈祷神灵，没多久好了，此时她就已经基本相信了，但还未深入骨髓，尚不愿意完全信奉。第三次是她的妈妈病倒了，生命危在旦夕，似乎看不到救治的希望，于是她再次祈祷，同时医生也做了手术，后来妈妈的病好了，这次她完全相信了神灵的存在，此后她就变成了虔诚的教徒，全职做宗教工作，二十年孜孜不倦。我问了其他对某个宗教比较虔诚的朋友，基本上也会经历这么一个过程，不是别人告诉你神的存在，你就会信神，也不是你想信就会信，而是需要宗教中所说的灵验（本文不探讨神到底是否存在，也不探讨是不是心理暗示或者赶巧运气），那位亲人之所以从完全不信到非常虔诚，变成了信仰，因为几次都灵验了，相当于被检验了几次，有了证据，信任逐步加深，变成信仰。我们信任一个人，是通过一件件他做的事情，或者与他的相处之中，对他有了全面的了解之后，才逐步产生了信任，信任之后，如果他没做反常的事情，这种信任是难以改变的。所以信任不是靠嘴上说的，而是从实践中一步步加深相信的程度，一旦产生了信任，便不容易改变。

同理，麻醉自己"对交易系统要有信心"，只是刚开始有效，类似听成功学一样，刚开始听像打了鸡血一样，信心饱满，但中间一旦遭遇连续的挫折，这种自我麻醉式的信心很脆弱，基础不牢，很容易被摧毁，"不再执行"便也顺理成章了。因此，想要严格执行系统，我们需要信任自己的交易系统，信任一定是一个过程，必须历经时间的沉淀和多次的正反馈，通过长时间真金白银的盈利，才能让自己彻底相信"自己的交易系统是完全能够长期盈利的"，内心深处才会接受"连续止损的困境是交易系统中必须面对，也必然会遇到的短期问题，坚持下去就能盈利"。在这个过程中，我们之所以会逐步产生信任，是因为：

首先，经过了较长的困难时期，我们深切体会到了任何的交易系统都有"盲区"，自己的交易系统也不例外，行情千变万化，秉性也会不断变化，而自己的交易系统只能适合这么多种行情中的少部分行情。世界上的确没有一个能适应所有行情的交易系统，就连适应大部分行情的系统都没有，意味着大部分行情都是自己交易系统的盲区，会出现连续亏损。例如，我们建立了事实上确实能盈利的交易系统，但是行情的走势会出现变化，比如从趋势行情步入震荡行情，则趋势交易系统会连遭亏损，从震荡行情步入趋势之中，则震荡交易系统会连遭亏损。除此之外，我们也体会到了品种的秉性会出现变化，例如在过去长时间内，某品种的趋势走势比较稳健，规规整整，洗单少，毛刺少，信号成功率高，交易系统可以获得较高的收益率，但是到后来，该品种的走势变差，呈现出了"妖"性特征，容易上下洗单，毛刺多，导致即便在趋势行情中，交易系统的止损点位容易被打击，收益率变得很低，甚至还会亏损，而且操作变得困难。在这个过程中，我们体会到了"行情中唯一不变的就是变化"，走势始终都在变化，历经各种突发情况，我们的交易系统经常会连遭亏损，那么当我们在实战中再次遇到"盲区"，连遭止损时，也都有了心理准备，不会惊慌失措。

　　其次，更重要的是，我们获得了盈利，这是信任的来源。经过较长时间的震荡行情之后，回头发现，我们虽然连遭亏损，但中间也有盈利，前后抵消，盈亏平衡，或者虽然遭受了损失，但整体损失可控，账户资金回撤不大，此时我们明白，最坏的结果也不过如此，并没有什么可怕的。当走出"盲区"，趋势行情来临，账户资金一跃而起，我们获得了较高的收益，扣掉盲区内的亏损，整体上账户实现了满意的收益率。经过几次轮回，跨过几次盲区，用真金白银的利润证实了交易系统具备盈利能力，根据交易系统的信号操作，长期是可以获得收益的，此时才会在灵魂深处，从骨头或血液里相信"当前的困境是短期问题，长期内是能盈利的"，才能彻底信任交易系统，执行也会变得容易。期货可以做空，一轮周期需要三四年，A股只能做多，一轮周期需要七八年，经过一轮周期下来，自己便有了足够的底气和自信。

　　前文讲过，无论三四年，还是七八年，时间比较长，而且也不能保证我们都能严格按照交易系统来做，中间的操作方法可能出现变化，或者由于主观情绪和其他原因，某一些交易信号并没有执行，所以一轮周期下来的盈利，不一定能证明我们的操作方法是可以盈利的，也可能是运气，让我们的底气不足，信任不够。我们将信任分成两步走，第一步是建立对交易系统的信心，检验交易系统是否具备稳定盈利的能力，如果证明它确实可以稳定盈利，我们就会产生信心；第二步是建立对交易系统和自己的信任，需要通过实战，考察自己的情绪控制能力、受挫能力和对交易系统的驾驭能力，获得对于交易系统和自己的信任。具体来看：

### 1.通过双盲测试，建立起对交易系统的信心

前文讲过，双盲测试是最快速、样本最充足、说服力最强的方法，测试了大量品种之后，便可以充分地了解自己的交易系统，对它的收益率、连续止损次数、成功率、盈亏比、最大回撤、优点、缺陷等都会了如指掌，能够检验交易系统的盈利能力和稳定性。如果经过多次的双盲测试，对账户收益率满意，回撤较小，该交易系统符合优秀交易系统的特征，完全具备盈利的能力，我们对交易系统便会产生由衷的信心。之后，实战中再次遇到两三次或更多次的连续止损，我们才能保持对交易系统的信心，能够坚持下去，因为我们已经做了大规模的双盲测试，知道这是交易系统内经常会遇到的问题，的确有时会连续止损四、五次，但马上就能抓到趋势行情，实现盈利；如果半年甚至一年都未能盈利，账户停滞不前，甚至小亏，我们也能坚持下去，因为我们懂得，这段时间行情的走势符合交易系统的"盲区"特征，本身就难以盈利，困难必然会出现，都在我们的预期之内，但困难是暂时的，放在长期看，交易系统一定是可以盈利的，只要坚持下去，熬过盲区，盈利是水到渠成的事情。相反，如果没有大规模的双盲测试和大样本数据带来的信心，大半年的多次止损和不盈利，肯定让我们怀疑交易系统的盈利能力，便难以坚持。所以要建立起对交易系统的信心，平时就要做大量的双盲训练，既能提高自己的交易水平，也能增强对交易系统的信心，特别当在实战中遭遇挫折时，重新回来做双盲训练，可以重拾信心。如果经过双盲测试，发现交易系统无法盈利，那么可以直接放弃这个系统，避免真金白银的损失，或者在双盲测试中，交易系统会显示出一些缺点或弱势，我们也能及时地采取修补措施，完善交易系统。

如果交易系统不是我们自己创建的，而是从别人那里拿来的，或者别人告诉我们的，那么更应该进行双盲测试，毕竟没有经过我们自己的检验，这个交易系统很可能是无法盈利的，至少不具备稳定盈利的条件，或者交易系统有自己的适用条件，我们不顾条件盲目使用，无法盈利，或者交易系统的主人并不是完全按照交易系统来操作，而是加入了一些主观的元素，用来过滤交易信号，所以他用这个交易系统可以获得盈利，但我们不行。总之，在

使用交易系统之前，一定要经过自己的双盲测试，即便这个交易系统真的可以稳定盈利，但没有经过我们亲身的检验，没有带上我们的体温，我们对它并不了解，交易系统便没有温度，开始时或许能坚持，一旦遭遇挫折，便疑神疑鬼，无法坚持，只有自己亲力亲为的检验，才会产生由衷的信心。

## 2.通过真枪真刀的实战，获得真金白银的盈利，确立信任

双盲测试，通过大样本的数据，让我们对交易系统充满信心，但想要建立彻底的信任，还需要第二步，即通过真枪真刀的实战。双盲测试和实战还是有一些区别的：第一，心态不同，双盲测试的盈亏只是虚拟数字，不是真金白银，体验感不同，双盲训练的账户爆仓了，可以再换一个账户，但真实的盈亏会对心态产生冲击，账户爆仓了，很可能意味着没有机会了，所以双盲测试不能检验我们的情绪控制能力；第二，双盲测试中，每次只面对一个品种，不用考虑其他品种，相当于每次做单，只聚焦一个品种，但实战中要面对众多品种，前文讲过，如果分散品种过多，能盈利的交易系统也会让我们亏损，实战中我们容易经受不住其他品种的诱惑，而盲目地在多个品种之间疲于奔命，所以实战可以检验我们的聚焦能力，以及避免被其他品种干扰的专注能力；第三，双盲测试比较快，五六年的行情可能仅需要几小时就能测试完毕，一个持续半年以上的震荡行情，在双盲训练中，只需要半小时就能完成，但在实战中，半年就是半年，一年就是一年，时间根本不会打折，持续半年以上的震荡行情，我们真的需要熬半年以上，不仅不盈利，还经常亏损，能熬过去吗？所以双盲测试不能检验一个交易者的忍耐度。

忍耐、聚焦、专注和情绪控制，是影响交易的重要心理因素，但是双盲测试又无法检验这些心态问题，因此，当交易系统通过了双盲测试之后，我们只能对它产生信心，但对于自己是否能驾驭好交易系统，自己的情绪控制是否合格，能否处理好实战中的突发情况和细节问题，这些都是未知的，我们依然自我怀疑，如同我们在电脑上玩射击游戏，或许在游戏中，我们是射击高手，但我们能相信自己在真实的战场上就是射击高手吗？肯定不能。因此，双盲测试尚无法让我们的信心到达信任的程度，依然需要烈火焚烧的考验，需要实实在在的真枪实战，该经历的还是要经历，该走的弯路一个都不

能少。回到本篇的前文，在实战中，当历经较长时间的震荡行情后，发现我们虽然连遭亏损，但账户资金回撤不大，等到趋势行情来临，抓住了大利润，扣掉亏损，实现了满意的收益率，经过几次轮回，用利润证实了交易系统在实战中具备稳定盈利的能力，也完全证实了自己的情绪控制能力和对交易系统的驾驭能力，此时便产生了对交易系统和对自己的信任。其实，在实战的过程中，身体和心灵都遭遇打击后，我们才算浴火重生、凤凰涅槃，自己的心态得到了磨炼，变得成熟稳重，认知也得到了大幅提高，发现了双盲测试中未能发现的问题，对交易之道、交易理念和交易系统又会有不同的感悟，思想得到升华，此时在投资世界，我们才算真正长大了。

简单总结，信心绝对不是靠口头说的，信任的建立一定是一个过程，经过上文两步后，对交易系统的态度，我们开始是半信半疑，再到有信心，最后产生信任，越信任它，它越带给我们利润，我们就更信任它，再带给我们更多的利润，形成良性的循环，此后执行交易系统，就变成简单的事情了，不断重复就行，执行也会贯穿始终，信任可能会升级成信仰。当然，"简单、重复"不是绝对的，而是相对于过去而言，操作和心态变得简单、重复，实战中，我们不可能像机器运转那样简单、重复，那是理想中的模式，应该类似于开车，轻车熟路，能够简单、重复了，不过仍然要处理突发因素和预防心理变化。另外，前文讲过，我们有血有肉有感情，不是机器人，不可能100%执行，在不违反基本原则的前提下，执行70%以上的信号就算及格，可以实现稳定盈利。我做投资二十年了，从来没指望自己能一个不落地执行每一个信号，这不现实，也从未见过任何一个投资高手能100%执行，人总有情绪，无论如何努力，也无法一直保持冷静，我们不是机器，何必跟机器一般见识？实战中，能执行80%的交易信号，就属于优秀了，就可以实现稳定盈利，我们不追求利润的最大化，追求的是满意的收益率。

# 结束语
## 我们什么时候才能辞去工作专职做交易呢?

一直没想明白该写一些什么作为本书的结束语。此时有交易者咨询我,他说工作比较忙,一直不能安心做交易,想要辞掉工作,专职做交易,问我是否可行。想到这么多年来,不断有人问我这个问题,有些交易者压根还没盈利,有些交易者刚盈利了几个月,个别交易者盈利了一两年,他们不是厌烦工作、不想看别人脸色,就是觉得工作影响交易,想专职从事投资,我都一一否决了,坚决阻止他们辞掉工作。表面上看,交易不需要忍受风吹雨淋,不需要低三下四的求人应酬,多少还与金融白领沾点边,但实际上交易是一个深得没有底、苦得没边的行业,或许用一生的时间都无法悟透它的本质,始终在亏损的泥潭里挣扎。我看过不少真实而又带有悲剧的交易人生,倾家荡产,妻离子散,无家可回,甚至自杀,不希望悲伤的故事在更多人身上重演。

当然,许多交易者都会有辞职的这个念头,那么下面就来重点讲解什么时候才可以辞去工作。有这种想法的交易者,可以    对照,如果完全符合条件,可以专职做交易,如果不符合,千万不要辞职。

### 1.已经具备稳定盈利的能力

想要专职做交易,自然是希望从交易上获得收入,养活自己和家庭,维持日常消费开支,但是如果我们不仅无法从交易上获得收入,还会不断地折损本金,那么拿什么来养活自己和家人呢? 专职交易便也失去意义。因此,想要辞去工作,首要的条件是必须具备稳定盈利的能力,这也是最重要的条件,离开这个条件,就不要讨论专职的问题。

前文讲过,一两年,甚至三四年的盈利,都不能表明我们具备稳定盈利的能力，可能恰好遇到了符合交易系统的趋势行情，运气是主因。因此，为了全面、科学地评估自己盈利的稳定性，我们不能简单根据某一期间的盈利，来检验自身的交易水平，应该根据在震荡行情中的表现，来评估交易系统对假信号的过滤能力和自己对风险的控制能力。不过这个方法尚不全面，历经一个持续七八年的牛熊周期，才能全方位地评估自己的交易水平，不仅可以考察对账户资金回撤的控制能力，还可以考察对于盈利单的持有能力，如果回撤不大，资金曲线稳步上涨，则表明交易者具备稳定盈利的能力。不过第二种方法也有缺陷，时间过于漫长，而且在较长的时间过程中，操作方法可能会有所变化，甚至变化较大，不能检验操作方法盈利的稳定性，所以最有效的方法是双盲测试结合三年的实战水平，双盲测试可以刨除运气成分和心态因素，检验交易系统的盈利水平，然后用三年左右的实战水平，来检验自己的情绪控制和执行能力。

## 2.家庭宽裕，没有后顾之忧，才能辞掉工作

如果家庭不宽裕，面临还房贷、交孩子的学费，以及全家的伙食费等生活的日常开销，如果这些开销必须时刻依靠我们通过投资获得盈利来提供，这意味着我们要能持续稳定地盈利，最好每个月都要有盈利，才能负担日常的开支。但是行情的走势特征不满足这种要求，大部分时间都是震荡行情，难以盈利，要不小止损，要不盈亏平衡，少部分时间才是趋势行情，意味着只有少部分时间，我们才可以获得收入，所以顺势交易的真相是"三年不开张，开张吃三年"。由于大部分时间内，盈利都比较难，有时一年都不能盈利，甚至有可能两三年都不能盈利，那么在这些漫长的煎熬岁月中，我们便没有资金来源，此时生活压力会很大，逼得我们需要赶紧从交易中获得盈利，交易压力陡增，进而导致我们失去耐心，等不到入仓信号，或拿不住盈利单，操作变形，违背交易规则，结果越做越亏。例如，下周就要偿还房贷了，这周必须盈利，但市场上没有行情，更不满足交易系统的入仓信号，我们原本的策略是耐心等待，当作旁观者，不参与交易，但在房贷需要及时偿还的压力之下，我们不得不出手，没有行情也要硬着头皮做，结局基本上是亏损，会形成房贷和交易亏损的双重压力，需要加倍赚回，压力越来越大，

直到把我们压得喘不上气，此时的我们根本不再顾及所谓的交易系统和行情特征，变成了赌徒，交易完全变形。或者我们本来抓住了行情，出现了浮盈，但尚未发出止盈信号，按照交易规则，应该继续持有盈利单，让利润自由奔跑，但家庭马上需要一笔开支，孩子的学费或其他费用该交了，我们不得不主动止盈离场，转出部分现金，应付开支，那么就可能错失难得一见的大行情，与一次大盈利擦肩而过。

交易最需要的两个心态是等待和耐心，心态要平和，但在重大压力之下，耐心便容易被磨光，交易极容易变形，因此，如果家庭不宽裕，我们不能辞掉工作。另外，考虑到压力对交易的扭曲，我们不能借贷或套取信用卡资金来做交易，即使有强大的盈利能力，在重大的压力之下，我们的交易也容易变形，结果不仅本金损失殆尽，而且会欠下一堆债务。因为借贷做交易带来的悲剧，我遇见过几个例子，身边就有，他们过于轻视交易的难度，又急于暴富，亏了就借钱甚至借高利贷，导致倾家荡产、妻离子散，或者被银行起诉，陷入牢狱之灾，所以读者们切记，要给自己留一条退路。

因此，要想专职做交易，家庭要宽裕，没有后顾之忧。例如，家庭有一些储蓄，生活开支都有保障，没有房贷，预留了教育、医疗等所需的资金，即便五年投资没有收益，家庭生活也不受影响，如果能有其他固定的收益，例如房租或理财收益，维持家庭正常的运转，这是最好的。考虑到生活开支和投资收益在时间上的不匹配，等通过投资赚了钱之后，每笔盈利都要抽出一部分利润，转出交易账户，汇入银行，像蓄水池一样储蓄生活开支，不把所有的盈利又全部投入投资中，既能减少风险，又能让自己没有后顾之忧，不着急一时一地的资金需求，交易便不易变形。

综上来讲，很少有交易者适合辞掉工作专职做交易，一方面，具有稳定盈利能力的交易者是凤毛麟角；另一方面，大部分人都有房贷，家庭储蓄也有限，并不宽裕，所以不要考虑专职做交易的问题了，老老实实工作。另外，不得不承认，交易是一个并不容易成功的行业，如果我们辞去工作，全职做交易，脱离工作几年，技能早忘光了，一旦交易没有成功，再出去找工作，就很难找到适合的工作了。没有公司愿意录用他们眼中"清闲"几年又有点"赌博"爱好的人。除此之外，没有工作的日子很无聊。每个工作日的白天就你一个人，老想找人说句话，却连陪你说话的人都没有，又会开始怀念和同事们相处的日子，人是社会性动物，需要与社会接触，与人交往，没有工作的日子也是难熬的。

其实，上班工作和做投资可以同时兼备，并不矛盾，只要不是做短线，就不用盯盘，而且短线是最难成功的交易模式，我不建议做短线。无论做顺势交易，还是做中长线的投资，都不用盯盘，利用业余时间，研究、复盘和做交易计划，看看什么品种有机会，重点挑选出来，等到尾盘最后一刻钟，看看哪个品种满足入仓信号，然后入仓，顺手在软件上设置自动止损，锁住损失和风险，就不用管了。如果机器没执行止损，表明单子是盈利的，盈利了也不用看，毕竟看盘容易导致拿不住单子。做交易本来就不需要盯盘，买卖不需要花费什么时间，和上班时间不冲突，最花费时间的是基本面研究和复盘。另外，恰因为专职做交易太自由了，可能会和市场走得太近，对行情的关注度过高，盯盘过度，反而做不好交易，不该入仓的单子，入了仓，该拿住的单子没拿住，做成了短线。

有交易者说，想学习交易或投资，但工作会影响自己的学习，是否可以辞职？这个更不可以，一方面，不满足专职做交易的两个基本条件；另一方面，学习投资和工作也不矛盾，完全可以利用下班后的时间和周末时间，甚至上班中的闲暇时间，学习和掌握交易技能，时间是可以像海绵一样被挤出来的，完全没必要把学习交易当作一个工作来对待。当然，从理论上讲，相比业余学习交易，专职学习交易可能学到的交易技能更多，但实际中由于交易的复杂性，盘根错节，真假难辨，极容易走错路，因此，专职学习交易，未必能学习到正确的交易理论和技能。何况交易本身就是一个不容易成功的行业，我们没有必要把一辈子的赌注，完全放在一个小概率的事件上，这是不明智的。

另外，上班和做交易，不仅不冲突，而且可以相互弥补，上班收入是家庭稳定的收入来源，是保底收入，能够负担日常的各种开支，养活家庭，让我们无后顾之忧，交易压力便会比较小。不过工资收入毕竟有限，除非站在高精尖上的个别精英，通过上班获得财务自由，绝大部分人一辈子都在紧紧松松中度过，而投资是无封顶的收入，是额外收入，如果学会了做交易，具备了稳定盈利的能力，可以获得稳定的额外收入，可能会超过我们的工资收入，有时遇到大行情，可以抵得上几年的工资收入。所以，上班收入是保底收入，消除后顾之忧，交易收入是无上限的收益，帮助我们实现财务自由，满足我们对于生活的畅想，两者相互弥补，互不矛盾。